nstantinopel (İstanbul)
Schwarzes Meer
arameer
İznik-See
Bursa
Nizäa (İznik)
a (Alaşehir)

Matthias Günther

Türkei – Westküste

Stätten des frühen Christentums

Die Deutsche Bibliothek – Bibliographische Informationen
Die Deutsche Bibliothek verzeichnet diese Publikation in der Deutschen Nationalbibliographie; detaillierte bibliographische Daten sind im Internet über ‹http://dnb.ddb.de› abrufbar.

2., verbesserte Auflage 2010

Printed in EU · H 7233

Gesamtgestaltung: behnelux gestaltung, Halle/Saale
Coverbild: Trajan-Tempel in Pergamon, Foto: Bettina Rosenhagen

ISBN 978-3-374-02587-9
www.eva-leipzig.de

Matthias Günther

Türkei – Westküste

Stätten des frühen Christentums

Herausgegeben von Christoph vom Brocke und Christfried Böttrich

EVAs Biblische Reiseführer

EVAs Biblische Reiseführer

Bereits erschienen:

Band 1: Griechenland	ISBN 978-3-374-02463-6
Band 2: Jordanien	ISBN 978-3-374-02462-9
Band 3: Türkei – Westküste	ISBN 978-3-374-02587-9
Band 4: Türkei – Mittleres und östl. Kleinasien	ISBN 978-3-374-02610-4
Band 5: Ägypten	ISBN 978-3-374-02796-5

In Planung:

Band 6: Israel
Band 7: Syrien
Band 8: Rom
Band 9: Zypern

Übersicht

Übersicht

Landschaft bei Sardes

Inhaltsverzeichnis

Einleitung

Theater von Milet. Blick aus einem Treppenaufgang

Kleinasien (lat. *Asia Minor*) wird die **Region** auf der Halbinsel zwischen Mittelmeer und Schwarzem Meer genannt. Westliches Kleinasien bezeichnet die türkische **Küstenregion** von der Ägäis zum Marmarameer (in der Antike *Propontis*), die sich ins Landesinnere bis etwa zu einer gedachten Linie İstanbul-Antalya erstreckt.

Kleinasien war nie ein Staat, oft aber Teil großer Reiche: der Hethiter, der Perser, der Römer. Entsprechend hat dieser Raum immer Anteil an der Geschichte anderer Reiche, die wohl auch, aber selten ganz in Kleinasien spielte.

Den Wert dieser Region macht ihre Lage aus. Der Weg **vom Okzident zum Orient** führte zumeist durch Kleinasien.

Das westliche Kleinasien ist mit **großen Namen aus der Frühgeschichte des Christentums** verbunden. Der Apostel **Paulus** blieb über zwei Jahre in Ephesus – er wusste den Verkehrsknotenpunkt für seine Mission zu nutzen. Er verfasste in der Hafenstadt mehrere Briefe, mit Sicherheit den 1. Korintherbrief (vgl. 1 Kor 16,8), möglicherweise auch den Galaterbrief, den 2. Korintherbrief und die Schreiben an die Philipper und an Philemon. Der Kolosserbrief und der Epheserbrief, Werke unbekannter Paulusschüler, sind im westlichen Kleinasien abgefasst worden. Der Seher Johannes sandte Schreiben an die **sieben Gemeinden** in Ephesus, Smyrna, Pergamon, Thyatira, Sardes, Philadelphia und Laodicea. Und auch der 2. und 3. Johannesbrief sind – obgleich nur postkartengroß – Zeugnisse des christlichen Glaubens in dieser Landschaft.

Einige christliche Legenden sind in Kleinasien ersonnen worden, so habe **Johannes**, der Lieblingsjünger Jesu, in Ephesus gelebt, und Maria, die Mutter Jesu, sei nahe bei Ephesus gestorben.

Das Christentum hat spätestens mit Beginn des 4. Jh.s n. Chr. im westlichen Kleinasien eine **Blüte** erlebt wie in kaum einer anderen Region der alten Welt. Die großen **ökumenischen Konzilien** (vom Ersten Ökumenischen Konzil 325 n. Chr. in Nizäa bis zum Sechsten Ökumenischen Konzil 680 n. Chr. in Konstantinopel bzw. dem Siebenten, 787 n. Chr. wiederum in Nizäa) fanden im westlichen Kleinasien statt.

Zumindest für die Frühzeit gilt: Den *einen*, typischen kleinasiatischen Christen gab es nicht. Verschiedene **christliche Traditionen**, vor allem paulinischer und johanneischer Prägung, existierten nebeneinander. Die kleinasiatischen Christen bezeugten ihr je eigenes Ringen um den Weg des Glaubens. Gesellschaftliche Gepflogenheiten, mächtige Kulte, auch der Staat, der Verehrung einforderte, machten ihren Weg oftmals steinig. Wer ihren Spuren durch das westliche Kleinasien folgt, wird – früher oder später – auf die eigenen Fragen stoßen und vielleicht neue Antworten aus der Landschaft zwischen Ägäis und Marmarameer mitnehmen können.

Zwei Hinweise:

Der Besucher des westlichen Kleinasiens sieht ionische Säulen, korinthische Kapitelle, Überreste von Theatern und Tempeln. Manche dieser Steine boten die Kulisse, in der das frühe Christentum seine ersten Schritte unternahm. Zu den Steinen müssen Worte kommen, damit die stummen Zeugen der Geschichte zu sprechen beginnen. In diesem Band wird daher gerne und häufig zitiert: aus der biblischen Überlieferung, aus späteren christlichen Schriften, aus Aufzeichnungen zeitgenössischer Autoren. Am Ort gelesen, können die Worte die Szenerien mit einem Stück Leben von vor 2000 und mehr Jahren füllen.

Einige Orte werden in der Bibel nicht erwähnt. Sie finden dennoch Berücksichtigung als Stätten, die für das kulturelle und geschichtliche Umfeld stehen, in denen das Christentum sich zu entwickeln begann (Didyma, Priene, Nysa, Aphrodisias, Troja, Nizäa, Byzanz/Konstantinopel).

Trajan-Tempel in Pergamon

I. Die Geschichte des westlichen Kleinasiens im Überblick

Ephesus. Das Theater

Früheste Spuren in der Gegend von Antalya und Konya belegen eine neolithische Zivilisation in Kleinasien noch vor dem 8. Jahrtausend. Eine in Çatal Hüyük, südöstlich von Konya, 1958 gefundene Siedlung existierte um 6800 v. Chr. Besiedlungsspuren konnten in Milet für das 5., in Ephesus für das 3. Jahrtausend v. Chr. festgestellt werden. Aufzeichnungen assyrischer Händler aus dem frühen 2. Jahrtausend liefern die ersten schriftlichen Zeugnisse.

Indem die hethitischen Sprachentwicklungen erforscht wurden, konnte man die Geschichte des hethitischen Großreiches in Kleinasien erhellen. Die **Hethiter** beherrschten weite Teile des Landes in der Zeit vom 18.–12. Jh. v. Chr. Unter Hattusili I. (um 1565–1540 v. Chr.) vergrößerten sie ihr Reich bis an die Küste des westlichen Kleinasiens. Die Hethiter eroberten das Land Arzawa mit der wichtigen Stadt Apaša, dem wohl späteren Ephesus (s. u., S. 29). Der Höhepunkt hethitischer Macht wurde unter dem König Suppiluliuma I. (um 1355–1320 v. Chr.) erreicht.

In Milet wurde Keramik aus der minoischen Kultur Kretas gefunden, die auf eine erste dortige Bauperiode vom 17.–15. Jh. v. Chr. hindeutet (s. u., S. 77). Keramikfunde der mykenischen Kultur des griechischen Festlandes weisen in das 15.–14. Jh. v. Chr. sowie in das 13.–12. Jh. v. Chr. Mykenische Händler richteten zuerst Handelsstützpunkte an der westkleinasiatischen Küste ein, um von dort in den Vorderen Orient und nach Ägypten zu gelangen. Den Händlern folgten Handwerker, aus Handelsstützpunkten wurden Siedlungen.

Mit der **»ägäischen Wanderung«** im 12. Jh. v. Chr. begann schließlich die eigentliche Kolonisierung der Küsten. Dorer, Äoler und Ionier besiedelten von Griechenland herkommend die Küste des westlichen Kleinasiens. Zeitgleich mit den Kolonisten kamen die **Lyder** von Südosten her. Die Ausdehnung ihres Herrschaftsgebietes unter Alyattes (um 600–561 v. Chr.) und unter seinem Sohn Kroisos (um 560–547 v. Chr.), die von der Hauptstadt Sardes ausging, brachte den Lydern Reichtum (s. u., S. 143). Als Kroisos, von der eigenen Stärke geblendet, einen Spruch des Orakels von Delphi gänzlich fehldeutete (vgl. im Griechenland-Band dieser Reihe, S. 253 f.), verlor er 547 v. Chr. sein großes Reich an den **Perserkönig Kyros II.** (559–530 v. Chr.).

Erst als in Makedonien eine neue Macht unter Philipp II. (382–336 v. Chr.) aufstieg, geriet die persische Herrschaft in ernste Gefahr. Philipp II. beabsichtigte, die griechischen Städte Kleinasiens schnell von den Persern zu befreien. Alexander der Große (356–323 v. Chr.), Sohn und Nachfolger Philipps, setzte das Vorhaben in die Tat um. Die Zeit des **Hellenismus** nahm im westlichen Kleinasien ihren Anfang.

Alexander begann seinen Feldzug im Frühjahr 334 v. Chr. Er schlug die Perser vernichtend, zuletzt den persischen Großkönig Dareios III. im Sommer 333 v. Chr. bei Issos. Sein Eroberungszug ging weiter und führte dazu, dass Kleinasien im Jahre 323 v. Chr., als Alexander starb, der geographische Mittelpunkt des riesigen Reiches war. Die Kämpfe der **Diadochen** (Nachfolger) dauerten an bis zum Sieg des thrakischen Satrapen Lysimachos (gemeinsam mit Seleukos I.) über Antigonos Monophtalmos (der Einäugige) bei Ipsos in Phrygien im Frühjahr 301 v. Chr. **Lysimachos** (361–281 v. Chr.), der ja noch Thrakien unter sich hatte, herrschte nun über beide Seiten der Dardanellen. Das von Antigonos gegründete Antigoneia benannte er in Alexandria Troas um, nicht nur in Verehrung Alexanders, sondern auch mit dem Anspruch, der neue Herrscher über dessen Reich zu sein (s. u., S. 181).

Lysimachos deponierte die von Antigonos erorberte Kriegsbeute in Pergamon. Sein Stadtkommandant Philetairos sollte über sie wachen. Zur gleichen Zeit, als Lysimachos in der Schlacht von Kurupedion bei Magnesia 281 v. Chr. gegen **Seleukos I.** (um 358–280 v. Chr.; Gründer der makedonischen Dynastie der Seleukiden) eine vernichtende Niederlage erlitt, sagte sich Philetairos von Lysimachos los. Sein Schatz von 9 000 Talenten Silber (dies entspricht etwa 180 000 kg) genügte, um ein eigenes, das pergamenische Reich aufzubauen. Er adoptierte seinen Neffen Eumenes und gründete die Dynastie der Attaliden (s. u., S. 162).

Die **Seleukiden** waren so lange an der Macht, bis die Politik Antiochos' III. den Krieg mit Rom heraufbeschwor. Tatsächlich wurde Rom wohl durch das Drängen des pergamenischen Königs Eumenes II. in den Krieg verwickelt. Gemeinsam mit dem Heer des Eumenes schlugen die Römer 189 v. Chr. Antiochos III. Auf Grund des 188 v. Chr. geschlossenen Friedens von Apameia erhielt **Pergamon** die Herrschaft über das gesamte westliche Kleinasien (mit Ausnahme von Karien und Lykien). Smyrna erkannte schon früh die Bedeutung Roms. Bereits 195 v. Chr. widmeten die Smyrnäer der Dea Roma, der Stadtgöttin Roms, einen Tempel. Die pergamenische Herrschaft endete, als Attalos III. 133 v. sein gesamtes Reich an Rom vererbte.

Mit der »**pax Romana**« des ersten römischen Kaisers Augustus (27 v. Chr.–14 n. Chr.), dem Zustand inneren Friedens und sicherer Grenzen des Römischen Reiches, begann für die Städte des westlichen Kleinasiens eine Blütezeit. Unter den Städten entbrannte ein Wettstreit um die Gunst Roms, was am stärksten in der Sehnsucht, einen Tempel für den Kaiserkult errichten zu dürfen, zum Ausdruck kam. Die Städte Pergamon und Smyrna, die sich in der Vergangenheit romtreu verhalten hatten, waren die Ersten, denen dieses Privileg gewährt wurde.

Die **Reichskrise des 3. Jh.s n. Chr.** traf das westliche Kleinasien zunächst so, dass es zum Rekrutierungs- und Bereitstellungsgebiet für das römische Heer im Kampf gegen das Sasanidische Herrschergeschlecht wurde. Von den Angriffen der von Norden und Nordwesten her einfallenden Goten in der zweiten Hälfte des 3. Jh.s n. Chr. war die Region dann direkt betroffen. Zahlreiche Städte (z. B. Milet) verstärkten aus Furcht vor Plünderungen und Verwüstungen ihre Mauern.

Kaiser Diokletian (284–305 n. Chr.) begann mit einer grundlegenden Neuordnung des Imperium Romanum. Spannungen innerhalb der von ihm eingeführten Tetrarchie (»Vierkaisertum«) führten schließlich 395 n. Chr. zur Spaltung des Römischen Reiches in einen westlichen und einen östlichen Teil. Das westliche Kleinasien gehörte nun zum **Oströmischen bzw. Byzantinischen Reich**.

Konstantin der Große, Regent im Westen, besiegte 324 n. Chr. in den Schlachten bei Adrianopolis und Chrysopolis Licinius, den Herrscher im Osten, und wurde Alleinherrscher im Römischen Reich. Am 11. Mai 330 n. Chr. weihte er das gut 1000 Jahre alte Byzantion (Konstantinopel) als neue Hauptstadt des wiedervereinten Reiches ein.

Nachdem die **Seldschuken** (ein nach ihrem Anführer Seldschük benanntes Turkvolk) 1071 das byzantische Heer in Malazgirt besiegt hatten, konnten sie Teile Kleinasiens, zum Beispiel auch Milet und Nizäa, besetzen.

Die byzantinische Epoche ging unwiderruflich zu Ende, als die **Osmanen** unter Sultan Mehmet II. am 29. Mai 1453 Konstantinopel eroberten. Das Osmanische Reich schließlich hatte Bestand bis zur Ausrufung der Türkei als Republik durch Kemal Atatürk im Jahre 1923.

II. Das frühe Christentum im westlichen Kleinasien

Westliches Kleinasien

Der Apostel **Paulus**, der selbst etwa um die Zeitenwende in Tarsus an der östlichen Südküste Kleinasiens geboren wurde, brachte das Christentum in das westliche Kleinasien. Am Ende seiner **2. Missionsreise**, etwa im Jahr 51 n. Chr., kam er ein erstes Mal nach Ephesus, in Begleitung von Aquila und Priscilla (vgl. Apg 18,18–22). Diesem nur kurzen Besuch folgte auf der **3. Missionsreise** ein Aufenthalt (vgl. Apg 19,8–10) in den Jahren 52–54 n. Chr., der über zwei Jahre lang dauerte. An Epänetus, die »Erstlingsgabe der Provinz Asien für Christus«, denkt Paulus im Römerbrief (Röm 16, 5).

Der Apostel konnte die geografisch günstige Lage der Stadt Ephesus am Knotenpunkt der Verkehrswege nutzen, um Kontroversen auszufechten, die sich um den Zusammenhalt der Gemeinde in Korinth drehten. Timotheus pendelte zwischen Ephesus und Korinth (1 Kor 16,10), Titus überbrachte den sogenannten »Tränenbrief« (2 Kor 10–13; vgl. 2 Kor 2,4). Auch der Alexandriner Apollos sollte nach Korinth reisen (vgl. 1 Kor 16,12).

Paulus verfasste in Ephesus mindestens **drei Briefe an die Korinther**: einen verloren gegangenen Brief (vgl. 1 Kor 5,9), den 1. Korintherbrief und den »Tränenbrief«. Möglicherweise sind noch weitere Schreiben des Apostels in der Provinzhautstadt entstanden. Einige Exegeten rechnen damit, dass Paulus auch den **Galaterbrief** und den **2. Korintherbrief** sowie die sogenannten **»Gefangenschaftbriefe«** an die Philipper und an Philemon in Ephesus abgefasst hat.

Die paulinische Mission in Ephesus war wechselvoll: Zwischen Bedrängnissen am Anfang (vgl. 1 Kor 15,32) und am Ende seines Aufenthaltes (2 Kor 1,8–10) sei ihm weit und wirksam *»eine Tür geöffnet worden«* (1 Kor 16,9). Ob Paulus in Ephesus eine »Schule« unterhielt (vgl. Apg 19,9), lässt sich nicht entscheiden. Immerhin sind mit dem **Kolosserbrief** (um 70 n. Chr.) und dem **Epheserbrief** (80–90 n. Chr.) Schreiben unbekannter Paulusschüler erhalten geblieben, deren Abfassungsorte wahrscheinlich im Umfeld der Provinzhauptstadt lagen.

Paulus reiste mit Timotheus von Ephesus aus nach **Troas**. Möglicherweise hat er während seines sehr kurzen Aufenthaltes in Troas die dortige Gemeinde gründet (vgl. 2 Kor 2,12 f.). Am Ende seiner 3. Missionsreise vermeidet er einen weiteren Aufenthalt in Ephesus und trifft die Ältesten der ephesischen Gemeinde in **Milet** (vgl. Apg 20,17–38).

Wohl noch vor 60 n. Chr. wurden die phrygischen Gemeinden **Hierapolis**, **Laodicea** und **Kolossä** von dem Paulusmitarbeiter Epaphras gegründet (vgl. Kol 4,12–13). In Laodicea hatte vor 70 n. Chr. eine Frau namens Nympha eine Hausgemeinde (Kol 4,15).

Ob **Philippus, der Evangelist**, mit seinen vier Töchtern (Apg 21,8–9) von Cäsarea nach Hierapolis kam und hier das Martyrium erlitt, bleibt im Dunkel (s. u., S. 110). Der ephesische Bischof Polykrates nennt Philippus Ende des 2. Jh.s n. Chr. einen »großen Stern« der kleinasiatischen Christenheit. Im 5. Jh. n. Chr. wurde in Hierapolis Philippus zu Ehren das Martyrion gebaut – ein achteckiges Gebäude (Oktogon), ein steinernes Symbol der Auferstehung und des ewigen Lebens.

Papias, Bischof von Hierapolis Ende des 1./Anfang des 2. Jh.s n. Chr., stand in Kontakt mit einem Presbyter **Johannes**. Andere Autoren im ausgehenden 2. Jh. n. Chr. (Irenäus von Lyon, Polykrates von Ephesus) wissen darüber zu berichten, dass dieser Johannes bis zu seinem Tod etwa im Jahre 100 n. Chr. in Ephesus lebte (s. u., S. 60). Er war dort Lehrer, Gemeindegründer und höchstwahrscheinlich auch der Verfasser des 2. und 3. Johannesbriefes. Das hohe Ansehen, das er in Ephesus genoss, mag dazu geführt haben, dass man ihn nach seinem Tod mit dem Lieblingsjünger Jesu im Johannesevangelium identifizierte.

In »johanneischer« Tradition sind auch diejenigen Gemeinden gewachsen, an die die **Sendschreiben der Johannesoffenbarung** adressiert sind (Ephesus, Smyrna, Pergamon, Thyatira, Sardes, Philadelphia und Laodicea).

Mit Onesimus von Ephesus, Papias von Hierapolis und Polykarp von Smyrna sind erste **Bischöfe** zu Beginn des 2. Jh.s n. Chr. bekannt. Berühmte Namen kamen später hinzu: Melito von Sardes, Polykrates von Ephesus. Letzterer riskierte am Ende des 2. Jh.s n. Chr. in einem Streit um den Termin des Osterfestes die offene Auseinandersetzung mit Rom. Letztlich scheiterte das Christentum Westkleinasiens in diesem Kampf. Und doch zeigt er das große Selbstbewusstsein, das sich aus der Geschichte in den ersten beiden Jahrhunderten nährte. Man war in schwierigem Umfeld standhaft geblieben. Weder die großen Kulte der Artemis und des Apollon noch der Kaiserkult hatten es vermocht, den Glauben der Christen dieser Zeit ernsthaft zu erschüttern.

Christliche Gemeinden gab es im 2. Jh. n. Chr. sicher auch in Magnesia, Tralles und Philadelphia. Der Bischof **Ignatius von Antiochien** reiste um 110 n. Chr. auf seinem Weg zum Martyrium in Rom durch das westliche Kleinasien und schrieb Briefe an die Epheser, Magnesier, Trallianer, Philadelphier und Smyrnäer. Doch handelt es sich hierbei nur um diejenigen Ortsnamen, die in den Quellen zu lesen sind. Von den meisten der damals 500 Städte in der

Provinz Asia weiß man nichts mehr. Immerhin konnte schon Ignatius auf »die Bischöfe, die bis an die Grenzen [der Erde] eingesetzt sind« (IgnEph 3,2), verweisen. Erst die Unterschriftenliste des Ersten Ökumenischen Konzils in Nizäa 325 n. Chr. nennt Namen und Orte, von denen zuvor nichts überliefert war.

Wie groß war die **Zahl der Christen** im beginnenden 2. Jh. n. Chr.? Diese Frage lässt sich zwar nicht beantworten, aber: Die Christinnen und Christen wurden wahrgenommen. Doch wahrscheinlich waren ihre Versammlungen noch zu unauffällig, um unter das sogenannte »Hetairienverbot« zu fallen, das alle Zusammenkünfte untersagte, hinter denen man Umsturzversuche vermutete. Immerhin gab es vereinzelte Anzeigen gegen Christen. Das Problem veranlasste den bithynischen Statthalter Trajans, **Plinius d. J.** (61/61–vor 117 n. Chr.), zum Handeln. Im Jahre 112 n. Chr. wandte er sich schriftlich an seinen Kaiser: »Nicht nur über Städte, sondern auch über Dörfer und Landgebiete hat sich dieser ansteckende Aberglaube verbreitet. Vielleicht läßt sich die Entwicklung noch anhalten und einschränken. Sicher ist jedenfalls, daß die beinahe verödeten Tempel wieder besucht und die lange aufgehobenen Feste wieder durchgeführt werden« (Ep X 96,9–10).

Doch war nicht die Zahl der Christen – Plinius übertrieb um der Dringlichkeit seiner Anfrage willen – der Kern des Problems. Die fehlende einheitliche Gesetzgebung, wie mit den Anzeigen, zumal den anonymen, und mit ihren Argumenten umzugehen sei, brachte den Statthalter in Schwierigkeiten: »Christenprozessen habe ich nie in amtlicher Eigenschaft beigewohnt; deshalb weiß ich nicht, was und wie weitgehend entweder bestraft oder ermittelt zu werden pflegt [...] Bis zum Eintreffen Deines Bescheids bin ich gegen diejenigen, gegen die bei mir als Christen Strafantrag gestellt worden war, in folgender Weise gerichtlich verfahren: Ich habe sie verhört, ob sie Christen seien. Als sie gestanden, habe ich sie ein zweites und drittes Mal gefragt, nachdem ich ihnen bereits das Todesurteil angedroht hatte. Wenn sie bei ihrem Geständnis beharrten, ließ ich sie zur Hinrichtung abführen. Denn ich zweifelte nicht: Wie beschaffen das eingestandene Vergehen auch immer sein mag, so müssen doch sicherlich Hartnäckigkeit und unbeugsame Halsstarrigkeit bestraft werden. Es gab noch andere Leute, die in einer ähnlichen unsinnigen Verbohrtheit verharrten, sie trug ich in die Akten ein als Leute, die nach Rom zu überweisen sind, weil sie römische Bürger waren. Noch während der gerichtlichen Behandlung dieser Fälle verbreitete sich, wie das ja zu geschehen pflegt, die Anklage, und es fielen neue Fälle dieses Vergehens an. Es wurde mir eine schriftliche Anzeige ohne Absendernamen vorgelegt, die die Namen vieler enthielt. Die einen der Angezeigten behaupteten, weder Christen zu sein noch je gewesen zu sein. Als sie nach meinem Vorbild die Götter anriefen und Deinem Bild, das ich zu diesem Zweck zusammen mit den Götterbildern hatte heranholen lassen, mit Weihrauch und Wein ein Bittopfer dargebracht hatten, außerdem Christus verflucht hatten, hielt ich es für richtig, sie freizulassen; denn es heißt, wirkliche Christen können nichts dergleichen vollziehen. Die anderen aber, die in der Anzeige namentlich aufgeführt waren, bekannten, sie seien Christen, stritten es aber bald wieder ab; sie seien zwar Christen gewesen, hätten aber wieder damit aufgehört, manche vor drei Jahren, einige vor noch mehr Jahren, ein paar sogar vor zwanzig Jahren [...]« (ebd.).

Ob es tatsächlich, wie gelegentlich vermutet wird, in Kleinasien zu Beginn des 2. Jh.s n. Chr. 80 000 Christen gegeben hat, ist völlig offen. In der Folgezeit wuchs ihre Zahl jedoch rasch an, und die Bedrohung durch den Staat wurde größer (s. u. zu Ephesus, S. 56).

Die Krise des Römischen Reiches im 3. Jh. n. Chr. brachte eine umfassende **Christenverfolgung** hervor. Kaiser Caracalla (211–217 n. Chr.) erließ die sogenannte *constitutio Antoniniana*, durch die alle freien Reichsbewohner das römische Bürgerrecht erhielten. Er behauptete, mit dem Gesetz den römischen Göttern neue Verehrer zuführen zu wollen.

Diesen Gedanken nahm Decius (249–251 n. Chr.) auf und erließ 250 n. Chr. ein entsprechendes Opferedikt. Alle Reichsbewohner hatten (vor Zeugen!) vor dem Kaiserbild zu opfern. Die Verfolgung der Christen unter Decius war erheblich, stieß jedoch auch an Grenzen, weil das römische Erfassungssystem mangelhaft war. Das sogenannte »Siebenschläfer-Coemeterium« in Ephesus erzählt davon: Sieben Männer sollen während der decischen Verfolgung in einer Höhle ganz einfach »durchgeschlafen« haben, bis sie schließlich von dem christlichen Kaiser Theodosius II. (408–450 n. Chr.) aus ihrem Schlaf erweckt wurden. Weitere Edikte gegen die Christen erließ Valerian (253–260 n. Chr.).

Unter den Kaisern Diokletian, Maximian und Galerius (303–311 n. Chr.) kam es zu der grausamsten Verfolgung der Christen. Die christliche Kirche war zu einer eigenständigen Größe innerhalb der römischen Gesellschaft geworden. Christen hatten Ämter im Heer, in der Verwaltung und in den städtischen Zentralbehörden inne. Man sah daher die Stabilität des Staates auf das Äußerste gefährdet. So wurden Christen fortan all ihrer Ämter und Würden beraubt. Sie waren jeglicher Denunziation schutzlos ausgeliefert, und die Verfolgungen erreichten ihren Höhepunkt.

Kaiser Galerius sah schließlich die Sinnlosigkeit der Christenverfolgungen ein. Um Ordnung und inneren Frieden zu sichern, verkündete er am 30. April 311 ein **Toleranzedikt**, das den Christen die Ausübung ihrer Religion gestattete unter der Bedingung, dass sie sich politisch wohlverhielten.

Die Kaiser Licinius und Konstantin vereinbarten wenig später (313 n. Chr.) die Rückgabe konfiszierten christlichen Eigentums. Schließlich wurde das Christentum unter der Herrschaft von Kaiser Theodosius 381 n. Chr. zur **Staatsreligion** erhoben. Alle heidnischen Kulte wurden verboten.

Nach dem Ersten Ökumenischen Konzil 325 n. Chr. in Nizäa (s. u., S. 202) fanden weitere **ökumenische Konzilien** im westlichen Kleinasien statt (381 n. Chr. in Konstantinopel, 431 n. Chr. in Ephesus, 451 n. Chr. in Chalkedon, 553 und 680 n. Chr. in Konstantinopel, 787 n. Chr. in Nizäa). Man darf vermuten, dass bereits zu Beginn des 3. Jh.s n. Chr. die Zahl der Christen im Osten des Römischen Reiches auf gut **5 000 000** angewachsen war. Spätestens im 4. und 5. Jh. n. Chr. war der Niedergang der großen Kulte besiegelt. Deutliche Spuren finden sich fast überall: An den einst mächtigen Apollon-Tempel in Didyma (Didymaion) wurde eine Kapelle angebaut, im Artemis-Tempel (Artemision), der 1000 Jahre lang in Ephesus und im weiten Umland alles überragt hatte, errichteten Christen zu Beginn des 5. Jh.s n. Chr. eine Kirche – ein deutliches Symbol dafür, dass das westliche Kleinasien zu einer christlichen Welt geworden war. Mit dem Niedergang der Städte etwa im 7. Jh. n. Chr. verlor dann zwangsläufig auch das Christentum an Bedeutung. Einige Bischofssitze konnten jedoch noch lange gehalten werden, manchmal, wie im alten Smyrna und heutigen İzmir, bis in die Gegenwart.

III. Orte im westlichen Kleinasien

Ephesus (Selçuk)

Celsus-Bibliothek

Einleitung

Ephesus gehört zu den großen touristischen Attraktionen der Türkei. Viele Studienreisen auf den Spuren des Paulus beginnen (oder enden) hier. Reisende erreichen die Ausgrabungsstätte, die 1,5 km südwestlich der Kreisstadt Selçuk liegt, zumeist von İzmir kommend (etwa 70 km entfernt). In der Hochsaison der Sommermonate landet auf dem internationalen Flughafen von İzmir (»Adnan Menderes«) beinahe alle 10 Minuten eine Charter- oder Linienmaschine. Im nahen Badeort Kuşadasi (18 km entfernt) gehen Kreuzfahrtschiffe vor Anker; ein Tagesausflug nach Ephesus gehört zum festen Reiseprogramm.

Als der Apostel Paulus Mitte des 1. Jh.s n. Chr. auf seiner 3. Missionsreise nach Ephesus kam, erlebte er eine aufblühende römische Provinzhauptstadt. Ihr kultisches Zentrum war das Artemision, der berühmte Tempel der Göttin Artemis, als deren »Tempelhüterin« sich die Stadt verstand (vgl. Apg 19,35).

Etwa mit dem Beginn des sogenannten »goldenen Zeitalters«, das Ephesus im 2. Jh. n. Chr. erlebte – die Stadt zählte in dieser Glanzzeit 250 000 (!) Einwohner –, wurde auch das Christentum zu einer selbstbewussten Größe. Ephesus stellte am Ende des 2. Jh.s n. Chr. neben Rom den zweiten Mittelpunkt der Christenheit dar.

Zu Beginn des 4. Jh.s n. Chr. war der Niedergang des Artemis-Kultes besiegelt – das ephesische Christentum lebte jedoch für eine lange Zeit weiter. Das Artemision, in der Antike als eines der sieben Weltwunder gepriesen, bot Baumaterial für die Mitte des 6. Jh.s n. Chr. errichtete Johanneskirche (manches ist im Ephesus Museum Selçuk zu sehen). Heute erinnert eine einsame Säule des Artemisions in einem sumpfigen Areal an einstige Glanzzeiten des Heiligtums.

Geschichtliches

Das Stadtgebiet des späteren Ephesus war bereits im Chalkolithikum (4./3. Jahrtausend v. Chr.) besiedelt. Den zentralen Siedlungspunkt bildete der steil aufragende, heute **Ayasoluk** genannte Hügel. Der Name wurde später von den Türken, keinesfalls freundlich gemeint, vom Ehrentitel *Hagios Theologos* für Johannes abgeleitet. Möglicherweise war der Ayasoluk mit dem in den Kriegsberichten des hethitischen Königs Mursili II. (um 1565–1540 v. Chr.) erwähnten Apaša, dem Hauptort des Landes Arzawa, identisch. Arzawa lag wohl zwischen dem Hethiterreich und mykenischen Ansiedelungen an der Küste. Ein Grabfund aus dem 14. Jh. v. Chr. belegt einen mykenischen

Handelsstützpunkt auf dem Ayasoluk. Der Name Ephesus kann die hellenisierte Form von Apaša sein.

Als ab 1100 v. Chr. Ionier nach Ephesus einwanderten (ein Volksstamm, der Attika, die südöstliche Halbinsel Mittelgriechenlands, und die Insel Euböa besiedelte), fanden sie am Südfuß des Ayasoluk bereits einen Kultbezirk verschiedener Baum-, Quell- und Fruchtbarkeitsgöttinnen vor. Die **ionische Stadt** Ephesus wurde etwa 1 200 Meter westlich des Artemisions, an den östlichen und westlichen Abhängen des Hügels Panayirdağ errichtet und bestand rund 500 Jahre.

Mitte des 6. Jh.s v. Chr. wurde die Stadt von dem Lyderkönig Kroisos belagert und schließlich gezwungen, seine Herrschaft anzuerkennen. Kroisos siedelte die Einwohner um. Er legte die Kleinsiedlungen zu einer Stadt am Artemision zusammen (*Synoikismos*), über der heute weite Teile der Stadt Selçuk liegen. Der Synoikismos erforderte allerdings auch eine Vereinheitlichung des Kultes. *Einer* Göttin sollte alle Verehrung zukommen, vor allem sollte sie ein deutliches Gegengewicht zu den Göttern Didymas (Apollon) und Samos'

Rekonstruktionszeichnung des antiken Ephesus

»Schöne Artemis«. Römische Nachbildung der Kultstatue im Artemision; Ephesus Museum Selçuk

(Hera) bilden. Die griechische Göttin **Artemis** (Ἄρτεμις, lat. Diana) brachte Griechen und nicht griechische Einwohner zu gemeinsamer Verehrung zusammen. Artemis war die Tochter von Zeus und Leto und die Zwillingsschwester des Apollon. Sie war die Jagdgöttin, die in Begleitung ihrer Hirsche durch die Landschaft streifte, aber auch die Herrin über Natur und Fruchtbarkeit. Insbesondere die Ionier verbanden mit ihr die Funktion einer Göttin der Hochzeit und der Geburt (s. u., S. 55). Dadurch, dass die griechische Artemis nicht auf eine Funktion festgelegt war, sondern in verschiedenen Zusammenhängen verehrt wurde, konnte sich die Artemis Ephesia zu einer eigenständigen Gottheit entwickeln.

Die Politik des **»hellenistischen« Ephesus** förderte den Kult – Kroisos ließ die älteren Kultplätze mit dem Artemision überbauen. Der Tempel brannte 356 v. Chr. ab, der Legende nach in der Geburtsnacht Alexanders des Großen. Unklar ist, ob das Feuer tatsächlich von Herostratos, einem um Unsterblichkeit bemühten Brandstifter, gelegt wurde oder aus der nüchternen Überlegung heraus, dass der Tempel langsam, aber sicher im steigenden Grundwasser zu versinken drohte und daher ohnehin nicht zu retten war.

Aus eigener Kraft gelang es den Ephesern, den Nachfolgebau zu errichten, nun einige Meter höher gelegen. Nichts Neues sollte entstehen; die Epheser bauten exakt den alten Tempel neu auf, Mauern auf Mauerrest, Säulen auf Säulenstumpf.

Zu Beginn des 3. Jh.s v. Chr. verlegte Lysimachos die Stadt vom Artemision in die Seitenbucht zwischen den Hügeln Bülbüldağ und Panayirdağ. Die **Stadt des Lysimachos** wurde durch eine fast 10 Kilometer lange und durchschnittlich 3 Meter breite Stadtmauer befestigt, die durch zahlreiche Türme verstärkt wurde. Mit dem Ende des Lysimachos 281 v. Chr. in der Schlacht von Kourupedion geriet dessen Reich und damit Ephesus unter die Herrschaft der Seleukiden. Im Frieden von Apameia 188 v. Chr. wurde schließlich der letzte Seleukide, Antiochus III., von den Römern zur Aufgabe Kleinasiens gezwungen. Die Römer überließen Ephesus dem kleinen, hellenistischen

Pergamon unter Eumenes II., das wesentlich zum Sieg Roms gegen die Seleukiden beigetragen hatte.

Der letzte König von Pergamon, Attalos III., setzte in seinem Testament das römische Volk als Erbe seines Reiches ein. Die Römer erkannten den Wert der kleinasiatischen Städte, die ihnen mit dem Tod des Attalos 133 v. Chr. zufielen. Ihnen galt ihre besondere Aufmerksamkeit, und die spätere Provinzialpolitik der Urbanisierung kam ihnen am stärksten zugute. Obwohl zunächst Pergamon nicht nur über das Jahr 133 v. Chr. die Vorrangstellung innerhalb der Städte behielt, sondern auch noch, nachdem die Provinzwerdung Asias im Jahre 126 v. Chr. abgeschlossen war, begann der unaufhaltsame Aufstieg der durch ihre geografische Lage so überaus begünstigten Stadt Ephesus. Die Möglichkeiten, die Ephesus bot, blieben vor allem Octavian, dem späteren Augustus (27 v. Chr.–14 n. Chr.), nicht verborgen. Es gelang ihm, auf der einen Seite den Aufstieg des **römischen Ephesus** zu fördern, indem er die günstig gelegene und vor allem ausbaufähige Stadt an Stelle von Pergamon zur **Hauptstadt der Provinz Asia** erhob, und auf der anderen Seite Kontinuität zu wahren, indem er das Ansehen Pergamons erhielt, indem er dort einen Tempel für den Kaiserkult (*Kaiserneokorie*) erlaubte.

Auch unter Tiberius (14–37 n. Chr.) hatte Ephesus im Wettstreit der Städte noch das Nachsehen. Die zweite Kaiserneokorie ging 26 n. Chr. an Smyrna. Obgleich den Rivalinnen zweimal unterlegen und damit für lange Zeit ohne Aussicht, einen Kaisertempel zu besitzen, zog doch Ephesus, stärker als die übrigen Städte, das wirtschaftliche, politische und religiöse Leben an. Spätestens zur Zeit der Regierung des Claudius (41–54 n. Chr.) nahm die Bevölkerung der inzwischen zu Wohlstand gekommenen Provinzhauptstadt spürbar zu. Folgerichtig bezeichnete der 79 n. Chr. gestorbene Plinius d. Ä. Ephesus (neben Smyrna) daraufhin als das eine von zwei Lichtern Asias (*alterum lumen Asiae*; Naturkunde V 120).

Kopf und Unterarm der Domitianstatue aus dem Domitiantempel, heute Ephesus Museum Selçuk

Den flavischen Kaisern, zunächst Vespasian (69–79 n. Chr.), verdankte Ephesus schließlich den Aufstieg an die Spitze der asiatischen Städte. Durch den Bau einer Küstenstraße über Smyrna nach Pergamon wurden die Verbindungswege von und nach Ephesus noch erheblich verbessert. Vor allem aber erhielt Ephesus unter Domitian (81–96 n. Chr.) die erste Kaiserneokorie der Stadt. Von nun an war das Selbstverständnis der Stadt wesentlich dadurch bestimmt, **»Tempelhüterin der Kaiser«** zu sein (vgl. u.).

Die Regierung Trajans (98–117 n. Chr.) bedeutete für Ephesus den Beginn des **»goldenen Zeitalters«**, in dem die Stadt langsam zu einem Zentrum geistigen Lebens wurde, eine Entwicklung, die sich durch Hadrian (117–138 n. Chr.) verstärkte. Zudem bekam Ephesus unter seiner Herrschaft die zweite Kaiserneokorie. Aelius Aristides, Rhetor zur Zeit Marc Aurels (161–180 n. Chr.), hielt eine Rede zur Eintracht, in der er die mit Ephesus konkurrierenden Städte mahnte, die Vorrangstellung der Provinzhauptstadt anzuerkennen: »Alle reisen nach Ephesus wie in ihr Heimatland, und niemand ist so dumm oder so im Widerspruch zur Wirklichkeit, daß er nicht einräumen würde, daß die Stadt die gemeinsame Schatzkammer Asias sei und eine Zufluchtstätte in Zeiten des Mangels. Auch ist niemand so besserwisserisch, daß er die Grenzen der Stadt kritisieren würde. Sie erstreckt sich weit für jeden, der ins Landesinnere reist; sie erstreckt sich weit an der Küste. Sie ist überall imstande, all das zu bieten, was eine Stadt braucht, und jedem Lebensstil, den einer leben kann oder möchte, zu genügen« (zitiert nach Keil, S. 37).

Mit dem »goldenen Zeitalter«, das ein Jahrhundert Bestand hatte und erst durch die Politik des Septimius Severus (193–211 n. Chr.) deutlich seinem Ende entgegengeführt wurde, war allerdings der Zenit erreicht. Es ist überdies fraglich, inwieweit die breite Bevölkerung der Stadt von den glanzvollen Jahren profitieren konnte. Zumindest seit der Zeit des Antoninus Pius (138–161 n. Chr.) lassen sich gewisse **soziale Spannungen** erkennen. Die Mahnung des Kaisers an die Epheser, der Stadtverschönerung durch den herausragenden Bürger jener Zeit, Publius Vedius Antoninus, größere Achtung entgegenzubringen (der Brief etwa aus den 40er-Jahren des 2. Jh.s n. Chr. ist als Inschrift erhalten), zeigt, dass die Interessen innerhalb der Stadt nicht gleich waren. Die sozialen Spannungen führten möglicherweise auch zu einer verstärkten Hinwendung zu Kulten und Mysterien, die Erlösung von irdischer Plage und Ungerechtigkeit versprachen. Es waren neben dem Christentum vor allem die ägyptischen Götter, die eine erhebliche Anziehungskraft auf die Epheser hatten, aber auch Kulte wie der für Demeter, göttlich gedachte Mächte und Personifikationen wie Hestia Boulaia als Beschützerin des Staatsherdes und wie Sosipolis (Sopolis) als Retter der Stadt schlechthin, schließlich Schutzgötter für die trivialsten Bereiche menschlichen Lebens.

Aufstieg und Niedergang der antiken Metropole hingen nicht unwesentlich von der geografischen Lage der Stadt ab. Ephesus lag an der Mündung des Kaystros (Küçük Menderes). Die Bucht, die Häfen, die Verbindungen in das Landesinnere brachten Wohlstand. Doch die Kaystrosmündung verschob sich durch Sedimentanschwemmungen ständig nach Westen, insgesamt

Ephesus 3. Jh. v. Chr. – Ende des 1. Jh.s v. Chr.

Ephesus 2.–4. Jh. n. Chr.

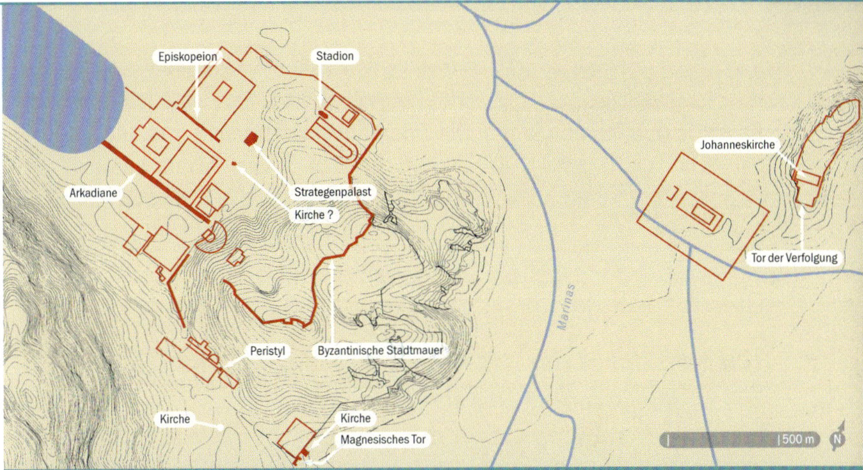

Ephesus 5.–7. Jh. n. Chr

über neun Kilometer weit. **Verlandung der Häfen und Versumpfung des Hinterlandes** wurden auch verursacht durch den um eineinhalb Meter ansteigenden Meeresspiegel der Ägäis. Von zwei Hafenbecken in vorchristlicher Zeit (3. Jh. v. Chr. – Ende des 1. Jh.s v. Chr.) blieb im 2. Jh. n. Chr. nur ein einziges, zungenförmiges, das große Anstrengungen erforderte, um es für die Schifffahrt zu erhalten. Immer stärker wich die Küste nach Westen zurück, die einst blühende Hafenstadt wurde etwa ab dem 5. Jh. n. Chr. mehr und mehr zur Binnenstadt auf dem Ayasoluk, umgeben von Sumpfland. Der Sumpf brachte Gefahren. Manche Teilnehmer am Konzil von 431 n. Chr. erkrankten an der Malaria, so berichten die Konzilsakten.

Ephesus erlebte im 13./14. Jh. n. Chr. eine letzte Blüte unter der Herrschaft der Aydinoğlu, einer Fürstendynastie des türkischen Stammes der **Seldschuken**. Mit Beginn des 15. Jh.s und der Machtergreifung der **Osmanen** wurde Ayasoluk bedeutungslos. Erst das Interesse an der

Minarett in Selçuk

Badeort Kuşadasi

Geschichte der antiken Weltstadt hat den Ort – von Kemal Atatürk in Selçuk umbenannt – wieder aufleben lassen.

Die **heutige Kreisstadt** beherbergt etwa 20 000 Einwohner und profitiert von bis zu zwei Millionen Besuchern jährlich, ebenso der nahe Badeort Kuşadasi.

Tempelhüterin der Artemis, Tempelhüterin der Kaiser – das religiöse Leben in Ephesus

Ephesus beherbergte nicht nur den Artemis-Kult und den seit der Zeit des Domitian mit der Kaiserneokorie verbundenen Kult, sondern auch eine Fülle weiterer paganer Kulte. Das war in anderen Städten vergleichbarer Größe (z. B. Korinth oder Antiochia) nicht wesentlich anders. Die Vielfalt religiösen Lebens darf aber nicht darüber hinwegtäuschen, dass das Selbstverständnis der Stadt entscheidend dadurch geprägt war, **»Tempelhüterin der Artemis«** (νεωκόρος τῆς Ἀρτέμιδος, zuerst erscheint der Titel auf einer Münze aus der Zeit Neros, 54–68 n. Chr., dann Apg 19,35), später auch »Tempelhüterin der Kaiser« (νεωκόρος τῶν Σεβαστῶν, nach Gewährung der ersten Kaiserneokorie auf allen offiziellen Inschriften) zu sein.

Strabons (etwa 63 v. Chr.–26 n. Chr.) Hinweis, der Artemis-Kult werde überall so eingehalten, wie es in der »Mutterstadt Ephesus« üblich sei (Geographica 4,1,4), zeigt die zentrale Bedeutung des Kultes für die Stadt. Die Artemis Ephesia stellte den Mittelpunkt des religiösen Lebens in Ephesus dar. Die Bezeichnung »Tempelhüterin« meint zweierlei. Zum einen sah sich Ephesus als göttlich auserwählt, die Religion und den Kult der Göttin zu bewahren und zu schützen. Zum anderen empfing die Stadt die Privilegien und Segnungen, die mit diesem Amt verbunden waren. Es kann von daher nicht verwundern, dass das Wissen um das undurchtrennbare Band zwischen der Stadt und dem Kult selbst in den christlichen Überlieferungen durchscheint (vgl. Apg 19,26–27). Die sichtbare Präsenz der Artemis war nicht nur durch das Artemision und dessen Einbindung in das städtische Leben (Asylrecht, Bankwesen), sondern auch durch die jährlich wiederkehrenden Feste gegeben. Keine andere Metropole der griechisch-römischen Welt war wohl so sehr mit einer Gottheit verbunden wie Ephesus mit Artemis.

Bereits vor dem eigentlichen Beginn des Kaiserkultes in Ephesus mit der Errichtung des Kaisertempels für Augustus am Ausgang des 1. Jh.s v. Chr. existierten Herrscherkulte. Das entscheidend Neue am ephesischen Kaiserkult war das aus dem Artemis-Kult entnommene Selbstverständnis, »Tempelhüterin« zu sein. Indem die Stadt **»Tempelhüterin der Kaiser«** war, konnte sie ihrem Anspruch, an der Spitze der Städte zu stehen, Ausdruck verleihen. Der Kult bot die Möglichkeit, die Beziehungen zwischen Kaiser, Provinz und Stadt darzustellen. Er symbolisierte nicht nur die erhaltene Förderung durch Rom, die Dankbarkeit gegenüber den Kaisern, sondern auch die Rangfolge der Städte innerhalb der Provinz. Der Kaiserkult kann kaum als von Rom erzwungen gelten und überstand den Fall Domitians im Jahre 96 v. Chr. Denn obwohl der römische Senat nach dem gewaltsamen Tod Domitians die Tilgung seines Andenkens (*damnatio memoriae*) beschloss und damit natürlich auch das Erlöschen der von ihm gewährten Kaiserneokorie, blieb Ephesus weiterhin »Tempelhüterin der Kaiser«. Das zeigt zum einen, dass nicht die Person Domitians im Mittelpunkt des Kultes stand, sondern die flavische Dynastie als Ganze, und zum anderen, wie stark der Kaiserkult im Leben der Stadt und der Provinz verankert war. Auf Grund der Gewährung der zweiten Kaiserneokorie unter Hadrian (129 n. Chr.) verstand sich Ephesus sogar als »zweifache Tempelhüterin der Kaiser« (δὶς νεωκόρος τῶν Σεβαστῶν).

Die beiden großen Kulte, die die Epheser – ihrem Selbstverständnis entsprechend – pflegten, bargen für die junge christliche Gemeinde erhebliche Gefahren in sich. Denn sie wandte sich gegen den Polytheismus der Epheser und musste sich Anfeindungen sowohl durch die »Tempelhüter der Artemis« (vgl. u. zu Apg 19,23–40) als auch durch die »Tempelhüter der Kaiser« (vgl. o. zum Plinius-Brief) gegenüber sehen.

Archäologisches

Der englische Architekt und Eisenbahningenieur John Turtle Wood kam 1863 durch den Bau der Eisenbahnlinie von İzmir nach Denizli zum Ayasoluk. Sieben Jahre lang suchte er im Auftrag des British Museum das als Weltwunder gepriesene **Artemision**. Erst 1869 stieß er in 7 Metern Tiefe auf die Marmorpflasterung des Tempels. Wood setzte seine Arbeit bis 1874 fort. 1897 wurde das Österreichische Archäologische Institut in Wien gegründet. Der erste Direktor des Instituts, Otto Benndorf, machte die Erforschung des antiken Ephesus zum Schwerpunkt und erhielt die erste Grabungslizenz. Nach einer Unterbrechung im Anschluss an den Ersten Weltkrieg wurden die Grabungsarbeiten 1926 wieder aufgenommen. Sie konzentrierten sich auf das sogenannte »Siebenschläfer-Coemeterium« und die Johanneskirche. Seit 1954 verfügt das Österreichische Archäologische Institut nun ohne Unterbrechung über die Grabungslizenz. Funde der frühen Grabungen sind im Archäologischen Museum in İstanbul, im British Museum in London und vor allem im Ephesusmuseum des Kunsthistorischen Museums Wien zu sehen.

Wer heute das weitläufige Grabungsgelände und die Monumente in der näheren Umgebung aufsucht, sieht einige Baudenkmäler, die mit christlichen Legenden verknüpft worden sind. Das **Grab des Evangelisten Lukas**, so dachte Wood im Jahre 1865, sei in Ephesus. Ein Steinquader mit einem Kreuz über der Darstellung eines Buckelochsen – vermeintlich das Symbol des Lukas – gab Anlass zu dieser Vermutung. Wahrscheinlich war Lukas niemals in Ephesus.

Auch das **Paulusgefängnis** lokalisierte man hier (ein Kommandoturm der Stadtmauer). Die Notizen des Apostels lassen keinen Zweifel daran, dass er in Ephesus in schwere Bedrängnis geriet (vgl. 2 Kor 1,8–10). Unklar bleibt jedoch, ob Paulus während seines Ephesusaufenthalts in Haft genommen wurde oder die Stadt noch kurz vor einer drohenden Inhaftierung verlassen konnte.

Das sogannte **»Siebenschläfer-Coemeterium«** wird erstmalig 530 n. Chr. im Pilgerbericht des Theodosius mit einer älteren Legende in Verbindung gebracht, nach der sieben Männer zur Zeit der Decischen Christenverfolgungen (249–251 n. Chr.) in eine Höhle geflohen und

Pilaster mit Kreuz und Darstellung eines Buckelochsen am »Lukasgrab«

Stein mit eingeritztem Kreuz

Kämpferkapitell aus der Artemisionkirche

dort in einen langen Schlaf gefallen seien. Später seien sie unter dem christlichen Kaiser Theodosius II. (408–450 n. Chr.) wieder auferweckt worden.

Das **Wohn- und Sterbehaus der Maria** meinte man auf dem Nachtigallenberg (Aladağ) gefunden zu haben.

Die **Johannesbasilika** wurde über einem Grab erbaut, das als Ruhestätte des Apostels Johannes galt.

Oftmals überlagert die Sehnsucht, die Geschichte des Glaubens mit Händen greifen zu können, die nüchterne Suche danach, wie es wirklich war (oder auch nicht war). Tatsächlich begegnet dem aufmerksamen Besucher nicht selten die christliche Vergangenheit der *metropolis Asiae*.

So lässt sich z. B. im Museum von Selçuk ein mit einem Kreuz signierter Kopf des Augustus betrachten, der im Bereich der Staatsagora (Staatsmarkt) gefunden wurde. Steine mit eingeritzten Kreuzen finden sich des Öfteren an den Straßenrändern (vgl. Abb.).

Eine Sitzstatue im Bereich des Variusbades erinnert an eine Christin namens Scholastika (daher auch der Name »Scholastikatherme«), ihr war der Wiederaufbau des Bades um 400 n. Chr. zu verdanken.

Im Artemision wurde im 5. Jh. n. Chr. eine Kirche errichtet. Im Hof des Tempels sind die Pfeiler der Kirche zu sehen, an der Nordwestecke ein Kämpferkapitell mit Kreuz (vgl. Abb.).

Nicht zugänglich ist die sogenannte **»Paulusgrotte«**, die sich in 100 Metern Höhe im Nordhang des Hügels Bülbüldağ befindet, ein 15 Meter langer und 2 Meter breiter Höhlengang, der in eine etwas breitere Kammer mündet (vgl. Abb.). An den Wänden wurden in einer älteren Putzschicht Malereien entdeckt,

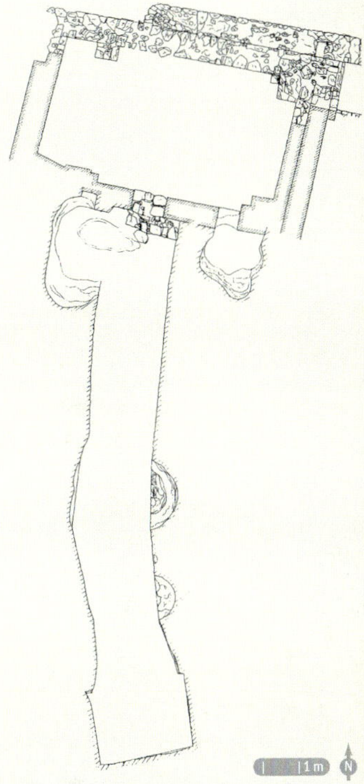

Plan der Paulusgrotte

Paulusgrotte

unter anderem ein Paulusporträt, auf dem der Apostel zwischen der Jungfrau Thekla und ihrer Mutter Theoklia abgebildet ist (wohl aus dem 5. Jh. n. Chr.). Einer erbaulichen Legende aus dem späten 2. Jh. n. Chr. zufolge traf Paulus Thekla und Theoklia in Ikonium. Thekla habe sich dem Apostel angeschlossen und ihn auf seinen Reisen begleitet (Taten des Paulus und der Thekla, NTApo II, S. 216 ff.). Die älteste Schicht der Malerei wurde möglicherweise bereits im 3. Jh. n. Chr. aufgetragen. Die Höhle (später vielleicht eine Höhlenkirche) diente, mit wechselnden Patrozinien, stets als Pilgerstätte (zu den wiederholt aktualisierten Berichten zur »Paulusgrotte« s. u. in den Literaturhinweisen).

Paulus und Theoklia. Wandmalerei in der Paulusgrotte (5. Jh. n. Chr.)

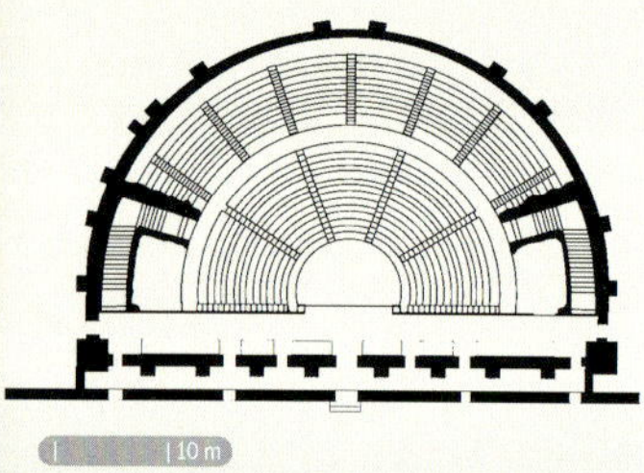

Grundriss des Odeions

Odeion

Das Grabungsareal

Die bedeutenden christlichen Missionare im westlichen Kleinasien, Paulus und »Johannes«, haben in der Zeit ungefähr von 50–100 n. Chr. nur sehr wenige derjenigen Bauwerke gesehen, die dem heutigen Betrachter vor Augen sind. Über 100 Monumente können inzwischen besichtigt werden. Die folgende Auswahl orientiert sich an der »klassischen« Route, die, am oberen Eingang an der Straße nach Meyremana beginnend, vom Staatsmarkt über die Kuretenstraße zur Celsus-Bibliothek, dann über die Marmorstraße zum Theater führt und schließlich am unteren Ein- bzw. Ausgang endet (zur Marienkirche s. u., S. 67).

Die sich über 160 × 65 Meter ausdehnende **Staatsagora** (Staatsmarkt) war das Zentrum der öffentlichen und kultischen Repräsentation. An ihrer Nordseite wurde das in den Hang des Hügels Panayirdağ gebaute Odeion gefunden (vgl. Abb.). Einer Inschrift zufolge ließ der wohlhabende Epheser Publius Vedius Antoninus

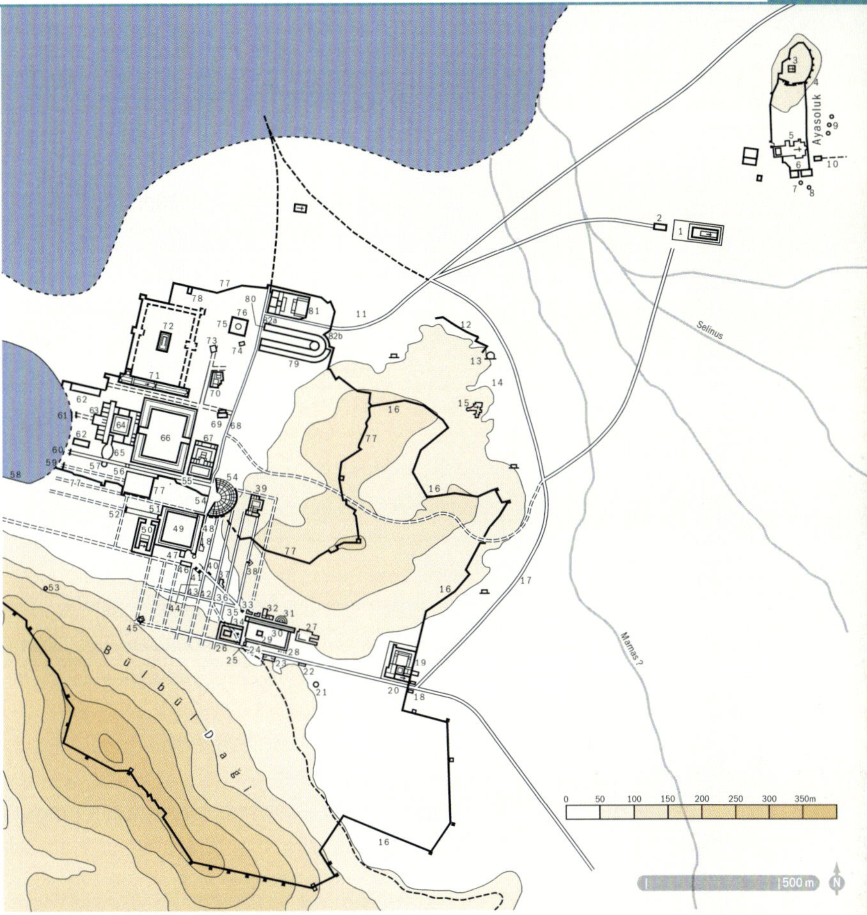

1. Artemision
2. Tribüne beim Artemision
3. Festung (byz.-türk.)
4. Frühbronzezeitl. Siedlung
5. Johannesbasilika (vollendet 565 n.Chr.)
6. »Tor der Verfolgung« (byz.)
7. Myken. Grab
8. Klass. Grab
9. Archa.-klass. Gräber
10. Byz. Aquädukt
11. Koressoshafen
12. Wehrmauer in Koressos
13. Felsheiligtum (Meter od. Kybele, ab 5.Jh.v.Chr.)
14. Byz. Aquädukt
15. Siebenschläfer-Coemeterium
16. Hell. Stadtmauer (A. 3.Jh.v.Chr.)
17. Damianusstoa (2.Jh.n.Chr.)/ und Prozessionsstraße, gedeckt
18. Magnesisches Tor
19. Ostgymnasium (2.Jh.n.Chr.)
20. Basilika im Ostgymnasium (5./6.Jh.n.Chr.)
21. »Lukasgrab« (1.Jh.n.Chr.?)
22. Straßenbrunnen (102 – 114 n.Chr.)
23. »Fontäne« (1./2.Jh.n.Chr.)
24. »Südstraße«
25. Hydrekdocheion des Laecanius Bassus (78/79 n.Chr.)
26. Tempel für die Theoi Sebastoi (E. 1.Jh.n.Chr.)
27. Thermen am »Staatsmarkt« (1.Jh.n.Chr.?)
28. Dorisches Propylon
29. »Staatsmarkt« mit Tempel (divus Iulius und dea Roma ?)
30. Basilike Stoa (13 n.Chr.)
31. Buleuterion (Bestand aus dem 2.Jh.n.Chr.) / »Odeion«
32. Temenos für Augustus und Artemis Ephesia (?) und Prytaneion (A. 1.Jh.n.Chr.)
33. Memmiusbau (E. 1.Jh.v.Chr.) und Hydreion (3.Jh.n.Chr.)
34. Polliobau und Domitiansbrunnen
35. Heraklestor (5.Jh.n.Chr.)
36. Embolos (»Kuretenstraße«)
37. Nymphaeum Traiani (102 – 114 n.Chr.)
38. Späthell. Rundbau (1.Jh.v.Chr.)
39. »Byz. Bankethaus«
40. Variusbad (2.Jh.n.Chr.; Umbau im 4.Jh.: Scholasticiathermen) mit Hadrianstempel
41. Latrine und »Freudenhaus« (2.Jh.n.Chr.)
42. Hanghaus 1
43. Hanghaus 2
44. Oktogon (1.Jh.v.Chr. Grab der Arsinoe IV.?) und »Heroon« (2./1.Jh.v.Chr.)
45. Rundgrab am Bülbüldağ (1.Jh.v.Chr.)
46. Horologion, Altarbau (1.Jh.n.Chr.) und Hadrianstor
47. Hell. Peristylhaus und »Celsusbibliothek« 2.Jh.n.Chr.)
48. »Marmorstraße«
49. Tetragonos Agora (archa. Siedlung Smyrna) mit Nord-und Südtor sowie Neronische Halle
50. Tempelbezirk (»Serapeion«, 2.Jh.n.Chr.)
51. Weststraße mit Westtor
52. Medusentor (4.Jh.n.Chr.)
53. Paulusgrotte
54. Theater (hell. – 2.Jh.n.Chr., Umbau im 4.Jh.) und hell. Brunnenhaus
55. Arkadiane (5.Jh.n.Chr.), Osttor
56. Viersäulenbau (6.Jh.n.Chr.)
57. Exedra-Brunnen (4./5.Jh.n.Chr.) und »Kirche«
58. Kaimauer, südl. Hafenbereich
59. Südl. Hafentor (3.Jh.n.Chr.)
60. Mittleres Hafentor (2.Jh.n.Chr.)
61. Nördl. Hafentor
62. Marktbauten am Hafen (2.Jh.n.Chr.)
63. Hafenthermen (1.Jh.n.Chr.?)
64. Hafengymnasium (1.Jh.n.Chr.)
65. Atrium Thermarum (4.Jh.n.Chr.)
66. Xystoi (»Verulanushallen«, 1./2.Jh.n.Chr.)
67. Theatergymnasium (2.Jh.n.Chr.)
68. Plateia am Koressos
69. Apsidenbau
70. Byz. Palast
71. Marienkirche mit Baptisterium und Episkopium
72. Kaiserkulttempel Hadrians (Olympieion ?)
73. Byz. Peristylhaus
74. Byz. Brunnenhaus
75. Akropolis
76. Severerzeitl. Temenos (»Macellum«)
77. Byz. Stadtmauer
78. »Felsspalttempel« (4./3.Jh.v.Chr.)
79. Stadion (1.Jh.n.Chr.)
80. Kirche im Stadion-Nordtor (6.Jh.n.Chr.)
81. Vediusgymnasium (2.Jh.n.Chr.)
82. »Koressisches Tor«, a: hell., b: byz.

Orientierungsplan Ephesus

Teile der Fassade des Domitiantempels

Heraklestor

Nymphaeum Traiani; Fuß der Trajanstatue

den Bau um 150 n. Chr. als Bouleuterion (Versammlungsort des Rats) errichten. Doch diente das kleine, ursprünglich überdachte Theater wohl als Mehrzweckbau. Es bot Sitzplätze für 1 500 Besucher. Von der Nordseite der Staatsagora führte eine Gasse nach Westen, an der die Überreste des Prytaneions zu sehen sind.

Das **Prytaneion** war der Sitz der obersten religiösen Behörde. Die Aufgabe der Prytanen war es insbesondere, das ständig zu Ehren der Göttin Hestia brennende Feuer zu beaufsichtigen. Im Bereich des Prytaneions wurden drei Artemis-Statuen (die »Große«, die »Schöne« und die »Kleine« Artemis) in sehr gutem Erhaltungszustand gefunden. Sie stammen aus römischer Zeit und werden als Nachbildungen der Kultstatue im Artemision angesehen. Die Statuen sind im Ephesus Museum in Selçuk im Saal der Artemis Ephesia ausgestellt (s. u., S. 53).

Westlich an die Staatsagora schließt sich der Domitiansplatz an. Am steil abfallenden Nordhang des Bülbüldağ wurde ein Unterbau (Substruktionsterrasse) als ebener Platz für den **Domitiantempel** angelegt. Teile der Fassade wurden rekonstruiert und an der Terrassennordseite aufgestellt. Der in den Substruktionen gefundene Tituskopf sowie ein Unterarm der Statue befinden sich im Ephesus Museum im Saal des Kaiserkultes. Dorthin sind auch die Reliefplatten der Fundamente des Domitianaltars gebracht worden, auf denen Opferszenen und Waffen dargestellt sind.

Den Anfang der von der Staatsagora zur Handelsagora (Handelsmarkt) führenden Kuretenstraße bildet das **Heraklestor,** das errichtet wurde, als man das obere Stadtgebiet aufgegeben hatte. Die Kuretenstraße überwindet auf einer Länge von 210 Metern einen Höhenunterschied von 20 Metern. Ihr zugewandt ist das **Nymphaeum Traiani**, eine etwa 102–104 n. Chr. zu Ehren Kaiser Trajans erbaute Brunnenanlage. In der mittleren Nische des Nymphäums befand sich die doppelt lebensgroße Statue Trajans; die Säulenbase und der Fuß der Statue sind erhalten geblieben.

Im Bereich des Variusbads (Scholastikatherme) sind die Überreste des **Hadriantempels** zu sehen, der wahrscheinlich 118 n. Chr. fertiggestellt wurde. Über den mittleren Säulen der Fassade ist ein Bogen gespannt, auf dem die Stadtgöttin Tyche abgebildet ist; dass tatsächlich in einem angrenzenden Wohnhaus ein Bordell untergebracht war, ist unwahrscheinlich. Eine Inschrift auf einem hier verbauten tragenden Bogen (Architrav) hatte zu der Vermutung geführt. (Eine Platte, die auf ein Bordell hinweist, findet sich in der Marmorstraße – und ist das neben Bibliothek und Theater wohl am häufigsten fotografierte Motiv.)

Auf der gegenüberliegenden Seite der Kuretenstraße entstanden in römischer Zeit die komfortablen Häuser der ephesischen Oberschicht. Seit 1960 haben Grabungen an zwei dieser **Stadthauskomplexe** stattgefunden. Das sogenannte »Hanghaus 1« bildete eine Wohneinheit auf einer Grundfläche von 2 800 m². Das sogenannte »Hanghaus 2« bestand aus sieben auf drei Terrassen aufgeteilten Stockhäusern mit jeweils eigenem Innenhof. Die Ausstattung mit Säulen, Wandmalereien, Stuckaturen, Marmorvertäfelungen und Mosaikfußböden zeigt die Wohnkultur wohlhabender Epheser in der römischen Kaiserzeit. Neben

Hadriantempel

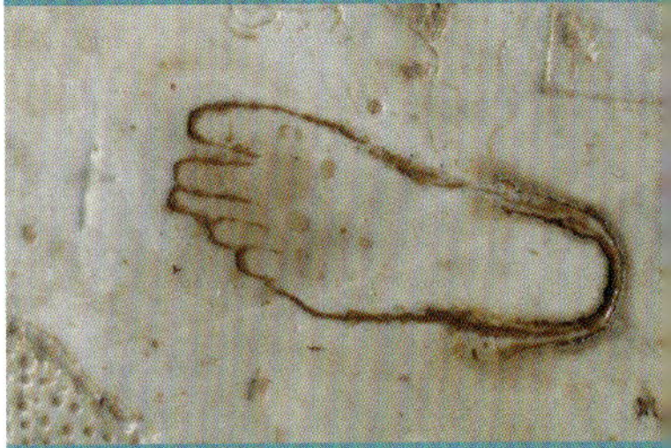
Wegweiser in der Marmorstraße

»Hanghaus 2«

Mosaiken in »Hanghaus 2«

den Hanghäusern bildet das **Hadrianstor** den südlichen Abschluss der **Marmorstraße,** die die Tetragonos Agora mit dem Theater verbindet.

Hadrianstor

Marmorstraße

Celsus-Bibliothek

Die Celsus-Bibliothek

Die Einrichtung dieser öffentlichen Bibliothek war von Tiberius Iulius Celsus Polemaeanus, Provinzstatthalter in Asia in den Jahren 105/106 n. Chr. und Freund des Kaisers Trajan, um 110 n. Chr. testamentarisch verfügt worden. Sein Sohn Tiberius Iulius Aquila ließ die Bibliothek in den Jahren 113–117 n. Chr. errichten. Die Bibliothek ist zugleich Grabmal ihres Stifters.

Man betrat den Bau durch eine der drei Eingangstüren an der östlichen Seite des 17 Meter breiten und 11 Meter tiefen Lesesaals (vgl. Abb.). In die Rückwand des Baus wurde eine Apsis eingefügt, in der eine Statue des Celsus stand. In den Türnischen waren vier Statuen aufgestellt. Sie versinnbildlichten die Tugenden des Celsus: Weisheit (*sophia*), Charakter (*arete*), Urteilskraft (*ennoia*) und Sachverstand (*episteme*). Anders als die Fassade war der Innenraum nicht zweigeschossig, sondern durch an den Wänden umlaufende Galerien in drei Zonen gegliedert. Die Besucher hatten Zugang zu etwa 12 000 Buchrollen. Als Folge des Erdbebens im Jahre 262 n. Chr. brannte das Innere der Bibliothek vollständig aus.

Das griechische Wort für »Bibliothek«, Βιβλίων Θήκη, bedeutet genau übersetzt »Buchablage« und »Buchsammlung«. **Die ersten Bibliotheken** in Griechenland entstanden im 6. Jh. v. Chr. Vorbilder waren die Archive der Tempel in Ägypten und der Paläste im Alten Orient. Schriftliche Zeugnisse lassen die Bedeutung der Bibliotheken erkennen, die von den Ptolemäern in Alexandria und von den Attaliden in Pergamon gegründet worden waren. Beide wurden niemals gefunden. Die alexandrinische Bibliothek hatte im 3. Jh. v. Chr. einen Bestand von 490 000 Papyrusrollen, später bis zu 700 000. Ein großer Teil des Bestandes wurde bei einem Brand im Jahre 47 v. Chr. vernichtet, der Rest im Jahre 391 n. Chr. Die königliche

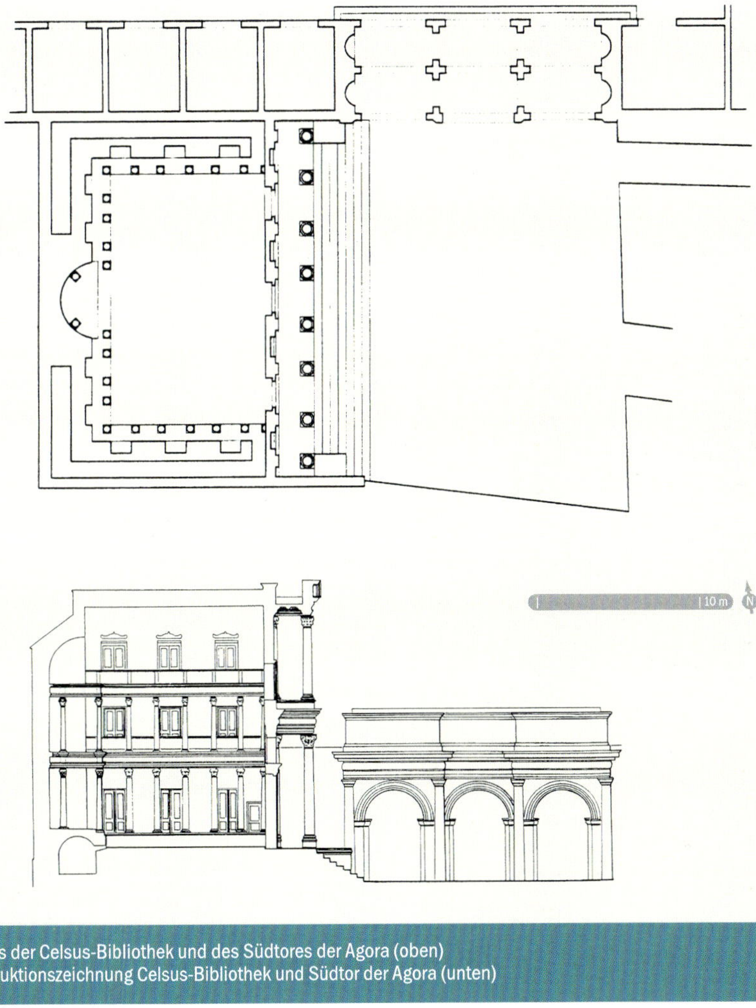

Grundriss der Celsus-Bibliothek und des Südtores der Agora (oben)
Rekonstruktionszeichnung Celsus-Bibliothek und Südtor der Agora (unten)

Bibliothek von Pergamon wurde in Konkurrenz zur Bibliothek in Alexandria gegründet. Sie umfasste etwa 200 000 Buchrollen. Durch die Sammlung wurde Pergamon zum Zentrum der Dichter, Philosophen und Naturwissenschaftler. Nach dem Brand in Alexandria wurde die Bibliothek in Pergamon von Markus Antonius, dem römischen Herrscher im Orient, der ägyptischen Königin Kleopatra geschenkt. In Kleinasien wurden – außer in Pergamon – an weiteren Orten Bibliotheken eingerichtet. Insbesondere die römischen Bibliotheken in Ephesus und in Nysa am Mäander (s. u., S. 117) waren (und sind) für die Forschung interessant.

Die Celsus-Bibliothek im Süden des Handelsmarkts war durch das benachbarte Südtor mit der Agora verbunden. Sowohl die Prunkfassade als auch das Südtor konnten in den Jahren 1970–1978 durch das Österreichische Archäologische Institut wieder aufgebaut werden. Seit 1978 stellt die Celsus-Bibliothek das **Wahrzeichen von Ephesus** dar.

Die Tetragonos Agora

Der inschriftlich als *Tetragonos Agora* (»viereckiger Markt«) bezeichnete Handelsmarkt von Ephesus wurde bereits 1901–1907 von Wilhelm Wilberg oberflächlich freigelegt, 1967 wurden Teile der spätantiken Säulenarchitektur wieder aufgestellt. Jüngere Forschungen konnten zeigen, dass sich unter der hellenistischen Agoraanlage eine Siedlung des 8. bis 4. Jh.s v. Chr. befand, die mit dem in der antiken Dichtung erwähnten **Dorf Smyrna** identifiziert werden kann. Dieses Dorf lag unmittelbar an der Küste. Infolge des steigenden Meeresspiegels in der Ägäis musste der Siedlungsplatz in der Mitte des 6. Jh.s v. Chr. aufgegeben werden. Funde eines Töpferofens, eines Tiefbrunnens und verschiedener in den Boden eingelassener Beckenanlagen zeigen, dass das ehemalige Dorfareal noch immer für gewerbliche Zwecke genutzt wurde. Die Agora wurde im Zuge der Verlegung von Ephesus im zweiten Jahrzehnt des 3. Jh.s v. Chr. angelegt. Das Gelände wurde

Tetragonos Agora

terrassiert und die Anlage mit einer Grundfläche von etwa 70 × 100 Metern dem damaligen Grundwasserstand angepasst. Auf einer deutlich erweiterten Fläche wurde die Agora im 1. Jh. v. Chr. neu errichtet. Sie hatte nun eine quadratische Form und erhielt eine allseitig umlaufende, geschlossene Hallenarchitektur. In den zweischiffigen Säulenhallen befanden sich über 70 Kammern, die dem Handel, aber auch als Versammlungsorte von Vereinen und politischen Organisationen dienten. Nachdem die Agora durch Erdbeben zerstört wurde (wahrscheinlich zwischen 359 und 366 n. Chr.), baute man sie unter Theodosios I. (379–395 n. Chr.) wieder auf, und sie blieb der Handelsplatz der Stadt bis ins 6. Jh. n. Chr.

Das Theater

Das Theater wurde in der ersten Hälfte des 3. Jh.s v. Chr. in den Hang des Hügels Panayirdağ gebaut, es ist (wie die Theater in Milet und Pergamon) nach Westen ausgerichtet und war dadurch vom Meer aus bereits von Weitem zu sehen. Die Stadt des Lysimachos lag somit zwischen Hafen und Theater. Die um den Panayirdağ führenden Artemisprozessionen hatten mit dem Theater eine wichtige Station.

Das Theater

Die antiken Theater dienten nicht nur der Aufführung von Komödien oder Tragödien, sondern waren auch Orte von Volksversammlungen, heiligen Zeremonien, Musenspielen und Zunftwettbewerben. Seiner Funktion entsprechend bestand das griechische Theater aus drei Teilen: dem Zuschauerraum (*koilon/cavea*); direkt davor, zum Teil von ihm umschlossen, lag der Bühnenplatz (*orchestra*), der Ort für die Aufführung von Chören und Tänzen; und schließlich als Hintergrund der Orchestra das Bühnenhaus (*skene*), eigentlich die »Kulisse« mit einer schmalen Vorderbühne (*proskenion*). Die Skene war ursprünglich ein einstöckiger Bau (ähnlich wie bei dem Theater in Priene) und hielt Umkleideräume bereit.

Das römische Theater verband die drei Teile Zuschauerraum, Bühnenplatz und Bühnenhaus zu einer Einheit. Neben Aufführungen bot die Arena nun auch den Ort für sportliche Wettkämpfe und schließlich für Gladiatorenkämpfe.

Ende des 2., Anfang des 1. Jh.s v. Chr. war das Bühnenhaus des ephesischen Theaters bereits zweigeschossig. Die Vorderbühne wurde zur gleichen Zeit erweitert. Sie stand von nun an (wie in Hierapolis) auf drei Säulenreihen und erhielt bis zum Ende des 1. Jh.s n. Chr. (laut einer Inschrift bereits 87 n. Chr.) an der Rückseite eine Schaufront, die *scaenae frons*. Der Zuschauerraum wurde zurückgenommen und befand sich jetzt auf einem 1,8 Meter hohen Podium. In zwei Bauphasen, bis zum Ende des 1. Jh.s und im 2. Jh., wurde er um zwei weitere Ränge erhöht. Durch zwei horizontale Gänge (*diazoma*) wurde er schließlich in drei Ränge und durch Treppen in insgesamt 55 Keilfelder (*kerkides*) unterteilt. Der untere Teil des Zuschauerraumes umfasste 13 Keilfelder, dazwischen jeweils 11 Stiegen, die oberen Teile jeweils 22 Keilfelder, dazwischen 21 Stiegen (vgl. Abb.). Das Theater bot Platz für bis zu 25 000 Zuschauer. Im Jahre 262 n. Chr. nahm der Bau durch ein schweres Erdbeben großen Schaden.

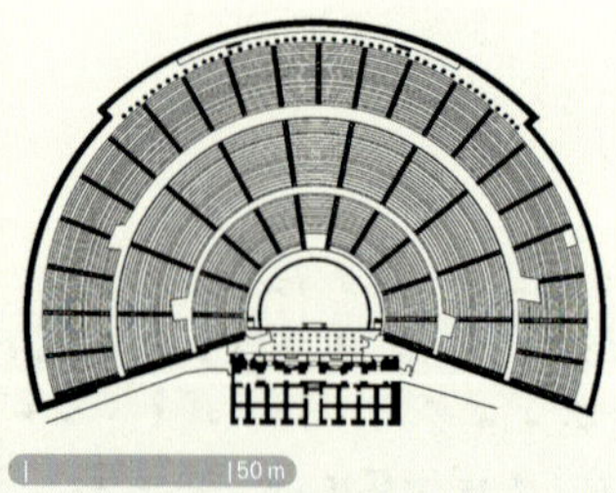

Grundriss des Theaters

An der Größe eines Theater lässt sich die Bedeutung der Stadt ablesen. Während das Theater in Pergamon ebenfalls ein dreiteiliges Koilon zeigt, haben die meisten kleinasiatischen Theater (z. B. in Magnesia, Hierapolis und Milet) nur zwei Ränge. Mit der wachsenden Bedeutung der Stadt wuchs auch das Theater.

Aus christlicher Sicht ist das Theater als **Schauplatz des Demetrius-Aufstands** interessant. Als sich Paulus in Ephesus aufhielt (etwa 52–54 n. Chr.), war das Theater wahrscheinlich gerade im Umbau. Paulus sah es mit zweistöckigem Bühnenhaus und nur mit dem unteren Koilon. Lukas erzählt die Geschichte in Apg 19,23–40 so: »*Um jene Zeit aber wurde der (neue) Weg Anlass zu einem schweren Aufruhr. Denn ein Silberschmied namens Demetrius, der silberne Artemistempel herstellte und den Künstlern viel zu verdienen gab, rief diese und die anderen damit beschäftigten Arbeiter zusammen und sagte: Männer, ihr wisst, dass wir unseren Wohlstand diesem Gewerbe verdanken. Nun seht und hört ihr, dass dieser Paulus nicht nur in Ephesus, sondern fast in der ganzen Provinz Asien viele Leute verführt und aufgehetzt hat mit seiner Behauptung, die mit Händen gemachten Götter seien keine Götter. So kommt nicht nur unser Geschäft in Verruf, sondern auch dem Heiligtum der großen Göttin Artemis droht Gefahr, nichts mehr zu gelten, ja sie selbst, die von der ganzen Provinz Asien und von der ganzen Welt verehrt wird, wird ihre Hoheit verlieren. Als sie das hörten, wurden sie wütend und schrien: Groß ist die Artemis von Ephesus! Die ganze Stadt geriet in Aufruhr; alles stürmte ins Theater und sie schleppten die Makedonier Gaius und Aristarch, Reisegefährten des Paulus, mit sich.*

Als aber Paulus in die Volksversammlung gehen wollte, hielten ihn die Jünger zurück. Auch einige hohe Beamte der Provinz Asien, die mit ihm befreundet waren, schickten zu ihm und rieten ihm, nicht ins Theater zu gehen.

Dort schrien die einen dies, die andern das; denn in der Versammlung herrschte ein großes Durcheinander und die meisten wussten gar nicht, weshalb man überhaupt zusammengekommen war. Die Juden schickten Alexander nach vorn und aus der Menge gab man ihm noch Hinweise. Alexander gab mit der Hand ein Zeichen und wollte vor der Volksversammlung eine Verteidigungsrede halten. Doch als sie merkten, dass er ein Jude war, schrien sie alle fast zwei Stunden lang wie aus einem Mund: Groß ist die Artemis von Ephesus! Der Stadtschreiber aber brachte die Menge zur Ruhe und sagte: Männer von Ephesus! Wer wüsste nicht, dass die Stadt der Epheser die Tempelhüterin der Großen Artemis und ihres vom Himmel gefallenen Bildes ist? Dies ist unbestreitbar; ihr müsst also Ruhe bewahren und dürft nichts Unüberlegtes tun. Ihr habt diese Männer hergeschleppt, die weder Tempelräuber noch Lästerer unserer Göttin sind. Wenn also Demetrius und seine Zunftgenossen eine Klage gegen irgendjemand haben, so gibt es dafür Gerichtstage und Prokonsuln; dort mögen sie einander verklagen. Wenn ihr aber noch etwas anderes vorzubringen habt, so kann das in der gesetzmäßigen Volksversammlung geklärt werden. Sonst sind wir in Gefahr, dass man uns nach dem heutigen Vorfall des Aufruhrs anklagt, weil kein Grund vorliegt, mit dem wir diesen Volksauflauf rechtfertigen könnten. Nach diesen Worten löste er die Versammlung auf.«

Die Erzählung weist beachtliches **Lokalkolorit** auf. Der Stadtschreiber (γραμματεύς) nennt die Stadt »Tempelhüterin der Großen Artemis«. Lukas kennt neben dem Amt des Schreibers, der seine Aufgaben entweder im politischen, im religiösen oder im privaten Bereich hatte, das Amt des hohen Beamten der Provinz Asien (Ασιάρχης). Die Asiarchen waren Spielleiter und Spielveranstalter der alle vier Jahre stattfindenden Provinzfestspiele zu Ehren des Kaisers.

Der Tumult im Theater spiegelt weiterhin eine Judenfeindlichkeit wider, die sich historisch immer wieder darin zeigte, dass die Juden daran gehindert wurden, die ihnen zugesicherten Rechte wahrzunehmen (Beachtung des Gesetzes, Abhaltung des Gottesdienstes und Befreiung vom Militärdienst).

Andererseits stimmen einige Details der Geschichte wohl nicht ganz. Lukas erzählt, der Silberschmied Demetrius fertigte **silberne Tempel »der Artemis«** (Ἀρτέμιδος) an, doch ein solcher Tempel wurde nie gefunden – merkwürdig angesichts des beschriebenen Devotionalienhandwerks. Allerdings fand man silberne Tempel der kleinasiatischen Muttergöttin Meter. Ob der Ruf der Epheser tatsächlich lautete »Groß ist die Artemis von Ephesus!«, ist nicht sicher; in Inschriften findet sich stets der Superlativ »Die größte Göttin ist die Artemis!«.

Vor allem aber ist es unwahrscheinlich, dass die christliche Gemeinde Mitte des 1. Jh.s bereits derart einflussreich war, dass sie dem Artemision hätte gefährlich werden können. Eine legendarische Erzählung aus den sogenannten »Johannesakten« (in der ersten Hälfte des 3. Jh.s n. Chr. entstanden) lässt den ephesischen Johannes klagen: »Gott, der du über alle sogenannten Götter Gott bist, der du bis heute in der Stadt der Epheser nicht angenommen wirst, der du meinem Geist eingegeben hast, an diesen Ort, den ich niemals im Sinn hatte, zu kommen, der du jegliche Religionsausübung widerlegst durch die von dir ausgehende Bekehrung, auf dessen Namen hin jeder Götze flüchtet sowie jeder Dämon, jede Macht und jedes unreine Wesen – auch jetzt erweise, weil sie in die Irre gehen, an diesem Ort dein Erbarmen, indem auf deinen Namen hin der hiesige Dämon entflieht, der eine solche Menge Volk irreleitet« (NTApo II, S. 172 f.).

Der historische Kern der Erzählung vom Demetrius-Aufstand geht wohl eher auf eine Situation zurück, in der den ersten Christen Gefahr drohte, weil sie sich gegen den Polytheismus der Epheser wandten. Die dramatischen Szenen im Theater mögen die Erfahrung der jungen Gemeinde widerspiegeln, dass nur ein gewisses Maß an Loyalität unangreifbar machte – die Rede des Stadtschreibers betont, dass die Christen weder »Tempelräuber noch Lästerer« der Artemis seien – und somit ungefährlich.

Vermutlich greift Lukas die Situation zur Zeit der Abfassung der Apostelgeschichte gegen Ende des 1. Jh.s auf. Die Klage des bithynischen Statthalters Plinius in seinem Brief an Trajan (um 112 n. Chr.), der »ansteckende Aberglaube« der Christen sei bereits über Städte, Dörfer und das Land verbreitet (s. o., S. 25), kommt dem Vorwurf des Demetrius recht nahe, Paulus habe in der ganzen Provinz Asien viele Leute verführt und gegen den Artemis-Kult aufgehetzt.

Das Artemision

Der Epigrammatiker Antipatros von Sidon (2. Jh. n. Chr.) war beeindruckt, als er das Artemision zum ersten Mal sah. Es überrage die anderen sechs Weltwunder bei Weitem: »Doch als ich dann endlich Artemis' Tempel erblickt, der in die Wolken sich hebt, blaßte das andere dahin. Ich sagte: Hat Helios' Auge außer dem hohen Olymp je etwas Gleiches gesehen?« (AP IX 58).

Das Artemision war berühmt wegen der Größe des Bauwerks, wegen des Alters der Verehrung der Göttin und wegen der Üppigkeit der Einkünfte. Grundlage für den gesicherten Besitz war das **Asylrecht**. Der Gründungsmythos des Artemisions bezieht sich auf dieses Recht: »Theseus, der zusammen mit Herakles nach dem Gürtel der Hippolyte auszog, verfolgte die Amazonen bis Lydien; und dort flohen sie zu einem Altar der Artemis und beteten, dass sie Rettung finden möchten; und Artemis gewährte ihnen ihre Rettung; daher sei der Ort Ephesus genannt worden« (Etym. m. 402, 8 ff.).

Artemision

Noch zur Zeit Strabons (gest. 26 n. Chr.) besaß das Artemision das Asylrecht: »[...] ein Asyl ist das Heiligtum heute noch ebenso wie ehedem. Nur sind die Grenzen der Asylie oft geändert wurden: Alexander dehnte sie auf ein Stadion aus, Mithridates schoss einen Pfeil von der Ecke des Daches ab und übertraf so, wie man meinte, das Stadion um ein weniges, Antonius verdoppelte dies und schloss einen Teil der Stadt in die Asylie ein; das stellte sich aber als schädlich heraus, da es die Stadt den Übeltätern auslieferte, und wurde daher von Caesar Augustus rückgängig gemacht« (Geographica 14,1,23).

Strabons letzte Bemerkung zeigt, dass das Asylrecht juristische Probleme mit sich brachte. Denn wer konnte das Asylrecht für sich in Anspruch nehmen? War der Sklave im Asyl frei? War der Schuldner im Asyl schuldenfrei? Der Achtung des Asylrechts wurde in der Regel der höhere Wert beigemessen; so riet Alexander der Große in einem juristisch schwierigen Fall, man solle ganz einfach warten, bis der Flüchtling die Grenzen des Artemisions verlasse – und ihn dann ergreifen. Die Unverletzlichkeit des Heiligtums gab dem Artemision außerdem die Sicherheit, die **ein reiches Bankhaus** braucht. Doch der Tempel war noch mehr als ein Bankhaus, er war geradezu ein Tempelstaat mit erheblichem Grundbesitz, eine selbständige wirtschaftliche Einheit. Der griechische Rhetor und Politiker Dion Chrysostomos (um 40–117 n. Chr.) rühmt das Bankhaus Artemision: »Ihr wißt von den Ephesern, daß viel Geld bei ihnen ist, teils von Privaten im Tempel der Artemis aufbewahrt – nicht nur von Ephesern, sondern auch von Gastfreunden und von irgendwoher kommenden Menschen –, teils von Gemeinden und Königen; alle, die es dort deponieren, tun dies um der Sicherheit willen. Denn noch nie hat jemand gewagt, dem Ort Unrechtes zu tun, obwohl unendlich viele Kriege stattgefunden haben und oft die Stadt erobert worden ist« (Dion Chrys. Or. 31,54).

Der **Hauptpriester** des Heiligtums war ein *Megabyxos* genannter Eunuche, der auf Lebenszeit in das Amt berufen wurde. Er wurde wahrscheinlich von einem Priesterkollegium gewählt, das aus ephesischen Bürgern bestand. Der Megabyxos, stets ein Auswärtiger und freilich ohne eigene Familie, sicherte die Kontinuität. Die Priester, *Essenes* (»Bienenkönige«) genannt, verließen ihr normales Leben für ein Jahr, in dem sie, zur Keuschheit verpflichtet, im Tempelbezirk wohnten. Priesterinnen, sogenannte »heilige Jungfrauen«, widmeten wohl drei Jahre ihres Lebens der Göttin.

Im Jahre 1869 wurde das Artemision wiederentdeckt. Doch erst 1965 entdeckten die Archäologen den lange gesuchten Opferaltar im Westen des Artemisions (ungewöhnlich, jedoch auch bei den Artemistempeln in Sardes und Magnesia in dieser Lage). Der auf einem Fundament von 30×40 Metern aufgestellte Hofaltar entstammte dem zweiten

Tempel aus dem späten 4. Jh. v. Chr. (Der erste mit Unterstützung von Kroisos erbaute Tempel aus dem 6. Jh. v. Chr. wurde, wie bereits gesagt, ein Opfer der Flammen.) Der Altar des Artemisions gilt als Vorbild für spätere Monumentalaltäre wie z. B. den Zeus-Altar in Pergamon (s. u., S. 163). Im Inneren des Hofes befanden sich die Kultbildbasis, der Brandopferherd und eine Rampe zum Schlachten der Opfertiere. Als Paulus nach Ephesus kam, sah er einen Marmortempel von 109 Metern Länge und 55 Metern Breite, einen **Dipteros** (Tempel mit doppeltem Säulenumgang) mit 8 × 20 und 6 × 18 Säulen (vgl. Abb.). Die Höhe der Säulen lässt sich auf 18,40 Meter errechnen. Bis zur Firsthöhe des Daches war der Bau wohl 30 Meter hoch.

Das Artemision hatte bis zum Ende des 4. Jh.s n. Chr. Bestand. Palladius (gest. vor 431 n. Chr.) schreibt, Johannes Chrysostomos, Patriarch von Konstantinopel, habe 401 n. Chr. das Kultbild der Artemis verbrennen lassen (CPG 3,6037). Der Tempel diente in der Folgezeit als Steinbruch, insbesondere für den Bau der Johannesbasilika. Anfang des 5. Jh.s n. Chr. wurde in den Ruinen des Artemisions eine Kirche errichtet.

Bis heute gibt das **Kultbild der Artemis** den Forschern Rätsel auf. Die römischen Nachbildungen, die im Bereich des Prytaneions gefunden wurden, geben einen Eindruck davon, wie man sich die Statue im Artemision in trajanisch-hadrianischer Zeit (Ende des 1., Anfang des 2. Jh.s n. Chr.) vorstellen kann. Die Archäologen sind sich jedoch sicher, dass die ursprüngliche Artemis (*»das vom Himmel gefallene Bild«* – so der Stadtschreiber in

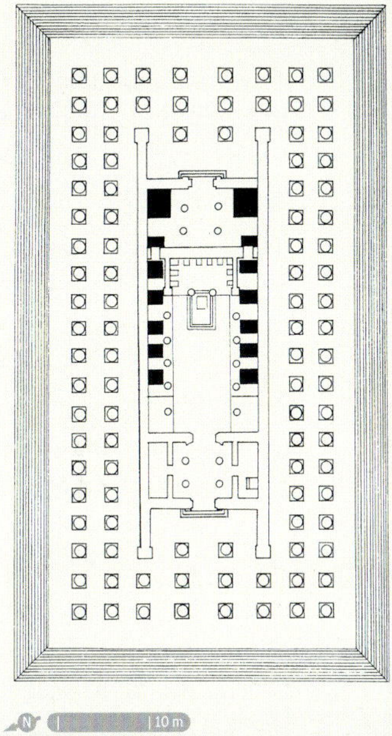

Grundriss des Artemisions mit Pfeilern der späteren Basilika

»Schöne Artemis«, Ephesus Museum Selçuk

»Große Artemis«, Ephesus Museum Selçuk

Apg 19,35) – eine unterlebensgroße Holzstatue, also deutlich kleiner als die im Ephesus Museum ausgestellten Kopien war. Jahrhundertelange Pflege mit Ölen führte wahrscheinlich dazu, dass das Holz schwarz wurde. Ausgestattet war die Artemis mit abnehmbaren Gewändern und abnehmbarem Schmuck. Bis in das frühe 2. Jh. wurde ihr Aussehen in den einzelnen Epochen mehrfach verändert – nach der trajanisch-hadrianischen Zeit wahrscheinlich nicht mehr.

Die **»Große Artemis«** (vgl. Abb.) trägt den *Polos*, eine hohe Kopfbedeckung mit drei übereinanderliegenden ausgestalteten Zonen. Der Polos ist unten mit plastisch ausgeformten Oberteilen von Menschen und Tieren (Protome) verziert, in der mittleren Zone sind Sphingen mit ausgebreiteten Flügeln zu sehen, den Abschluss bilden drei Tempelfassaden mit jeweils vier ionischen Säulen (sicher ist mit dieser Darstellung das Artemision angedeutet). Die »Tempelbekrönung« des Polos stammt aus der römischen Kaiserzeit und ist wohl eine der letzten Veränderungen, die die Statue erfahren hat. Artemis wird als Beschützerin des Tempels (und der Stadt) gezeigt. Links und rechts neben dem Kopf sieht man ein mit Tierprotomen geschmücktes Schultertuch; es fällt vom Kopf auf die Oberarme herab.

Das Gewand, mit dem die Artemis bekleidet ist, wird im Bereich des Oberkörpers durch die reiche Ausschmückung fast vollständig bedeckt. Runde und sichelförmige Anhänger sind an einer Halskette befestigt, darunter erkennt man auf einem in Spitzen auslaufenden Umhang einen (bei der Originalstatue echten) Blütenkranz. Zwischen den Spitzen sind paarweise Blätter angeordnet, zwischen den Blättern Tropfenkugeln.

Die länglich-runden Formen, die in drei Reihen übereinander am Oberkörper angebracht sind, wurden zumeist als Brüste gedeutet – die Göttin erhielt den Namen »die Vielbrüstige« (*multimammia*, so bereits im Epheserbriefkommentar des Hieronymus [um 347–419/420 n. Chr.]). Inzwischen sind sich die Archäologen einig, dass diese Deutung nicht bestehen kann. Die

»Brüste« gehörten als Behang zum Kultgewand der Göttin. Ursprünglich, so ein jüngerer, inzwischen weithin anerkannter Erklärungsversuch, handelte es sich um (echte) Stierhoden. Sie symbolisierten die Funktion, die der Göttin vorrangig zugesprochen wurde: Artemis wurde als **Göttin der Fruchtbarkeit** verehrt. Im Artemision, dem Heiligtum, dessen Hauptpriester ein Eunuch war, dessen Priester geschlechtlich enthaltsam leben mussten und dessen Priesterinnen »Heilige Jungfrauen« waren, kam den Hoden der Stiere eine starke Symbolkraft für die Macht der Göttin über die zukünftige Fruchtbarkeit zu. Artemis wurde von den Gläubigen als Garantin des Lebens, mehr noch als die **Garantin der Kontinuität des Lebens** angesehen.

Zum Gewand der »Großen Artemis« gehört weiterhin ein mit Rosetten und Bienen verzierter Kultgürtel, der an der Rückseite der Statue verschlossen war. Die Biene war schon frühzeitig zum Wappenzeichen der Stadt Ephesus geworden. Zahlreiche Weihegaben in Form von kleinen Bienen aus Gold oder Elektron wurden im Bereich des Tempels gefunden. Die Biene war vor allem häufig auf ephesischen Münzen abgebildet. Mit diesem Attribut ausgestattet, wird die Göttin deutlich als Artemis Ephesia gezeigt.

Im Artemision wurden zwei vollständige Bronzegürtel und zahlreiche Gürtelfragmente gefunden. Gürtel aus Bronze wurden der Göttin als Dank für eine Hochzeit, besonders als Dank für eine glückliche Geburt geweiht. Möglicherweise übertrugen bereits die Ionier die Funktion der griechischen Artemis als Göttin der Hochzeit und der Geburt auf die Artemis Ephesia (s. o.).

Der Gürtel hält einen bis zu den Füßen der Göttin reichenden Schurz (*Ependytes*). Auf dem Schurz befanden sich bei der Originalstatue Goldbleche (heute als rechteckige Felder zu sehen), die mit Protomen besetzt waren. Auf dem Ependytes der »Großen Artemis« sind auf der mittleren Felderreihe Sphingen und Löwengreife, darunter zwei Felder mit Hirschkühen, schließlich Löwinnen und Stiere zu erkennen. Auf den seitlichen Feldern wechseln sich Bienen und »Rankenfrauen« (aus einer Blüte oder einem Blattkelch herauswachsende weibliche Figuren mit einwärts gebogenen Flügeln) ab.

Die **»Schöne Artemis«** erscheint deutlicher als ihr Gegenüber im Artemis-Saal des Museums als »Herrin der Tiere« oder umfassender: als **»Herrin der Natur«** (vgl. Abb.). Auch ihr Kultgewand ist reich mit Tierdarstellungen geschmückt, auch sie trägt einen Blütenkranz. Links und rechts wird diese Statue zudem von Hirschen oder Hirschkühen flankiert – die Tiere begleiten die Göttin, ein Detail, das an die griechische Jagdgöttin Artemis erinnert.

Ephesus Museum in Selçuk; Eingang

Ephesus Museum in Selçuk; Innenhof

Das Ephesus Museum in Selçuk

Seit 1906 werden Grabungsfunde ausnahmslos in der Türkei, seit 1964 insbesondere im Ephesus Museum (Efes Müzesi, Karşisi, Selçuk) gesammelt und ausgestellt (vgl. Abb.). Die Sammlung wird in zehn Themensälen gezeigt.

Das frühe Christentum

Wie groß die Zahl der ephesischen Christen im 1. und 2. Jh. war, ist kaum zuverlässig zu bestimmen. Wenn Plinius um 112 n. Chr. davon spricht, dass sich das Christentum merkbar ausgebreitet habe (s. o., S. 25), so ist zwar sicher, dass die Christen in Erscheinung traten, eine Zahl lässt sich dem Plinius-Brief jedoch nicht entnehmen. Nimmt man als absolute Einwohnerzahl für Ephesus Mitte des 2. Jh.s etwa 250 000 an, so wird man vielleicht vorsichtig mit 2 500 Christen rechnen dürfen. Mit Sicherheit stieg aber die Zahl der Christen ab der zweiten Hälfte des 2. Jh.s rasch an.

Dass die Christen im westlichen Kleinasien zumindest vor 180 n. Chr. einer systematischen **Verfolgung** ausgesetzt waren, ist kaum wahrscheinlich. Die Vermutung, ein von Domitian (81–96 n. Chr.) mit aller Härte betriebener Kaiserkult habe Anlass gegeben, die Christen zu verfolgen, kann anhand der erhaltenen Quellen nicht belegt werden. Die Zahl der Christen war wohl noch zu gering. Allerdings wurde Anzeigen gegen Christen nachgegangen, wie – als ältester Beleg – Offb 2,13 zeigt: Ein Christ namens Antipas wurde in Pergamon auf Grund seines Glaubens getötet. Von Einzelfällen berichten ein gutes Jahrzehnt später der Epheserbrief des antiochenischen Bischofs Ignatius (IgnEph 10,2) und das Schreiben des Plinius.

Die Situation verschärfte sich unter Marc Aurel (161–180 n. Chr.), wie eine Nachricht des Melito von Sardes zeigt: »Jetzt wird auf unerhörte Weise das Geschlecht der Gottesfürchtigen, durch neue für Asien erlassene Gesetze aufgescheucht, verfolgt. Freche Denunzianten und nach fremden Gütern gierige Menschen benutzen die Erlasse, um offen auf Raub auszugehen und solche, die nichts Böses getan haben, Tag und Nacht auszuplündern« (Eus.h.e. 4,26,5).

Für die Zeit der Regierung des Commodus (180–192 n. Chr.) steht schließlich eine Nachricht zur Verfügung, die Tertullian überliefert: »Als Arrius Antonius in Asien eine heftige Verfolgung betrieb, stellten sich sämtliche Christen der Stadt vor seinem Tribunal auf und bildeten einen Trupp. Darauf ließ er einige abführen und sagte zu den Übrigen: ›Elende, wenn ihr sterben wollt, so habt ihr ja Abgründe und Stricke‹« (CSEL 76, S. 15 f.).

Arrius Antonius war etwa 184/185 n. Chr. Prokonsul in Asia; sein Tribunal fand daher in Ephesus statt. Zumindest für diese Zeit muss mit einer Christenverfolgung gerechnet werden, doch war eine konsequente Verurteilungspraxis wohl noch nicht möglich.

Die Anfänge - Paulus, Aquila, Priscilla und Apollos in Ephesus

Die Apostelgeschichte erzählt, dass Paulus am Ende seiner 2. Missionsreise (um 51 n. Chr.) zum ersten Mal ephesischen Boden betrat. Von Korinth kommend segelte er in Begleitung seiner engen Vertrauten Aquila und Priscilla über Ephesus nach Caesarea, um von dort über Jerusalem zurück nach Antiochia in Syrien zu gelangen, dem Ausgangspunkt der Reise (vgl. Apg 8,18–22).

Zwei Hinweise sind für Lukas, den Verfasser der Apostelgeschichte, wichtig. Zum einen: So kurz der erste Aufenthalt des Paulus in Ephesus auch gewesen sein mag – er nutzte die Zeit, um in der Synagoge die erste christliche Predigt in der Provinzhauptstadt zu halten. Zum anderen: Er ließ Aquila und Priscilla in Ephesus zurück. Sie sollten mit der Gründung einer ersten Hausgemeinde (vgl. 1 Kor 16,20; ebenso später in Rom, vgl. Röm 16,5) den Grund legen, auf dem der Apostel schon bald sein Missionswerk in Ephesus entfalten würde.

Als Paulus zu seiner **3. Missionsreise** aufgebrochen war (vgl. Apg 19,1), kam mit dem alexandrinischen Judenchristen Apollos ein weiterer christlicher Missionar nach Ephesus. Lukas berichtet: *»Ein Jude namens Apollos kam nach Ephesus. Er stammte aus Alexandria, war redekundig und in der Schrift bewandert. Er war unterwiesen im Weg des Herrn. Er sprach mit glühendem Geist und trug die Lehre von Jesus genau vor; doch kannte er nur die Taufe des Johannes. Er begann, offen in der Synagoge zu sprechen. Priscilla und Aquila hörten ihn, nahmen ihn zu sich und legten ihm den Weg Gottes noch genauer dar. Als er nach Achaia gehen wollte, ermunterten ihn die Brüder dazu und* *schrieben den Jüngern, sie möchten ihn freundlich aufnehmen. Nach seiner Ankunft wurde er den Gläubigen durch die Gnade eine große Hilfe. Denn mit Nachdruck widerlegte er die Juden, indem er öffentlich aus der Schrift nachwies, dass Jesus der Messias sei«* (Apg 18,24–28). Die Apostelgeschichte findet zwar lobende Worte für die Predigt des Apollos – doch das Lob wird sogleich eingeschränkt. Der Alexandriner bedurfte der »Nachhilfe« durch Aquila und Priscilla, weil er nur die **Johannestaufe**, eine Taufe zur Umkehr ohne den Empfang des Heiligen Geistes, kannte (vgl. auch Apg 19,1–7). Immerhin war es Apollos gelungen, »Brüder« (Apg 18,27) um sich zu scharen und somit wahrscheinlich noch vor der Rückkehr des Apostels Paulus eine Gemeinde in Ephesus zu gründen. Als er nach Konrinth reisen wollte, gaben ihm »die Brüder« ein Empfehlungsschreiben mit auf den Weg. In Korinth wurde er den Gläubigen, der von Paulus gegründeten Gemeinde, *»eine große Hilfe«*. Auch Paulus lässt später erkennen, dass Apollos in Korinth gewirkt hat: Begossen habe er, was der Apostel einst gepflanzt hat (1 Kor 3,5). Während Apollos sich in Korinth aufhielt, erreichte Paulus über Galatien und Phrygien kommend Ephesus. Nach Apostelgeschichte 19,10 blieb er über zwei Jahre lang (etwa 52–54 n. Chr.) in der Provinzhauptstadt.

Eine Tür ist geöffnet worden – die paulinische Mission

In Ephesus erwartete Paulus eine wechselvolle Zeit. Nicht nur die Mission erwies sich in dieser Stadt als äußert schwierig (s. u.). Der Apostel stand von Ephesus aus in ständigem **Kontakt mit der Gemeinde in Korinth**, deren Situation ihm Sorgen bereiten musste. Mindestens drei Briefe an die Korinther verfasste Paulus in Ephesus: zunächst einen verloren gegangenen Brief, den er in 1 Kor 5,9 erwähnt, dann den 1. Korintherbrief (den Timotheus wahrscheinlich 53 n. Chr. überbrachte), schließlich, nach einem bitteren Zwischenbesuch in Korinth, den sogenannten »Tränenbrief« 2 Kor 10–13 (vgl. im Griechenland-Band dieser Reihe, S. 218 ff.), mit dem Titus nach Korinth reiste (vgl. 2 Kor 2,13). Auch Apollos sollte nach seiner Rückkehr nach Ephesus ein zweites Mal die Korinther aufsuchen (vgl. 1 Kor 16,12).

Da Paulus im weiteren Verlauf seiner 3. Missionsreise kein Schreiben an die Gemeinde in Ephesus gerichtet hat (zumindest ist keines erhalten geblieben), bietet seine Korrespondenz mit Korinth die einzige aus der Feder des Apostels stammende Informationsquelle zu seiner Mission in Ephesus, sieht man einmal von den Grüßen in Röm 16,3–5 (s. u.) ab. Der sogenannte

»**Epheserbrief**« wird allgemein als ein Schreiben aus den Jahren 80–90 n. Chr. angesehen. Zudem fehlt bei wichtigen Textzeugen in der Anschrift des Briefes »an die Heiligen« die Ortsangabe »in Ephesus« (ἐν Ἐφέσῳ).

Was lässt sich den Korintherbriefen zur paulinischen Mission in Ephesus entnehmen?

Paulus antwortet 1 Kor 16,8–9 auf den Wunsch der Korinther, er möge zu ihnen kommen: *»In Ephesus will ich bis Pfingsten bleiben. Denn weit und wirksam ist mir hier eine Tür geöffnet worden; doch auch an Gegnern fehlt es nicht.«* Da sich Paulus vor der Abfassung dieser Zeilen schon einige Zeit in Ephesus aufgehalten hatte, könnte es bis zu diesem Frühjahr schlecht mit der Mission in Ephesus gestanden haben: Die Tür war bisher verschlossen. Auch an Gegnern fehlte es nicht.

Paulus, Wandmalerei in der Paulusgrotte (5. Jh. n. Chr.)

Kurz zuvor erinnert sich der Apostel daran, wie er (wohl zu Beginn seines Ephesusaufenthalts) eine schier aussichtlose Situation überstanden hat, die er mit nichts anderem mehr zu vergleichen weiß als mit dem Spektakel in der Arena: *»Was habe ich dann davon, dass ich in Ephesus, wie man so sagt, mit wilden Tieren gekämpft habe?«* (1 Kor 15,32).

Die geöffnete Tür und die Widersacher ließen Paulus in Ephesus bleiben. Er predigte zunächst drei Monate lang den Juden in der Synagoge, dann sammelte er die Seinen um sich und unterrichtete sie täglich im Lehrsaal (σχολή) des Tyrannos (Apg 19,9). Eine Zeit lang schien es mit der Mission tatsächlich voranzugehen. Die Apostelgeschichte malt den Fortschritt jedoch mit etwas zu leuchtenden Farben aus (Apg 19,11–20), die Demetriuserzählung (Apg 19,23–40; s. o.) scheint eher die Situation der jungen Gemeinde widerzuspiegeln – Lukas vermeidet, dass Zweifel an einer überaus erfolgreichen Mission in Ephesus aufkommen.

Am Ende geriet Paulus in **äußerste Not**. Später, von Makedonien aus, schreibt er den Korinthern: *»Wir wollen euch die Not nicht verschweigen, Brüder, die in der Provinz Asien über uns kam und uns über alles Maß bedrückte; unsere Kraft war erschöpft, so sehr, dass wir am Leben verzweifelten. Aber wir haben unser Todesurteil hingenommen, weil wir unser Vertrauen nicht auf uns *selbst setzen wollten, sondern auf Gott, der die Toten auferweckt. Er hat uns aus dieser großen Todesnot errettet und rettet uns noch; auf ihm ruht unsere Hoffnung, dass er uns auch in Zukunft retten wird«* (2 Kor 1,8–10).

Der Apostel erzählt keine Einzelheiten. Sicher ist: Die verzweifelte Lage, von der er den Korinthern berichtet, ließ keinesfalls einen weiteren Aufenthalt in Ephesus zu. Aquila und Priscilla hätten ihren »Hals für ihn hingehalten«: die Rettung in wohl letzter Minute. Paulus hat es ihnen nicht vergessen (vgl. Röm 16,3). Ob der Apostel in dieser Situation bereits inhaftiert war (möglicherweise wären dann die sogenannten »Gefangenschaftsbriefe« an die Philipper und an Philemon in Ephesus entstanden) oder einer Inhaftierung mit Hilfe seiner Vertrauten gerade noch entgehen konnte, muss offen bleiben.

In jedem Fall flüchtete er aus Ephesus nach Troas (Apg 20,1) und fuhr nach Makedonien weiter. Vor allem aber kehrte er nicht wieder in die Hafenstadt zurück. Wahrscheinlich blieb eine kleine Gruppe paulinischer Christen in Ephesus. Man hört von Epänetus, der *»Erstlingsgabe der Provinz Asien für Christus«*, der in Rom gegrüßt werden soll (Röm 16,5), von der Hausgemeinde des Aquila und der Priscilla (1 Kor 16,20), von den Ältesten, die Paulus später nach Milet rufen wird (Apg 20,17). Mehr nicht. Auch die für Paulus seit dem Jerusalemer Konvent mit Petrus, Jakobus und Johannes (Gal 2,1–10) so wichtige Sammlung für die Armen in Jerusalem scheiterte anscheinend in Ephesus.

Der Verfasser der Timotheusbriefe (um 100 n. Chr., also etwa 40 Jahre nach dem Tod des Paulus entstanden), die sich ja deutlich auf die Gemeindesituation in Ephesus nach dem Weggang des Apostels beziehen (vgl. 1 Tim 1,3; 2 Tim 1,18; 4,19), übertrieb aber wohl doch, als er Paulus an Timotheus schreiben ließ: *»Du weißt, dass sich alle in der Provinz Asien von mir abgewandt haben«* (2 Tim 1,15). Oder hatte er Kenntnis davon, dass am Ende des 1. Jh.s n. Chr. nicht mehr Paulus, sondern Johannes als die herausragende Gestalt der noch jungen Geschichte des Christentums in Ephesus angesehen wurde?

Wer war Johannes von Ephesus?

Irenäus von Lyon (um 135–um 200 n. Chr.) gibt in seinem Hauptwerk »Gegen die Häresien« (etwa 180 n. Chr.) erste Hinweise auf den ephesischen Johannes. Er schildert die Abfassung der synoptischen Evangelien (Mk, Mt, Lk) und fährt dann fort: »Danach hat Johannes, der Jünger des Herrn, der auch an dessen Brust geruht hat, sein Evangelium herausgegeben, während er sich in Ephesus in Asia aufhielt« (III 1,1). An andereren Stellen weiß Irenäus zu berichten, dass Johannes »bis in die Zeiten Trajans« (98–117 n. Chr.) in der Provinzhauptstadt gelebt habe (II 22,5; III 3,4).

15 Jahre später (um 195 n. Chr.) schreibt Polykrates, Bischof von Ephesus, einen Brief an den römischen Bischof Viktor. Eine heftige Kontroverse um den Termin des Osterfestes (s. u., S. 72) war entstanden. Als Zeugen für die Rechtmäßigkeit der kleinasiatischen Weise, das Fest zu feiern, nennt Polykrates »große Sterne« (μεγάλα στοιχεῖα), die in Asia ihre Ruhestätte gefunden haben und am Tag der Wiederkunft des Herrn auferstehen werden: Philippus mit seinen Töchtern (s. u., S. 110), Polykarp von Smyrna (s. u., S. 158) und Johannes. Letzterer ist der Zeuge ersten Ranges, der Augenzeuge, »der an der Brust des Herrn lag, als Priester den Stirnschild trug, Glaubenszeuge und Lehrer war und in Ephesus zur Ruhe eingegangen ist« (Eus.h.e. 5,24,3).

»Der an der Brust des Herrn lag«: Das wäre eindeutig der **Lieblingsjünger Jesu**, der an verschiedenen Stellen im Johannesevangelium vorkommt (vgl. Joh 13,23–25; 18,5–6; 19,26–27; 19,35; 20,8; 21,7).

Johannesbasilika mit der Stadt im Hintergrund

Sollte mit den Hinweisen des Irenäus und des Polykrates die Frage nach der Identität des ephesischen Johannes schon beantwortet sein? War Johannes der Jünger, *»den Jesus liebte«* und der Joh 21,24 zufolge das Evangelium verfasst hat? Hier ist Vorsicht geboten. Denn zum einen herrschte im 1. Jh. n. Chr. kein Mangel an herausragenden frühchristlichen Gestalten namens Johannes. Und zum anderen waren die Kirchenväter des 2. Jh.s n. Chr. nicht immer bemüht, zwischen Gestalten gleichen Namens zu unterscheiden. So meinte Justin der Märtyrer in einer um 150 n. Chr. entstandenen Schrift, der Apostel Johannes habe die Offenbarung in Ephesus niedergeschrieben (Dial. 81,4). Sicher ist zunächst nur dies: Ein christlicher Lehrer Johannes lebte in Ephesus noch in den ersten trajanischen Jahren (vielleicht bis zum Jahr 100 n. Chr.?).

Ein Zeitzeuge kann mehr zur Identifizierung des Johannes von Ephesus beitragen. Etwa bis zum Jahr 115 n. Chr. schreibt der Bischof des nahen Hierapolis, Papias, die »Darstellung von Herrenworten« (s. u., S. 113). Zuverlässig will er überliefern, was verloren zu gehen scheint. Daher nennt er seine Gewährsmänner, die ihm für die Wahrheit seiner Aufzeichnungen einstanden. Es waren vor allem zwei: ein bis heute gänzlich unbekannt gebliebener Aristion und **ein Presbyter Johannes**. Aristion und Johannes gehörten laut Papias zur zweiten christlichen Generation – sie waren Schüler der Apostel. Zu diesen beiden stand Papias in direktem Kontakt. Nun ist es nur noch ein kleiner Schritt, den Presbyter Johannes mit dem von Irenäus und Polykrates genannten ephesischen Johannes gleichzusetzen.

Das von Papias genannte Stichwort »Presbyter« (πρεσβύτερος) führt auf eine weitere vielversprechende Spur. Zu Beginn des **2. und 3. Johannesbriefes**, die so oft übersehen werden (vielleicht weil sie nach heutigem Verständnis vom Umfang her gerade einmal postkartengroß sind), stellt sich der Verfasser als »der Älteste«, also als der Presbyter vor. Was hat er seiner Gemeinde, der »Herrin«, wie er sie nennt, zu sagen? Er mahnt zur Bruderliebe: *»Und so bitte ich dich, Herrin, nicht als wollte ich dir ein neues Gebot schreiben, sondern nur das, das wir von Anfang an hatten: dass wir einander lieben sollen. Denn die Liebe besteht darin, dass wir nach seinen Geboten leben. Das Gebot, das ihr von Anfang an gehört habt, lautet: Ihr sollt in der Liebe leben«* (2 Joh 5–6). Sehr wahrscheinlich gibt er sich in diesen Zeilen nicht nur als Schüler der Apostel (*»das **wir** von Anfang an hatten«*) zu erkennen, sondern auch als der Gründer der angeschriebenen Gemeinde (*»das **ihr** von Anfang an gehört habt«*). Von daher darf man vermuten: Dieser Johannes kam möglicherweise um das Jahr 70 n. Chr., jedenfalls nach dem Tod des Apostels Johannes (der nach Apg 1,13 und Gal 2,9 zu den Autoritäten der Jerusalemer Gemeinde gehörte) nach Ephesus und hielt sich hier bis zu seinem Tod um 100 n. Chr. auf. Er gründete Gemeinden und hat mit seinen kleinen, wohl gegen Ende des 1. Jh.s n. Chr. abgefassten Briefen Eingang in das Neue Testament gefunden. Nach seinem Tod wurde ihm dann ungeahnte Ehre zuteil. In einem längeren Überlieferungsprozess identifizierte man ihn mit dem Lieblingsjünger Jesu, mit dem Apostel Johannes und mit dem Evangelisten (schließlich gar mit dem Seher der Johannesoffenbarung). Sobald diese Identifikation gegen Ende des 2. Jh.s n. Chr. anerkannt war (vgl. im Brief des Polykrates), stand einer reichen Legendenbildung nichts mehr im Wege (wie z. B. in den in der ersten Hälfte des 3. Jhs. n. Chr. abgefassten apokryphen »Johannesakten«).

Johannesbasilika

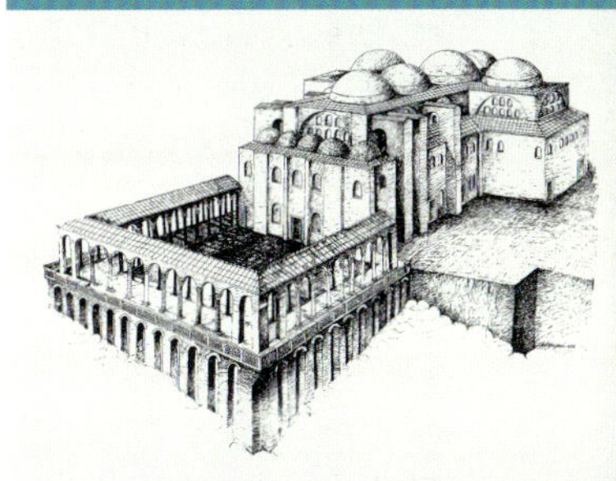

Johannesbasilika, Rekonstruktionszeichnung

Johannesbasilika, Grab des Johannes

Die Johannesbasilika

Die Legenden, die sich um den ephesischen Johannes seit dem 3. Jh. n. Chr. rankten, boten den Hintergrund, das Grab des Apostels und Evangelisten Johannes in Ephesus zu lokalisieren. Eine erste Kirche wurde über dem vermeintlichen Grab am Südhang des Ayasoluk im 5. Jh. erbaut, dann im 6. Jh., unter Justinian I. (527–565 n. Chr.) eine **monumentale Kuppelbasilika** errichtet (vgl. Abb.). Die einst dreischiffige Basilika hatte mit der an der Westseite vorgelagerten Vorhalle (*Narthex*) und dem Atrium eine Länge von 130 Metern und eine Breite von 40 Metern und wurde in der Form eines lateinischen Kreuzes erbaut (vgl. Abb.). Das Mittelschiff war von sechs Kuppeln überdeckt, die Mittelkuppel, größer und höher als die übrigen, befand sich über dem Johannesgrab.

Johannesbasilika. Baptisterium

Nördlich des Querschiffes finden sich Reste eines ursprünglich als Teil einer Schatzkammer genutzten Baus. Hier wurden der kostbare Besitz der Kirche und wohl auch die Gerätschaften für die heilige Messe aufbewahrt. Einzig die Hagia Sophia in Konstantinopel verfügt ebenfalls über eine Schatzkammer.

Im 10./11. Jh. n. Chr. wurde der Bau zu einer Kapelle umgewandelt. In ihrer Apsis ist auf einer Wandmalerei Johannes neben Jesus Christus zu sehen. Von dort führt das westliche Tor in das Baptisterium. Neben dem Taufbecken, in das an beiden Seiten drei Stufen hinabführen, befinden sich quadratische Becken zur Aufbewahrung des Weihwassers.

Mit der Hagia Sophia und der Apostelkirche in Konstantinopel sowie einigen Kirchen

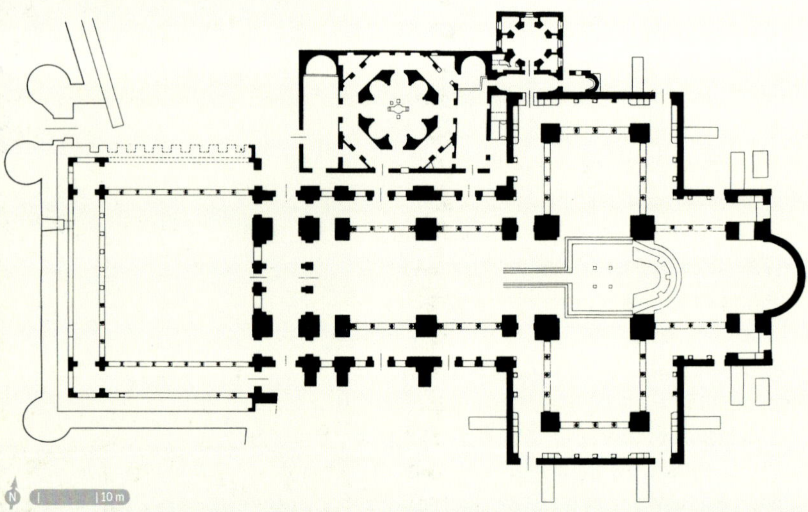

Grundriss der Johannesbasilika

in Griechenland gehörte die Johannesbasilika von Ephesus zu den größten Kirchen byzantinischer Zeit.

Nahe der Johannesbasilika ist die **İsa-Bey-Moschee** (İsa bey-camii) zu besichtigen. Sie wurde 1375 von einem der berühmten Baumeister der Zeit, Ali von Damaskus, erbaut und beeindruckt durch den Wechsel von weißem und dunklem Marmor an der Westfassade sowie durch das erhaltene Minarett (ursprünglich hatte die Moschee zwei Minarette). 75 Jahre zuvor konnten die Aydinoğlu, eine Fürstendynastie des türkischen Stammes der Seldschuken, Ephesus in Besitz nehmen. Die Moschee trägt den Namen eines der Söhne Aydins, İsa bey, unter dem die Stadt eine letzte Glanzzeit erlebte.

Die Marienverehrung in Ephesus

Von einem Ephesusaufenthalt der Mutter Jesu wissen weder die Verfasser der neutestamentlichen Schriften noch die Kirchenväter des 2. Jh.s n. Chr. etwas zu berichten. Dennoch werden die Reisenden, die heute Ephesus besuchen, zu einer kleinen Kapelle auf dem Nachtigallenberg (Aladağ) als dem vermeintlichen Wohn- und Sterbehaus der Maria geführt.

Die Geschichte, Maria sei in Ephesus auf dem Aladağ gestorben, hat Clemens von Brentano im 19. Jh. in die Welt gesetzt. Die Agustinernonne Anna Katharina Emmerich (1774–1824), in Coesfeld am Rhein geboren, empfing während einer Zeit schwerer Krankheit Visionen, die Brentano aufzeichnete und in nicht geringem Maße ausschmückte. Auf den 27. Dezember 1820 ist folgende Vision datiert:

Johannesbasilika

Minarett der Isa-Bey-Moschee

Marienkapelle

Regenbecken

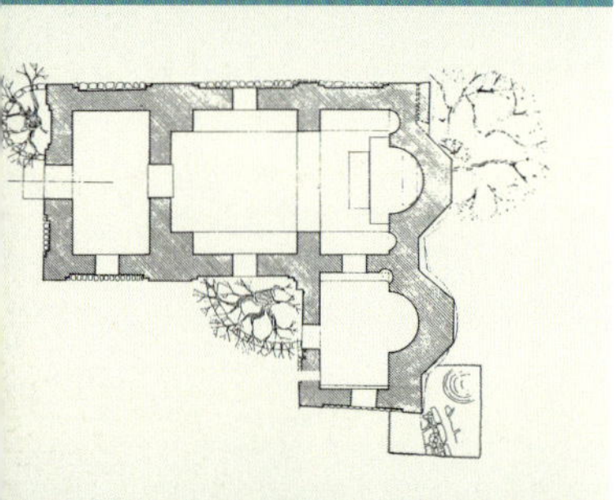

Plan der Kapelle

Marienstatue am Anfang der Olivenallee

»Ich habe aber gesehen, wie Johannes, so lange Maria lebte, immer bei ihr war und sie nie verließ. Ich sah, wie er ihr immer das heilige Sakrament reichte, mit ihr den Kreuzweg betete, sie segnete und dann von ihr den Segen empfing, und wie Johannes gleich einem Sohne mit Maria vertrauter war als alle anderen. Er hat Maria im fünften Jahre nach Christi Tod nach Ephesus gebracht« (1860, S. 558).

Unschwer ist zu erkennen, dass Brentano (oder Anna Katharina Emmerich?) die Kreuzesszene Joh 19,26–27 gelesen hat. Der an das Kreuz geschlagene Jesus vertraut seine Mutter dem Lieblingsjünger (Johannes) an: *»Als Jesus seine Mutter sah und bei ihr den Jünger, den er liebte, sagte er zu seiner Mutter: Frau, siehe, dein Sohn! Dann sagte er zu dem Jünger: Siehe, deine Mutter! Und von jener Stunde an nahm sie der Jünger zu sich.«* Freilich wird der Wohnort des Lieblingsjüngers in der Kreuzesszene nicht genannt – doch wenn der ephesische Johannes mit dem Lieblingsjünger gleichgesetzt wird, kann im Anschluss an Joh 19,26–27 auch eine Legende von einer gemeinsamen Reise des Johannes und der Maria nach Ephesus ersonnen werden. Tatsächlich gibt es keinen Anhaltspunkt dafür, dass sich Maria in Ephesus aufgehalten hat.

Die – dennoch sehenswerte – **Marienkapelle**, etwa sieben Kilometer südlich von Ephesus auf dem Westabhang des Aladağ gelegen, stammt ursprünglich aus dem 13. Jh. n. Chr. Neben der Kapelle fand man Reste eines weiteren Bauwerks, davor ein Regenbecken (kein Baptisterium, wie auf den ersten Blick vermutet werden könnte). Die Kapelle wurde zunächst 1898–1900, dann 1950–1951 restauriert. Sie besteht aus zwei

Teilen, einem länglichen Trakt, dem südlich ein quadratischer Teil angeschlossen ist (vgl. Abb.). Über dem Altar steht in der Apsis eine Marienstatue (seit 1931), die zunächst (1892–1914) am Anfang der Olivenallee aufgestellt war. Die heute dort zu sehende Statue stammt aus dem Jahr 1867 und wurde 1960 an ihrem jetzigen Ort aufgestellt. In der Mitte der Kapelle erinnert dunkler Mamorboden an die Stelle, an der 1891 eine Quelle gefunden wurde. Die Quelle speist die Brunnen unterhalb der Kapelle.

Der Nachtigallenberg ist zu einem Ort gelebter Marienfrömmigkeit geworden: Votivtafeln sind Zeichen der Dankbarkeit, die Vielzahl der Tücher an den Wänden neben den Brunnen stehen für Wünsche und Hoffnungen, die sich mit dem Besuch der Stätte erfüllen sollen.

Die ephesische Marienverehrung, die Ende des 4., Anfang des 5. Jh.s n. Chr. endgültig den Artemiskult ablöste, fand ihren stärksten baulichen Ausdruck in der **Marienkirche**, deren Überreste sich auf dem Grabungsareal befinden. Die Baugeschichte dieses 145 Meter langen Kirchenkomplexes gab manches Rätsel auf. Die Kirche wurde bereits in den 20er-Jahren des 20. Jh.s freigelegt, doch erst seit 1986 bringen Untersuchungen nach modernen archäologischen Methoden Aufschluss über ihre Baugeschichte. Die Marienkirche und der dazugehörige Bischofspalast wurden in die 263 Meter lange, 30 Meter breite dreischiffige Südhalle des Olympieions, des riesigen hadrianischen Kaiserkultbezirkes, eingebaut. 129 n. Chr. hatte Hadrian bei seinem zweiten Besuch in Ephesus den Bau des Tempels bewilligt.

Die Kirche sollte als Versammlungsort für das Konzil von 431 n. Chr. dienen. Der Bau

Brunnen

Wunschtücher

Marienkirche

wurde aus diesem Anlass geteilt. Im westlichen Teil entstand die Marienkirche, im östlichen Teil der Bischofspalast (vgl. Abb.). Das Mittelschiff wurde verbreitert, ein offenes, 6 Meter weites Halbrund mit einem Altar davor, ein Chorraum (*Presbyterion*), wurde eingebaut. Ob die Kirche tatsächlich bis zum Beginn des Konzils fertiggestellt werden konnte, ist nach den neueren Forschungen nicht sicher.

Mitte bis Ende des 5. Jh.s n. Chr. wurden die offenen Außenmauern mit Kalksteinquadern geschlossen. Vor der marmorverkleideten Apsis wurde das Halbrund belassen, im erweiterten Presbyterion legte man einen zweifarbigen Boden in Kreisstern-Muster aus. Das Halbrund wurde später durch eine 11 Meter weite Priesterbank ersetzt. Im Scheitel der Apsis stand jetzt ein marmorner Tischaltar. Im 6. Jh. n. Chr. entstand ein neuer, jetzt als Kuppelkirche errichteter Bau, denn die Basilika war einem Erdbeben zum Opfer gefallen. Er war mit 46 Metern Länge deutlich kleiner. Als im Rahmen der Übersiedlung des größten Teils der Bevölkerung auf den Ayasoluk im weiteren Verlauf des 6. Jh.s der Bischofspalast aufgegeben wurde, verlor die Marienkirche an Bedeutung. Nur das Mittelschiff blieb. Es wurde wahrscheinlich noch bis in das 11. Jh. n. Chr. als Friedhofskirche genutzt.

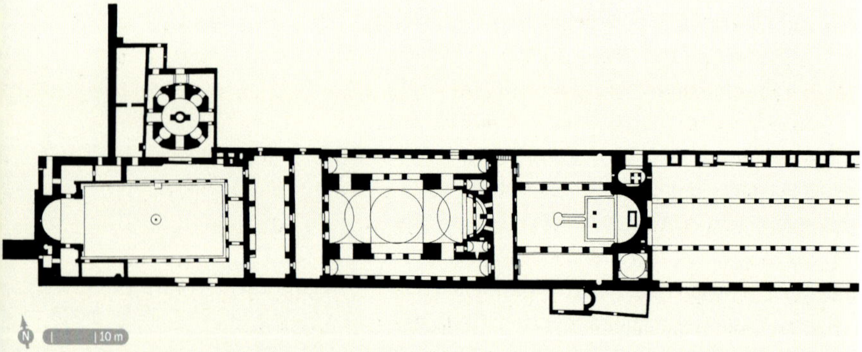

Grundriss der Marienkirche

Die Gemeinde der Johannesoffenbarung (Offb 2,1–7)

Johannes, den Seher, traf das milde Schicksal eines Hochangesehenen. Er wurde Ende des 1. Jh.s n. Chr. auf die Insel Patmos im Ägäischen Meer verbannt. Am »Tag des Herrn« (Offb 1,10) wurde er »vom Geist Gottes ergriffen«, der ihm eine Reihe von Visionen und Auditionen übermittelte. Alles, was er sah und hörte, sollte er in einem Buch niederschreiben und das Buch an sieben Gemeinden schicken. Ein Bote, so darf man vermuten, brachte die »Offenbarung« auf einer Rundreise nach **Ephesus**, von da über **Smyrna** nach **Pergamon**, dann über **Thyatira** nach **Sardes**, schließlich nach **Philadelphia** und **Laodicea**. Er kehrte von dort nach Ephesus zurück. Der Bote konnte die verkehrstechnischen Möglichkeiten am Ende des 1. Jh.s nutzen; schneller als auf diesem Weg war die Reise nicht zu bewältigen.

Das erste Sendschreiben erhielten die Epheser: *»An den Engel der Gemeinde in Ephesus schreibe: So spricht Er, der die sieben Sterne in seiner Rechten hält und mitten unter den sieben goldenen Leuchtern einhergeht: Ich kenne deine Werke und deine Mühe und dein Ausharren; ich weiß: Du kannst die Bösen nicht ertragen, du hast die auf die Probe gestellt, die sich Apostel nennen und es nicht sind, und hast sie als Lügner erkannt. Du hast ausgeharrt und um meines Namens willen Schweres ertragen und bist nicht müde geworden. Ich werfe dir aber vor, dass du deine erste Liebe verlassen hast. Bedenke, aus welcher Höhe du gefallen bist. Kehr zurück zu deinen ersten Werken! Wenn du nicht umkehrst, werde ich kommen und deinen Leuchter von seiner Stelle wegrücken. Doch für dich spricht: Du verabscheust das Treiben der Nikolaiten, das auch ich verabscheue. Wer Ohren hat, der höre, was der Geist den Gemeinden sagt: Wer siegt, dem werde ich zu essen geben vom Baum des Lebens, der im Paradies Gottes steht«* (Offb 2,1–7).

Das Sendschreiben beginnt mit einem kräftigen Lob der Epheser. Pseudoapostel wurden von der Gemeinde geprüft und als Lügner erkannt. Offen bleibt, wie eine solche Prüfung erfolgte, ob in einem Lehrprüfungsverfahren, ob auf Grund eines Katalogs. Auf das Lob folgt der Tadel. Man habe die erste Liebe verlassen, sich von den ersten Werken entfernt, schlicht: von der guten Zeit, als alles begann. Der Seher mahnt, das Liebesgebot wieder zu befolgen – möglicherweise das gleiche Gebot, das der Presbyter einst seiner Gemeinde mit auf den Weg gegeben hatte: *»Ihr sollt in der Liebe leben«* (2 Joh 6). Doch Johannes nimmt dem Tadel die Strenge. Der Gemeinde wolle er zugute halten, dass sie die Werke der **Nikolaiten** hasse, so wie er selbst. Wer waren die Nikolaiten?

Es ist erstaunlich, dass niemand Genaueres zu berichten weiß. Hemmungslos seien die Nikolaiten, mehr erfährt man nicht. Irenäus von Lyon, der das 2. Jh. n. Chr. gut im Blick hat, verweist auf die Johannesoffenbarung: »Die Nikolaiten haben Nikolaus als ihren Lehrer, einen von den Sieben, die von den Aposteln als die ersten Diakone eingesetzt wurden [vgl. Apg 6,1–7]. Sie kennen keine moralischen Hemmungen. Was für Leute sie sind, sieht man am besten in der Apokalypse des Johannes: Nach ihrer Lehre ist es gleichgültig, wenn man die Ehe bricht oder Götzenopferfleisch ißt. Darum sagt ein Schriftwort von ihnen: Aber das hast du, daß du die Werke der Nikolaiten haßt, die auch ich hasse« (Iren.haer. I 26,3).

In jedem Fall galt: Jeglicher Gefahr für die Stabilität der Gemeinde war zu wehren. Nichts war schlimmer, als sich mit einem Pseudoapostel, einem in die Irre gehenden Wanderprediger auf Diskussionen einzulassen. Diese Warnung war der Gemeinde in ihr Stammbuch geschrieben. Das Bekenntnis sollte die Richtschnur sein: *»Wenn jemand zu euch kommt und nicht diese Lehre mitbringt, dann nehmt ihn nicht in euer Haus auf, sondern verweigert ihm den Gruß. Denn wer ihm den Gruß bietet, macht sich mitschuldig an seinen bösen Taten«* (2 Joh 10–11).

Onesimus, Bischof von Ephesus (Ignatius von Antiochien an die Epheser)

Ignatius, Bischof von Antiochien, reiste dem Martyrium entgegen. Etwa im Jahr 110 n. Chr. begann sein langer Weg von Syrien nach Rom. Genau genommen wurde er, bewacht von zehn Soldaten, in Richtung der römischen Arena transportiert, nachdem er im heimatlichen Antiochia festgesetzt und abgeurteilt worden war. Doch ließ die militärische Bewachung durchaus zu, dass Ignatius unterwegs in Kontakt mit Gemeinden trat, Gesandtschaften empfing, durch Boten selbst mit Antiochia und Rom korrespondierte. Durch Ignatius erfahren wir von Onesimus, dem ersten Bischof von Ephesus. Der Kirchengeschichtsschreiber Eusebius von Cäsarea (4. Jh. n. Chr.) meinte zwar, der erste Bischof der Epheser sei Timotheus gewesen (Eus.h.e. 3,4,5 im Anschluss an 1 Tim 1,3), doch das ist ganz unsicher.

Ignatius traf Onesimus in Philadelphia, kurze Zeit später schrieb er von Troas aus an die Epheser: »Da ich nun eure ganze große Zahl im Namen Gottes empfangen habe in der Person des Onesimus, des in der Liebe Unbeschreiblichen, eures Bischofs im Fleische, von dem ich wünsche, ihr möchtet ihn nach Jesu Christi Art lieben und ihm alle ähnlich sein, – denn gepriesen sei, der euch, die ihr es wert seid, begnadete, einen solchen Bischof zu besitzen« (IgnEph 1,3).

Die Namensgleichheit des ephesischen Bischofs mit dem aus dem Haus des Philemon geflohenen Sklaven (Phlm 10 ff.) und späteren Briefkurier (Kol 4,9) Onesimus gab Anlass zu Spekulationen. Stieg der von Paulus für das Christentum gewonnene Onesimus schließlich zum Bischof von Ephesus auf? Eine zuverlässige Antwort ist hier nicht möglich. Der Name Onesimus war nicht ungewöhnlich. Er bezeichnet eine Eigenschaft (»nützlich«) und ist vor allem als Sklavenname bekannt.

Die Montanisten

Um das Jahr 172 n. Chr. begründete ein phrygischer Christ, Montanus, eine Bewegung, die auch in Ephesus zahlreiche Anhänger fand. Montanus verstand sich als endzeitlicher Prophet, der das nahe Weltende verkündete. Die Anhängerschaft sollte seiner rigoristischen Ethik folgen (strenges Fasten, Auflösung der Ehe, Keuschheit, Buße, Bereitschaft zum Martyrium). Neben Montanus führten die Prophetinnen Priscilla und (nach dem Tod des Montanus) Maximilla die Bewegung. In den phrygischen Orten **Pepuza und Tymion**, die heute kaum sicher zu lokalisieren sind, erwarteten die Montanisten die Vollendung. Dort, so sagten die Prophetinnen voraus, würde das neue Jerusalem vom Himmel herabkommen. Dem Ende der Welt aber würden Kriege und Aufstände vorausgehen. Die Prophezeiungen erfüllten sich nicht. Nach dem Tod der Maximilla im Jahre 179 n. Chr. erlebte man eine ruhige Zeit unter Kaiser Commodus (180–192 n. Chr.). Ein anonymer Kritiker der Montanisten stellte schließlich fest: »Ist denn nicht bereits auch diese Lüge offenbar geworden? Denn seit dem Tod dieses Weibes sind bis auf den heutigen Tag schon mehr als dreizehn Jahre vergangen, ohne daß ein lokaler oder ein Weltkrieg entstanden wäre« (Eus.h.e. 5,16,19).

Der Montanismus löste eine Debatte um das Thema **»Prophetie«** aus. Den Montanisten wurde von den Kritikern das Prophetentum abgesprochen. Nicht nur das Ausbleiben des von ihnen Geweissagten nutzten die Gegner als Argument, auch der eigene Lebenswandel sollte die Montanisten entlarven.

Im Jahr 182 n. Chr. wurde in Ephesus ein Vertreter des Montanismus, ein Mann namens Alexander, vom damaligen Prokonsul der Provinz Asia, Ämilius Frontinus, verurteilt. In einer Schrift des Apollonius gegen den Montanismus dient Alexander als Beispiel, um Montanus, Priscilla und Maximilla als falsche Propheten zu überführen. Apollonius schreibt über Alexander: »Um nicht von mehreren zu sprechen, gebe uns die Prophetin Auskunft über Alexander, der sich als Märtyrer bezeichnet und mit dem sie Schmausereien sich hingibt und den auch viele verehren. Über seine Räubereien und andere Verbrechen, derentwegen er bestraft worden ist, brauchen wir nicht zu reden; im Archiv sind sie aufbewahrt« (Eus.h.e. 5,18,6).

In Kleinasien nahm die Bedeutung des Montanismus rasch ab. Mit dem nordafrikanischen Kirchenvater Tertullian (160/170 – um 220 n. Chr.) fand ein montanistischer Zirkel in Karthago ab 207/208 n. Chr. einen prominenten Vertreter. Tertullian propagierte die rigoristische Ethik des Montanismus. Im 4. Jh. n. Chr. verlieren sich die letzten Spuren der Bewegung.

Der Osterfeststreit

Am Ende des 2. Jh.s n. Chr. entbrannte ein Streit zwischen Ephesus und den Gemeinden der Provinz auf der einen Seite und Rom auf der anderen Seite. Man stritt um Ostern, genauer: um den **Ostertermin** und damit um das Ende der Fastenzeit. Denn bis in das 4. Jh. n. Chr. feierte durchaus nicht die ganze Christenheit Ostern an demselben Tag. Viele kleinasiatische Christen, **Quartodezimaner** (»der Vierzehnte«) genannt, hielten sich an die Zeit des jüdischen Passa und feierten Ostern am 14. Nisan und damit an wechselnden Wochentagen. Für Rom und romtreue Gemeinden war spätestens seit Sixtus I. (um 115 n. Chr.) allein der Sonntag der Tag des Osterfestes. Schon für Paulus (1 Kor 16,2) und Lukas (Apg 20,7) hatte der erste Tag der Woche eine besondere Bedeutung; Johannes, der Seher, führte die Bezeichnung »Tag des Herrn« (Offb 1,10) ein, um zu zeigen, dass der Sonntag der Tag der Auferstehung Jesu ist.

Eine rege Osterdiplomatie begann schon Mitte des 2. Jh.s n. Chr. Die Kleinasiaten sollten ihre Passa-Praxis zu Gunsten der Osterfeier am Sonntag aufgeben. **Polykarp von Smyrna**, Quartodezimaner, reiste um 156 n. Chr. nach Rom, um mit Bischof Aniket, Nicht-Quartodezimaner, zu verhandeln. Irenäus von Lyon berichtet: »Als der selige Polykarp bei Aniket in Rom war und sie wegen einiger anderer Fragen Differenzen miteinander hatten, einigten sie sich dennoch schnell, ohne über diesen wichtigsten Punkt miteinander zu streiten. Weder konnte nämlich Aniket den Polykarp dazu überreden, das nicht einzuhalten, was er mit Johannes, dem Jünger unseres Herrn und den übrigen Aposteln, mit denen er zusammen war, immer eingehalten hatte, noch konnte

Polykarp den Aniket zum Einhalten überreden, nachdem er sagte, er müsse an der Sitte der Presbyter vor ihm festhalten« (Eus.h.e. 5,24,16).

Der Streit spitzte sich bald zu einer Kontroverse zwischen Ephesus und Rom zu. Einstimmig beschloss eine Bischofskonferenz, dass das Geheimnis der Auferstehung des Herrn an keinem anderen Tag als am Sonntag gefeiert werden dürfe und dass die Gläubigen erst an diesem Tag das vorösterliche Fasten beenden sollten. Per Rundschreiben erfuhren die Gemeinden von der kirchlichen Verordnung. Zweierlei hatte der römische Bischof Viktor damit erreicht: Es gelang ihm, die eigene Position zu stärken und zugleich die Quartodezimaner vor eine breite Gegnerfront zu stellen. Er erklärte nun kurzerhand die Gemeinden von Kleinasien zu Ketzern.

Polykrates von Ephesus schrieb um 195 n. Chr.: »Unverfälscht halten wir den Tag ein; wir tun nichts dazu und nehmen nichts hinweg. Denn auch in Asien haben große Sterne ihre Ruhestätte gefunden, welche am Tag der Wiederkunft des Herrn auferstehen werden. An diesem Tag wird der Herr mit Herrlichkeit vom Himmel kommen und alle Heiligen aufsuchen: Philippus, einen der zwölf Apostel, der in Hierapolis entschlafen ist, mit seinen beiden bejahrten, im jungfräulichen Stande gebliebenen Töchtern, während eine andere Tochter, die im Heiligen Geist wandelte, in Ephesus ruht, und Johannes, der an der Brust des Herrn lag, den Stirnschild trug, Priester, Glaubenszeuge und Lehrer war und in Ephesus zur Ruhe eingegangen ist, ferner den Bischof und Märtyrer Polykarp von Smyrna und den Bischof und Märtyrer Thraseas aus Eumenea, der in Smyrna entschlafen ist [...] Diese alle haben gemäß dem Evangelium das Passa am 14. Tage eingehalten; sie sind keine anderen Wege gegangen, sondern der vom Glauben gewiesenen Richtung gefolgt. Auch ich, Polykrates, der geringste unter euch allen, halte mich an die Überlieferung meiner Verwandten, von denen einige auch meine Vorgänger waren. Sieben meiner Verwandten waren nämlich Bischöfe, und ich bin der achte« (Eus.h.e. 5,24,2-7).

Die halbe Geschichte des Christentums im westlichen Kleinasien führt Polykrates an. Einer der Zeugen ragt heraus: Johannes, der längst mit dem Lieblingsjünger Jesu gleichgesetzte Gemeindegründer. Es war also für die Kirche in Ephesus weit mehr als eine kirchenpolitische Auseinandersetzung, es ging um die Wahrung der gemeindegründenden Tradition.

Ephesus, allen voran Polykrates, der Bischof, war isoliert. Erst die Synode von Nizäa 325 n. Chr. beendete den Osterfeststreit. Die Quartodezimaner wurden exkommuniziert.

Das Dritte Ökumenische Konzil 431 n. Chr.

Das Konzil von Ephesus wurde von Kaiser Theodosius II. auf Pfingsten (7. Juni) 431 n. Chr. einberufen. Vorausgegangen war ein Streit, ob für Maria der Titel **»Gottesgebärerin«** (*Theotokos*) oder vielmehr der Titel **»Menschengebärerin«** (*Anthropotokos*) angemessen wäre. Tatsächlich stritt man also um die Bedeutung Jesu Christi. Ist er Gott? War er Mensch? Die Gegner auf dem Konzil waren Cyrill, Patriarch von Alexandrien, der für den Titel *Theotokos* eintrat, und Johannes von Antiochien, der den Titel *Anthropotokos* forderte. Nestorius, Patriarch aus Konstantinopel, versuchte den Streit mit dem neuen Wort »Christusgebärerin« zu beenden. Das Konzil verlief, nach allem, was aus den Dokumenten zu ersehen ist, chaotisch. Die Gegner in diesem theologischen Streit beriefen eigene Versammlungen ein (zunächst Cyrill in der Marienkirche, später Johannes an einem anderen Ort in Ephesus) und exkommunizierten sich gegenseitig. Verhandlungen mit dem Kaiser führten dazu, dass das Konzil im Oktober 431 n. Chr. aufgelöst wurde. Erst zwei Jahre später kam es – auf kaiserlichen Druck – zur Einigung: Johannes von Antiochien akzeptierte den Marientitel »Gottesgebärerin«.

Blick von der Paulusgrotte auf die Marienkirche

III. Orte im westlichen Kleinasien

Milet (Balat)

Blick vom Theaterhügel

Einleitung

Reisende erreichen Milet von Kusadaşi kommend über Söke oder von Priene kommend über das Dorf Atburgazi durch die Mäanderebene.

Paulus und seine Begleiter fuhren um 55/56 n. Chr. auf dem Seeweg von Assos (s. u.) über Chios und Samos nach Milet (Apg 20,14 – 15). **Vier Häfen** erwarteten ankommende Schiffe. Heute liegt Milet etwa 10 Kilometer vom Meer entfernt. Das Dorf Balat, das bis zu seiner Zerstörung durch ein Erdbeben 1955 im Bereich des antiken Milet lag, wurde in etwa einem Kilometer Entfernung neu gegründet.

Mäanderebene in der Antike

Mäanderebene heute

In der Zeit vom 7.–6. Jh. v. Chr. war Milet die wichtigste Stadt Ioniens. Ihre Lage nahe der **Mündung des Mäander** (Büyük Menderes), auf einer Halbinsel am Südrand des Latmischen Golfes, brachte den Aufstieg – und später den Niedergang. Die Mäanderebene diente als eine der Hauptverkehrsrouten zwischen der Ägäisküste und dem Inneren Anatoliens. Milet war ein Handelszentrum ersten Ranges. Doch die Ablagerungen des Mäanders ließen den Latmischen Golf und damit die Häfen verlanden und führten schließlich dazu, dass die Stadt aufgegeben wurde.

Wenn der heutige Besucher auf dem Theaterhügel über die Reste der antiken Stadt schaut, sieht er vor allem Baumwollfelder in einer weiten sumpfigen Ebene.

Geschichtliches

Milet war schon früh, im 5., spätestens im 4. Jahrtausend v. Chr., besiedelt.

Ausgrabungen brachten Spuren einer **minoischen Siedlung** des 17. Jh.s v. Chr. in der Nähe des Athena-Tempels zu Tage. Die bronzezeitliche

Milet (ab 7. Jh. v. Chr. – 6. Jh. n. Chr.)

1. Demetertempel auf dem *Humeitepe* (hellenistisch)
2. Thermen am *Humeitepe* (kaiserzeitlich)
3. Delphinion (kaiserzeitlicher Zustand)
4. Kleines Hafenmonument (kaiserzeitlich, im 4. Jh. n. Chr. von der Synagoge überbaut)
5. Hafenhallen (hellenistisch), davor großes Hafenmonument (kaiserzeitlich)
6. Römisches Theater
7. Heroon I (hellenistisch)
8. Hallenplatz (hellenistisch)
9. Nordmarkt (hellenistisch)
10. Capito-Thermen (kaiserzeitlich)
11. Dionysostempel (hellenistisch), überbaut von Michaelskirche mit Bischofspalast (um 600 n. Chr.)
12. Ionische Halle (kaiserzeitlich)
13. Hellenistisches Gymnasion
14. Buleuterion (Mitte 2. Jh. v. Chr.)
15. Nymphaeum (kaiserzeitlich)
16. Große Kirche (1. Hälfte 6. Jh. n. Chr.), davor römisches Propylon (3. Jh. n. Chr.)
17. Heroon III (Anfang 3. Jh. n. Chr.)
18. Hellenistische Magazinhalle
19. Südmarkt (kaiserzeitlich)
20. Antiochosstoa (hellenistisch)
21. Faustinathermen (ab 164 n. Chr.)
22. Serapeion (3. Jh. n. Chr.)
23. Stadion (hellenistisch ?)
24. Westmarkt (hellenistisch)
25. Hellenistisches Hofhaus
26. Athenatempel (archaisch)
27. Rundkirche (Anfang 6. Jh. n. Chr.)
28. Heiliges Tor (kaiserzeitlicher Zustand)
29. Löwentor (späthellenistisch?)
30. Archaische Seemauer? (nach Prospektion 1999)
31. Archaische Stadtmauer? (Prospektion 1995, Grabung 1997/98)
32. Ostterrasse des *Kalabaktepe* (frühklassische Siedlung)
33. *Kalabaktepe*-Grabung 1986–1995 (archaische Siedlung)
34. Heilige Straße nach Didyma
35. Römische Wasserleitung

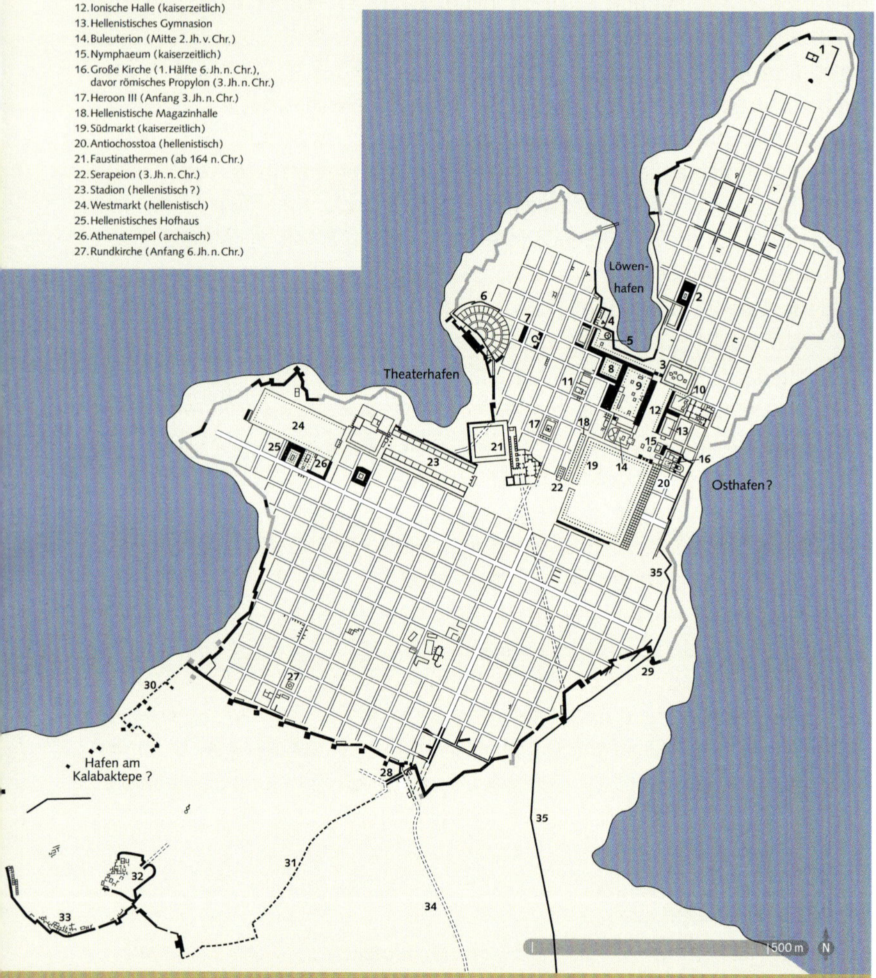

Plan von Milet

Hochkultur Kretas im 3. und 2. Jahrtausend v. Chr. erhielt ihre Bezeichnung »minoisch« nach **König Minos von Knossos**. Dessen Bruder Sarpedon, so weiß es ein Historiker im 4. Jh. v. Chr. zu berichten, habe Einwohner aus dem kretischen Milatus auf die Halbinsel gebracht und die neue Stadt nach ihrem Heimatort benannt. Die Archäologen konnten die lange als spätere Erfindung angesehene Überlieferung bestätigen. Keramikfunde aus der minoischen Kultur Kretas weisen auf eine erste Bauperiode vom 17.–15. Jh. v. Chr. hin. Ein 1994 begonnenes Grabungsprojekt des Archäologischen Instituts der Universität Heidelberg kann sogar für die Zeit vor dem 17. Jh. v. Chr. verschiedene Besiedlungsphasen Milets südlich des Kalabak-Hügels belegen – der Ort fungierte bereits in der frühen Bronzezeit des 3. Jahrtausends v. Chr. als wichtiger Umschlagplatz für Metalle (Kupfer und Gold) aus Kleinasien in die Ägäis.

Die Stadt erreichte ihre Blütezeit im 7./6. Jh. v. Chr. Seit etwa 670 v. Chr. hatte Milet beinahe **90 Kolonialstädte** vor allem am Schwarzen Meer und bekam den Titel »Haupt von Ionien«.

Dank der Philosophen Thales, Anaximander und Anaximenes wurde Milet im 6. Jh. v. Chr. zu einem **Zentrum der ionischen Naturphilosophie**.

Thales lebte 624–546 v. Chr. Den Griechen galt er als einer der Sieben Weisen. Den Weisen, den *sophos*, zeichnet Welttüchtigkeit aus: Er weiß, was zu tun ist. Thales fragte nach dem »Urstoff« (*arche*), aus dem sich alles entwickelt habe, und meinte, ihn mit dem Wasser gefunden zu haben: Die Erde schwimme auf dem Wasser.

Thales sagte die Sonnenfinsternis am 28. Mai 585 v. Chr. voraus. Damit erteilte er dem Geheimwissen der Magier eine endgültige Absage: Verfinsterungen kehren periodisch wieder; man kann sie vorausberechnen. Doch nicht die Astronomie, sondern die Geometrie ließ den Namen des milesischen Wissenschaftlers nicht in Vergessenheit geraten. Dabei fand Thales nichts heraus, was Ägypter und Babylonier nicht auch schon beobachtet hatten. Allein, er bewies **vier einfache geometrische Sätze**, sie galten immer, und so konnten weitere aus ihnen abgeleitet werden. Sein berühmtester: Jeder Winkel eines Dreiecks über einem Halbkreis ist ein rechter Winkel.

Anaximander lebte etwa 610–546 v. Chr. Man vertraute ihm eine Gruppe von Milesiern an, die nach Apollonia am Schwarzen Meer auswanderten. Ob Anaximander tatsächlich ein Schüler Thales' war, ist unsicher. Immerhin hat er die gleiche Frage nach dem »Urstoff« gestellt. Dieser sei das »Unendliche«, das **Apeiron** (ἄπειρον). Aus dem Apeiron entstehe alles, in das Apeiron vergehe alles. Aus dem Unendlichen entstünden Gegensätze, die einem ewigen Wechsel und einer ewigen Veränderung unterworfen seien. In einer nie endenden Bewegung entscheide die Zeit über die Rückkehr in das Apeiron und stelle die Ausgewogenheit zwischen Entstehen und Vergehen sicher. Dem Leben folge der Tod, dem Tod folge das Leben.

Anaximenes, ein Schüler des Anaximander, lebte von 585–525 v. Chr. Für ihn war der »Urstoff« die Luft. Aus der Luft haben sich die Elemente entwickelt, einerseits durch Verdünnung bis hin zum Feuer, andererseits durch Verdichtung: Wind, Wolken, Wasser und schließlich Erde und Stein. Anaximenes sah Mensch und Kosmos parallel: »Wie unsere *psyche*, die Luft ist, uns beherrschend zusammenhält, so umfasst auch den ganzen Kosmos Hauch und Luft [*pneuma* und *aer*]« (Anaximenes B2).

Insgesamt eint die milesischen Philosophen **ein gemeinsamer wissenschaftlicher Anspruch**. Dabei waren nicht Ergebnisse entscheidend, sondern die neue Sichtweise: Überliefertes ist an den Maßstäben der Vernunft zu messen.

546 v. Chr. kam Milet unter die Herrschaft des Perserkönigs **Kyros II.** (559–530 v. Chr.). Das Ende der alten Stadt sollte knapp 50 Jahre später folgen. Die persische Herrschaft, Verwaltungsdruck und hohe Zölle brachten die ionischen Städte bis 500 v. Chr. in wirtschaftliche Bedrängnis. Aristagoras, der Milet verwaltete, führte die Stadt in den **ionischen Aufstand** gegen die Perser. Nach sechs Jahren gelang den Persern vor der Insel Lade der Sieg gegen die ionische Flotte. 494 v. Chr. belagerten sie Milet vom Meer aus; die Stadt wurde ausgeplündert, in Brand gesteckt und zerstört. Die Einwohner wurden nach Ampe in der Nähe des Tigris deportiert.

Die Neugründung Milets nach 494 v. Chr. wird bereits in antiken Quellen mit dem Namen des milesischen Architekten **Hippodamos** verbunden. Er entwickelte einen Stadtplan mit einem rechtwinkligen Straßensystem: Die sich kreuzenden Straßen bilden gleichgroße, in vier Grundstücke aufgeteilte »Inseln« (*insulae*). In dieses System sind auch öffentliche Gebäude, wenn sie die Grundfäche der Insulae nicht überschreiten, integriert (vgl. Abb.).

Das neue Milet erlebte eine **Zeit wechselnder Herrschaften**. Nach 479 v. Chr. trat die Stadt dem Attisch-Delischen Seebund bei; nach einem Abfallversuch geriet sie unter athenische Herrschaft. 402 v. Chr. regierte der persische Satrap Tissaphernes. Alexander der Große belagerte und eroberte Milet 334 v. Chr. Es folgten die Seleukiden und schließlich das Pergamenische Reich. In der römischen Kaiserzeit entwickelte sich Milet erneut zur blühenden Handelsstadt, konnte aber den Rang der Provinzhauptstadt Ephesus nie erreichen. Besondere Bedeutung kam der Stadt schließlich als

Vorort des Orakels von Didyma (s. u.) zu. In der byzantinischen Zeit (seit Ende des 4., Anfang des 5. Jh.s n. Chr.) verlor Milet langsam an Bedeutung. Im 6. Jh. n. Chr. wurde die Stadt immerhin noch zum Bischofssitz erhoben. Nach der Eroberung durch die türkischen Seldschuken im 11. Jh. n. Chr. und während der osmanischen Herrschaft (seit 1389) verfiel Milet deutlich. Die Stadt wurde zum Dorf, das im 17. Jh. letztlich wegen der Versumpfung des Mäandertals aufgegeben wurde.

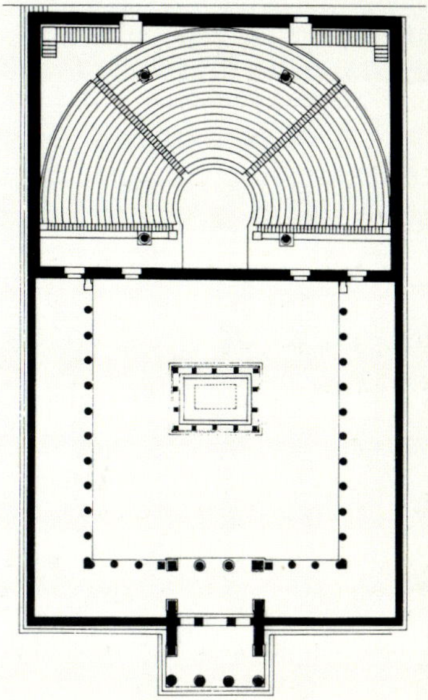
Plan des Bouleuterions

Archäologisches

Die ersten archäologischen Untersuchungen in Milet begannen 1872/1873. Von 1899–1914 wurde eine systematische Grabung unter Leitung von Theodor Wiegand in Milet durchgeführt. Funde aus den 19 Grabungskampagnen sind im Pergamonmuseum in Berlin ausgestellt. 1955 übernahm das Deutsche Archäologische Institut die Grabungen, seit 1989 forscht das Archäologische Institut der Universität Bochum. Neuere Grabungsfunde werden in einem **Museum** nahe der İlyas-Bey-Moschee an der Straße nach Didyma gezeigt.

Ausgangspunkt der Untersuchungen war das nie ganz verschüttete Theater. Eine Inschrift im Bereich der südlichen Stadtmauer gab den Hinweis, dass unter Trajan (98–11 n. Chr.) **die heilige Straße** von Milet zum Apollon-Tempel in Didyma wiederhergestellt wurde. Die Archäologen folgten der Straße in das Stadtinnere und fanden zunächst das **Bouleuterion** (vgl. Abb.). Das Rathaus, von dem nur wenige Reste erhalten sind, bestand aus einem Torbau, einem 35 × 24 Meter großen, von Säulenhallen umgebenen Hof und dem Auditorium, ähnlich einem Theater mit einer Orchestra von 8 Metern Durchmesser. Über vier Treppen konnten die Sitzstufen erreicht werden; etwa 1 500 Personen fanden Platz. In der Mitte des Hofes stand ein 9,50 Meter langer und 7 Meter breiter Artemisaltar. Eine Inschrift lässt erkennen, dass das Gebäude von den Milesiern Timarchos und Herakleides für Antiochos IV., d. h. in der Zeit von 175 bis 164 v. Chr., errichtet wurde.

»Ionische« Halle

Römisches Nymphäum

Nymphäum. Rekonstruktionszeichnung

Prachtstraße zur Südagora

In östlicher Richtung wurde eine gepflasterte Straße freigelegt, die das Ende der heiligen Straße bildete. Nordöstlich des Bouleuterions lag die von zweigeschossigen Arkadenhallen umgebene, 90×43 Meter große Nordagora. Ihr gegenüber befindet sich eine **»ionische« Halle** auf sechsstufiger Basis, in der einst 19 Geschäfte untergebracht waren (vgl. Abb.). Sie hatte eine Länge von 140 Metern, an der Vorderseite 35 Säulen ionischer Ordnung (daher: »ionische« Halle).

Die ionische Säule erkennt man zunächst an den meist 24 tiefen Kanneluren (senkrechte Rillen). Sie hat einen recht schlanken, sich nach oben leicht verjüngenden Säulenschaft mit einem Kapitell, das seitlich durch große spiralförmig eingerollte Bauglieder (Voluten) auffällt. Ein weiteres Merkmal ist die ausgestaltete Basis.

Einer Inschrift zufolge wurde die Halle 50 n. Chr. von Tiberius Claudius Sophanes erbaut. Neben dem Theater und den Faustinathermen (s. u.) ist die »ionische« Halle für den Besucher sicher das eindrucksvollste teilrestaurierte Bauwerk, das in Milet zu sehen ist.

Südlich der Halle wurde ein römisches **Nymphäum** (Brunnenanlage) gefunden. Das Nymphäum wurde 79/80 n. Chr. vom Vater des späteren Kaisers Trajan gestiftet und wahrscheinlich 241–244 n. Chr. als dreistöckiger Marmorbau vollendet (vgl. Abb.), es bildete das Zentrum der Wasserversorgung im römischen Milet.

Zwischen dem Nymphäum und dem Bouleuterion stand das **»Markttor«** von Milet. Wer vom Hafen in der Löwenbucht über die Prachtstraße zur Südagora ging, durchschritt dieses

Tor. Der etwa 29 Meter breite, 17 Meter hohe und 7 Meter tiefe Bau mit zweigeschossiger Fassade war wahrscheinlich noch vor dem Besuch Hadrians in Milet 129 n. Chr. fertiggestellt worden. Er erhielt möglicherweise aus Anlass des Besuches Statuen Hadrians. Das 1903 wiederentdeckte »Markttor« wurde nach Berlin gebracht und 1925–1929 im Pergamonmuseum aufgestellt.

Theater

Das Theater

Das Theater wurde an den Südwesthängen des Keletepe-Hügels im 4. Jh. v. Chr. gebaut und im 2. Jh. n. Chr. unter Trajan stark erweitert (vgl. Abb.). In hellenistischer Zeit bot es Platz für 5 000, in römischer Zeit dann für bis zu 25 000 Zuschauer.

Der Zuschauerraum (*koilon/cavea*), der eine Höhe von 40 Metern erreichte, bestand aus drei Rängen, die durch zwei horizontale Rundgänge (*diazoma*) unterteilt waren, mit jeweils 19 Sitzreihen. Der untere Rang umfasste 5 Keilfelder (*kerkides*), der mittlere 10, der obere 20 Keilfelder. Zu den oberen Rängen führten verschiedene Treppenaufgänge. Von den oberen Sitzreihen aus war das Meer zu sehen. Die kaiserliche Ehrenloge in der Mitte des unteren Teils ist durch die zwei erhaltenen der ursprünglich vier Säulen zu erkennen. Der obere Rang des Koilons wurde beim Bau des byzantinischen Kastells zerstört (Ende des 4., Anfang des 5. Jh.s n. Chr., vgl. Abb.), weil Steine des Theaters als Baumaterial verwendet wurden.

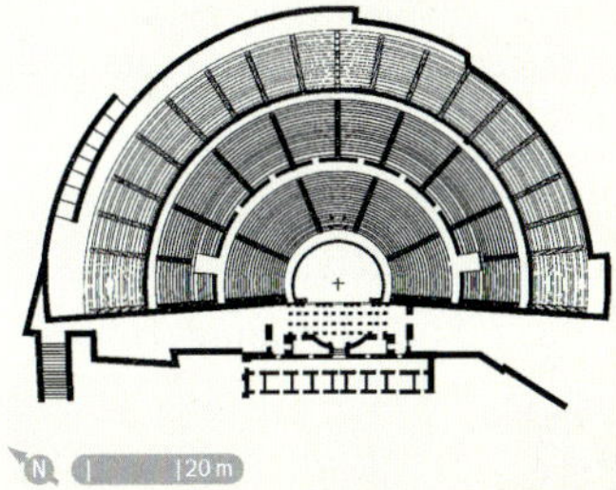

Grundriss des Theaters

Zwei Inschriften verdienen besondere Aufmerksamkeit. In der fünften Sitzreihe von unten

Byzantinisches Kastell

Jüdische Inschrift im Theater

im zweiten Abschnitt von Westen findet sich eine **jüdische Inschrift** in griechischer Sprache (1,19 Meter breit, mit einer Buchstabenhöhe von 3–6 cm, Angaben und Übersetzung nach Deissmann, S. 391):

ΤΟΠΟΣΕΙΟΥΔΕωΝΤωΝΚΑΙΘΕΟΣΕΒΙΟΝ
Platz der Juden, die auch Gottesfürchtige heißen

Die Inschrift, die aus der römischen Kaiserzeit stammt, belegt eine jüdische Gemeinde in Milet. Ob Paulus während seines Miletaufenthaltes (Apg 20,15.17; vgl. 2 Tim 4,20) Kontakt zu dieser Gemeinde hatte, ist unbekannt. Der Name »Gottesfürchtige« ist hier Eigenname und somit Beiname der Juden. Die Inschrift belegt einen erstaunlichen **Assimilationsprozess** der jüdischen Gemeinde. Anders als gesetzesstrenge Glaubensgenossen im Mutterland teilten die Juden Milets die Abneigung gegen das Theater nicht.

An der Außenmauer in der Nordwestecke ist die sogenannte **»Planeteninschrift«** (CIG Nr. 2895; Breite 105 cm, Höhe 59,5 cm; Angaben und Übersetzung nach Deissmann, S. 394 f.) zu sehen. Unter einer Zeile, die aus Großbuchstaben besteht, waren ursprünglich sieben Ovale, in denen sich stets das Gebet »Heiliger, behüte die Stadt der Milesier und alle, die sie bewohnen!« findet. Eine weitere Zeile unter den Ovalen zeigt folgenden (grammatisch nicht ganz korrekten) Text:

Αρχάγγελοι, φυλάσσεται ἡ πόλις Μιλησίων καὶ πάντες οἱ κατ[οικοῦντες]
Erzengel, behütet die Stadt der Milesier und alle, die sie be[wohnen]!

Im Anschluss an Kol 2,18 (»Verehrung der Engel«) hat man anfangs vermutet, es könne sich hier um einen Hinweis auf einen kleinasiatischen Engelkult zur Zeit des Paulus handeln. Doch die Inschrift entstammt sicher erst frühbyzantinischer Zeit (möglicherweise dem Anfang des 5. Jh.s n. Chr.) und wurde wahrscheinlich im Zusammenhang mit der Umwandlung des Theaters in ein Kastell angebracht (vgl. o.).

Die Faustinathermen

Die Faustinathermen, benannt nach der Gattin des römischen Kaisers Marc Aurel (161–180 n. Chr.), entstanden etwa um 164 n. Chr. Die Thermen folgten weitgehend der üblichen **Gliederung römischer Bäder** (vgl. Abb.). Ungewöhnlich für die Anlage eines römischen Bades ist allein der vorgelagerte Sportplatz (*palaestra*), von dem man zum Umkleideraum gelangte. Nach dem Umkleiden

Faustinathermen. Eingang zum Caldarium

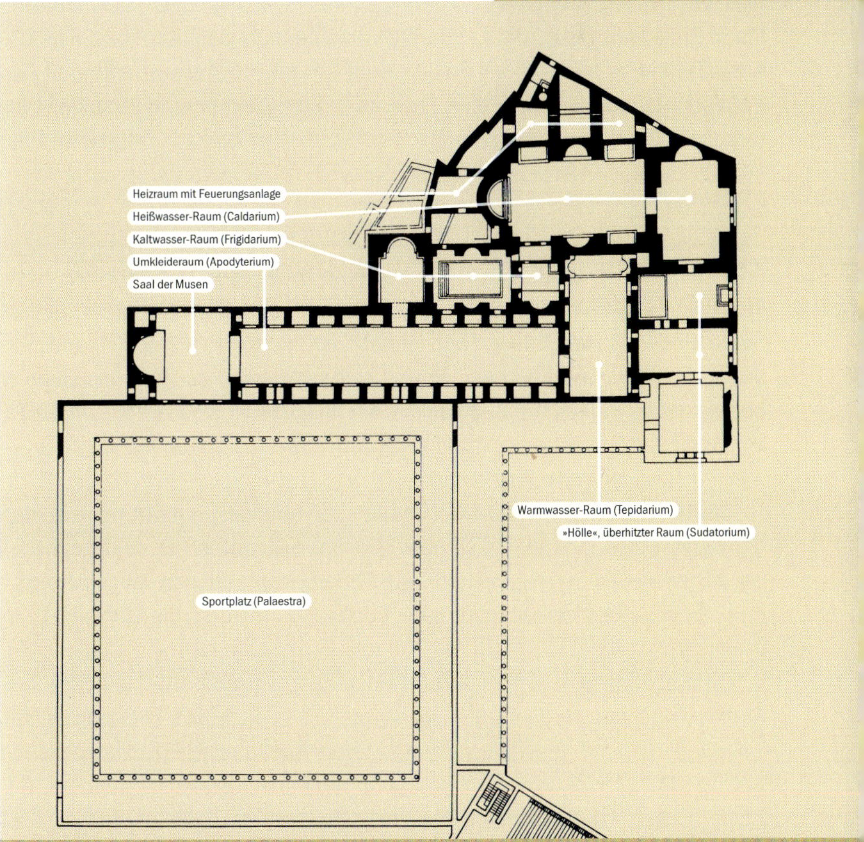

Plan der Faustinathermen

ging man zum Warm- (*tepidarium*) und Kaltwasserbad (*frigidarium*). Im mittleren Raum des Frigidariums befand sich ein Schwimmbad. Vom Tepidarium aus waren das Schwitzbad (*laconicum*) und das Heißwasserbad (*caldarium*) zu erreichen.

Das frühe Christentum

Über die Anfänge des Christentums in Milet ist wenig bekannt. Nach dem Bericht der Apostelgeschichte machte Paulus in Milet Station auf seiner **letzten Reise nach Jerusalem**, von Griechenland über Troas (s. u.) kommend (Apg 20,15–16). Hierhin bestellte er die Ältesten von Ephesus, denen er eine lange Rede hielt (Apg 20,17–38). Man wird vermuten dürfen, dass eine Gemeinde bereits bestand, als Paulus Milet für das Zusammentreffen mit den Ephesern auswählte. Auch eine Notiz im 2. Timotheusbrief bietet einen Hinweis auf eine Gemeinde in Milet: *»Erastus blieb in Korinth, Trophimus aber ließ ich krank in Milet«* (2 Tim 4,20).

Die Abschiedsrede des Paulus in Milet (Apg 20,17–38)

Was Lukas von dem Aufenthalt des Paulus in Milet zu berichten weiß, gibt bis heute eine Reihe von Rätseln auf: *»Paulus hatte sich entschlossen, an Ephesus vorbeizufahren, um in der Provinz Asien keine Zeit zu verlieren. Denn er hatte es eilig, weil er, wenn möglich, am Pfingstfest in Jerusalem sein wollte. Von Milet aus schickte er jemand nach Ephesus und ließ die Ältesten der Gemeinde zu sich rufen«* (Apg 20,16–17).

Warum reist der Apostel nicht selbst nach Ephesus, anstatt den Ältesten der Gemeinde den langen Weg (etwa 60 km) zuzumuten? Bedeutete dieses umständliche Verfahren wirklich eine Zeitersparnis für den eiligen Reisenden? Oder gab es für Paulus Gründe, Ephesus zu meiden, die Lukas hier verschweigt?

Die Rätsel lassen sich nicht eindeutig lösen. Möglicherweise konnte der Apostel, nachdem er in der Provinzhauptstadt in äußerste Not geraten (vgl. 2 Kor 1,8–10) und anscheinend nur mit Hilfe Aquilas und Priscillas geflohen war (vgl. Röm 16,3), ephesischen Boden nicht mehr gefahrlos betreten. Gewisse Unterstützung erfährt diese Vermutung durch diejenige Passage der Rede, in der Paulus auf Gefahren für die ephesische Gemeinde zu sprechen kommt: *»Ich weiß: Nach meinem Weggang werden reißende Wölfe bei euch* *eindringen und die Herde nicht schonen. Und selbst aus eurer Mitte werden Männer auftreten, die mit ihren falschen Reden die Jünger auf ihre Seite ziehen. Seid also wachsam und denkt daran, dass ich drei Jahre lang Tag und Nacht nicht aufgehört habe, unter Tränen jeden einzelnen zu ermahnen«* (Apg 20,29–31). Denkbar ist, dass Paulus vor dem Hintergrund seiner eigenen bitteren Erfahrungen in Ephesus für die Zukunft verstärkt mit Widersachern rechnete, die die Gemeinde von außen (die *»reißenden Wölfe«*) und von innen (die *»Männer«)* bedrohten.

Die Rede, die Paulus vor den Ältesten hält, ist die einzige vor Mitgliedern einer christlichen Gemeinde in der Apostelgeschichte. Gegen Ende seiner 3. Missionsreise blickt der Apostel auf sein Missionswerk in Asia zurück: *»Ihr wisst, wie ich vom ersten Tag an, seit ich die Provinz Asien betreten habe, die ganze Zeit in eurer Mitte war und wie ich dem Herrn in aller Demut diente unter Tränen und vielen Prüfungen [...]«* (Apg 20,18b–19a). Paulus weiß, dass *»Fesseln und Drangsale«* auf ihn warten, genauer: dass er seinem Martyrium entgegengeht (vgl. Apg 20,23–24). Die Ältesten verabschiedet er mit eindringlichen Mahnungen, wachsam zu sein (Apg 20,28.31). Sein endgültiger Abschied von den Ephesern löst Apostelgeschichte 20,37–38 zufolge große Trauer aus: *»Und alle brachen in lautes Weinen aus, fielen Paulus um den Hals und küssten ihn; am meisten schmerzte sie sein Wort, sie würden ihn nicht mehr von Angesicht sehen. Dann begleiteten sie ihn zum Schiff.«*

III. Orte im westlichen Kleinasien

Exkurs I: Didyma (Didim)

Apollon-Tempel

Einleitung

Die Ausgrabungsstätte von Didyma liegt 20 Kilometer südlich von Milet inmitten des Dorfes Yenihisar (Didim).

Didyma war stets ein **Tempelbezirk**, nie eine Stadt. Um eine schon vor der Einwanderung der Griechen als Orakelstätte verehrte Quelle wurde im 8. Jh. v. Chr. ein erster Apollon-Tempel errichtet. Die Legende sagt, dass Zeus und Leto unter einem Lorbeerbaum neben der Quelle die göttlichen Zwillinge **Apollon und Artemis** gezeugt hätten. Inwieweit die Legende dabei an die Ähnlichkeit des Namens »Didyma« (Δίδυμα) mit dem griechischen Wort δίδυμοι für »Zwillinge« angeknüpft hat, ist unklar. Tatsächlich bestand der Tempelbezirk nicht nur aus dem Apollon-Tempel (vgl. Abb.), sondern spätestens seit dem 6. Jh. v. Chr. auch aus einem Artemis-Heiligtum, das um eine weitere Quelle an der Heiligen Straße errichtet worden war.

Ein früherer Name für Didyma war Branchidai. Apollon sei einem Hirten namens Branchos erschienen und habe ihm die Sehergabe verliehen. Die Branchiden, ein karisches Priestergeschlecht, die dem Tempel zunächst vorstanden, glaubten, von diesem Hirten abzustammen.

Geschichtliches

Bereits im 7. Jh. v. Chr. erlangte der Tempel weithin Berühmtheit. Herodot (um 490–etwa 425/420 v. Chr.) berichtet, dass der ägyptische Pharao Necho (610–595 v. Chr.) dem Heiligtum seine Rüstung als Weihegeschenk zukommen ließ (2,159), nachdem er gegen die Syrer gesiegt hatte. Auch der Lyderkönig Kroisos stiftete dem Didymaion Weihegeschenke (1,90). Archäologische Funde bestätigen die frühe Bedeutung des Didymaions.

Im 6. Jh. v. Chr. begann die prunkvollste Epoche des Orakelheiligtums. Die Milesier gliederten das Didymaion in ihre Stadt ein und bauten es zu einem monumentalen Tempel aus, der, unvollendet, der persischen Verwüstung Milets im Anschluss an den ionischen Aufstand im Jahre 494 n. Chr. zum Opfer fiel.

Eine jährlich im Frühling stattfindende Prozession führte auf der Heiligen Straße von Milet zum Didymaion. Die 16,5 km lange Straße säumten Geschäfte, Bäder, Statuen der Branchiden, Bildnisse liegender Löwen und Sphinx-Statuen. In der Nähe des Dorfes Akköy konnte 1985 eine Terrasse freilegt werden, die als Raststätte auf dem Prozessionsweg diente.

Nach dem Sieg Alexanders des Großen und der Befreiung Ioniens begannen die Arbeiten an dem großen Tempelbau, dessen Überreste heute

Säulenstümpfe der Ringhalle

noch erhalten sind. In der Zeit der Diadochen, insbesondere unter Seleukos I., und in der römischen Kaiserzeit blieb das Interesse an diesem Tempel ungebrochen. Dem Seleukos verdankte das Heiligtum die Rückkehr der um 500 v. Chr. entstandenen und nach der Plünderung durch die Perser 449 v. Chr. nach Ekbatana verschleppten Apollon-Statue.

Trajan ließ um 100 n. Chr. die Heilige Straße ausbauen und innerhalb des Heiligtums pflastern. Noch unter Kaiser Julian (Apostata) (361–363 n. Chr.) wurde am Didymaion gearbeitet – vollendet wurde der Bau indes nie. Erst der christliche Kaiser Theodosius I. verbot durch ein Edikt »die abscheuliche Befragung von Orakeln« (385 n. Chr.). Sein Enkel Theodosius II. ließ Anfang des 5. Jh.s n. Chr. eine Basilika im Innenhof des Tempels errichten. Didyma war im 5./6. und im 10.–12. Jh. Bischofssitz. Ein Erdbeben im 15. Jh. zerstörte das Didymaion schließlich vollständig. Als der französische Archäologe Olivier Rayet 1872 mit den Ausgrabungen begann, fand er einen gewaltigen Trümmerhügel, drei erhaltene Säulen und eine auf den Trümmern errichtete Windmühle vor.

Archäologisches

Der hellenistische Apollon-Tempel beeindruckt durch seine Ausmaße. Er war 109 Meter lang und 51 Meter breit – und damit nach dem Artemision in Ephesus und dem Heraion auf Samos **das drittgrößte Bauwerk seiner Epoche** (vgl. Abb.).

Auf dem Tempelvorplatz befindet sich das Fundament eines Brandopferaltars von etwa 8 Metern Durchmesser.

Der Tempel wurde als *Dipteros*, d. h. mit einer doppelten Ringhalle konzipiert. Der äußere Säulenring sollte an seinen Längsseiten jeweils 21, an seinen Schmalseiten jeweils 10 Säulen haben, der innere Ring 19 und 8 Säulen – der Bau wurde, wie gesagt, nie vollendet. Die erhaltenen drei Säulen geben einen Eindruck von der Größe des Bauwerks. Die Säulen der Ringhalle haben eine Höhe von 19,70 Metern und einen Durchmesser von 2 Metern; dies entspricht der ionischen Regel, dass der untere Säulendurchmesser in einem Verhältnis 1:10 zur Höhe der Säulen stehen musste. Die Gesamthöhe des

Tempels wurde (mit Unter- und Oberbau) auf 29,40 m errechnet. Die Ringhalle steht auf einem siebenstufigen Unterbau (*Stereobat*).

Wer das **Orakel** befragen wollte, näherte sich dem Heiligtum von Osten, über eine zwölfstufige Freitreppe. Der Ratsuchende sah zunächst die beiden Reihen der Frontsäulen, dann weitere 3×4 Säulen in der Vorhalle (*Pronaos*). Ringhalle und Pronaos waren überdacht, sodass der Ratsuchende im Halbdunkel stand. Vom Fries (unterhalb des Giebelsimses) blickten den Besucher Medusenhäupter an, die darüber wachten, dass sich niemand dem Tempel in unaufrichtiger Absicht näherte.

Säulen des Pronaos

Medusenhaupt

An der Rückwand des Pronaos befindet sich ein 6,60 Meter breites und 14 Meter hohes Portal. Die Schwelle liegt um 1,50 Meter höher als der Boden des Pronaos. Der Ratsuchende konnte sie nicht überschreiten; hier war der Ort, an dem er seine Frage stellte. Die Priester nahmen sie von dem hinter dem Portal liegenden, ebenso überdachten Mittelsaal entgegen; die Fragenden empfingen hier auch später den Orakelspruch von den Priestern, die die Frage den Priesterinnen, den Medien, überbrachten, die keinen Kontakt mit den Ratsuchenden hatten. Der Weg bis an die Schwelle der **Orakelhalle** diente der Vorbereitung. Das Orakel beantwortete in der Regel Fragen nur mit »Ja« oder »Nein«. Hochgestellte Persönlichkeiten durften mit etwas mehr rechnen. Die Deutung der Antwort musste der Fragende in jedem Fall selbst finden.

Vom Pronaos führten links und rechts des Portals einst verschlossene Tunnelgänge in das Innere des Tempels. Die Priester gelangten von der Orakelhalle über eine Freitreppe in den eigentlichen Kultraum, die *cella* (vgl. Abb.). Diesen 53,60 Meter langen, 21,70 Meter breiten Innenhof schlossen 25 Meter hohe Mauern ein. Die Cella war in antiker Zeit allein der Priesterschaft vorbehalten. Im Westen des Hofes befand sich ein 14,40 × 8,20 Meter großer, besonders fein gearbeiteter kleiner Tempel (*naiskos*) mit der Statue Apollons, der dem Schutz der Quelle diente. Die Priesterinnen des Didymaions befragten hier das Orakel.

Wie das **Orakelverfahren** verlief, lässt sich allein aus einer Notiz des Jamblichos (240 – 320/25 v. Chr., »Über die Geheimlehren«) entnehmen: Nach längerem Verweilen im Kultraum, nach einem Bad und einem dreitägigen Fasten war eine Priesterin vorbereitet, in Kontakt mit dem Gott Apollon zu treten. Man stellte sich vor, dass sie über das Wasser der Quelle, sei es durch das Benetzen ihrer Füße oder ihres Gewandsaumes, sei es durch das Einatmen des Wasserdunstes, Apollon, den Schöpfer der Quelle und der Kunst der

Rekonstruktionszeichnung des Apollon-Tempels

Vorhersage, in sich aufnehmen konnte. Von Apollon inspiriert, war sie in der Lage, den Orakelspruch zu erteilen.

Dass der Tempel nie vollendet wurde, ist in jüngerer Zeit für die Archäologen zum Glücksfall geworden. 1979 fanden sie an den Wänden der Cella (auch des Mittelsaals) **Skizzen der Architekten**, die ab 1980 genauer untersucht wurden. Die Zeichnungen im Maßstab 1:1 (waagerechte Zeichnungen) bzw. 1:6 (senkrechte Zeichnungen) finden sich auf einer Fläche von 200 m^2 und zeigen unter anderem eine waagerecht liegende Säule in Originalgröße. Auch der Entwurf für einen größeren Naiskos ist abgebildet. Inschriften an den Wänden der Cella geben weiterhin Auskunft über die Kosten einer Säule. Sie betrugen 40 000 Drachmen. Da ein Arbeiter an einem Arbeitstag 2 Drachmen erhielt, benötigte man für eine Säule 20 000 Tageslöhne.

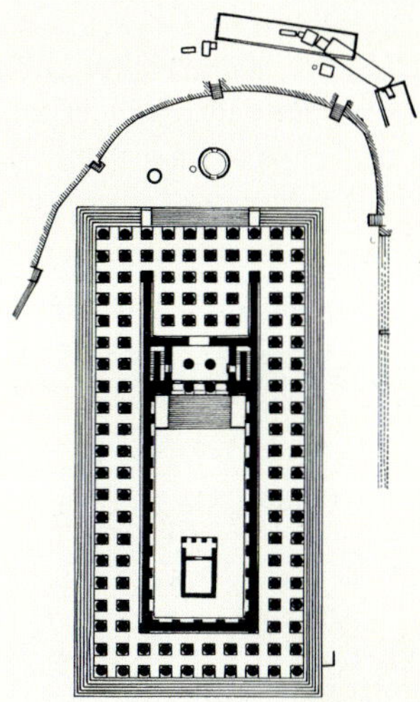

Grundriss des hellenistischen Apollon-Tempels

III. Orte im westlichen Kleinasien

Exkurs II: Priene

Athena-Tempel

Einleitung

Die Ruinen der antiken Stadt Priene erreicht man von Söke kommend in südlicher Richtung nahe dem Dorf Güllübahçe.

Der Besuch Prienes sollte auf einer Reise durch das westliche Kleinasien nicht fehlen – er lohnt sich vor allem für archäologisch interessierte Reisende. Die Ausgrabungen zeigen eine eindrucksvolle Leistung antiker Stadtplanung. Das sogenannte »neue« Priene wurde oberhalb der Mäanderebene am steilen Abhang des Mykele-Gebirges (Samsun Dağı) nach dem hippodamischen System angelegt (s. u.).

Geschichtliches

Die Geschichte des »neuen« Priene beginnt erst in der Mitte des 4. Jh.s v. Chr.

Über das alte Priene, das sich am ionischen Aufstand beteiligte und wie Milet 494 v. Chr. zerstört wurde, ist wenig bekannt. Priene war Mitglied im ionischen Städtebund, dessen religiöse Versammlungsstätte, das dem Poseidon Helikonios geweihte *Panionion*, sich in der alten Stadt befand.

Bias, einer der Sieben Weisen, wurde Anfang des 6. Jh.s v. Chr. in Priene geboren. Man weiß wenig über ihn, wahrscheinlich war er in Rechtsfragen führend – immerhin wird ihm allerlei Spruchweisheit zugeschrieben. Um seinen bekanntesten Spruch rankt sich die Legende, dass er, als die Bewohner mit all ihrer Habe das brennende Priene verließen, nichts mitnahm. Auf ungläubiges Fragen der Flüchtenden antworte Bias: »Alles, was mir gehört, trage ich bei mir!« (*omnia mea mecum porto*).

Priene spielte politisch eine unbedeutende Rolle. Dennoch förderte **Alexander der Große** – er hielt sich während seiner Belagerung von Milet 334 v. Chr. in Priene auf – den Bau des Athena-Tempels und weihte ihn bald nach 334 v. Chr. Alexander verlieh Priene einige Privilegien, vor allem das Recht auf Autonomie. Die Dankbarkeit der Priener war dem Herrscher über lange Zeit sicher. Noch im 2. Jh. v. Chr.

Statuette des Alexander

wurde ein **Alexandreion** als Kultstätte eingerichtet. Archäologen vermuten auf Grund des Fundes einer Alexander-Statuette im »Heiligen Haus« an der Westtorstraße den ehemaligen Ort des Alexandreions (vgl. Abb.).

Einer zweiten Zerstörung entging Priene nur knapp. Orophernes, ein Priener, regierte für kurze Zeit im ostkleinasiatischen Kappadokien (161 – 159 v. Chr.). Währenddessen hatte er den Prienern 400 Talente Silber, einen erheblichen Staatsschatz, zur Aufbewahrung übergeben. Als er von seinem Bruder Ariarathes V. mit Hilfe des pergamenischen Herrschers Attalos II. entthront wurde, verlangte Ariarathes von den Prienern die Herausgabe des Staatsgeldes. Die Priener weigerten sich mit dem Hinweis, sie wollten das Geld nur an den Überbringer zurückgeben. Die Heere des Ariarathes und des Attalos standen kurz vor der Einnahme Prienes, nachdem sie in dem etwa 400 km^2 großen Stadtstaat reichlich Verwüstung angerichtet hatten. Durch die Vermittlung des römischen Senats, den Priene angerufen hatte, konnte das Schlimmste verhindert werden. Wiedergutmachungszahlungen der Kap-

Blick in die Mäander-Ebene

padokier für Zerstörungen im Lande versetzten Priene in die Lage, ab Mitte des 2. Jh.s v. Chr. größere Bautätigkeiten zu entfalten. Dennoch blieb Priene eher eine **mittelgroße Stadt mit etwa 18 000–20 000 Einwohnern** und konnte auch in römischer Zeit (seit 129 v. Ch.) mit anderen kleinasiatischen Städten nicht konkurrieren.

Das neu gegründete Priene war wohl noch bis in das letzte Drittel des 1. Jh.s v. Chr. über den Seeweg zu erreichen. Strabon (gest. 26 n. Chr.) berichtet, der Mäander habe Priene, das früher am Meer lag, durch eine Anschwemmung von 40 Stadien (40 × 192 Meter) zu einer **Stadt im Binnenland** werden lassen (Geographica 12,8,19). Priene wurde bedeutungslos.

Heute geht der Blick von der Ausgrabungsstätte über eine fruchtbare Ebene, durch die der Mäander weit südlich der antiken Stadt verläuft. Einige Kirchenbauten stammten aus dem 5./6. Jh.; seit dieser Zeit war Priene Bischofssitz. Theosebios und Isidoros, Bischöfe von Priene, nahmen an den Konzilien 431 n. Chr. in Ephesus und 451 n. Chr. in Chalkedon teil.

Nach 1270 geriet der Ort, nun Sampson genannt, unter die Kontrolle der Türken. Das alte Stadtgebiet wurde aufgegeben.

Archäologisches

Die archäologische Erforschung Prienes begann 1868/1869 durch den Engländer Richard Pullan, der Teile des Athena-Tempels untersuchen konnte; systematisch wurde in Priene seit 1885 durch Carl Humann, seit 1896 durch Theodor Wiegand und Hans Schrader von den Berliner Museen bzw. dem Deutschen Archäologischen Institut gegraben. In sechs Grabungskampagnen, die schon frühzeitig hervorragend dokumentiert worden sind, wurden bis 1899 zwei Drittel der antiken Stadt freigelegt.

Rekonstruktionszeichnung

Die neue Stadt wurde auf dem Reißbrett entworfen, das **hippodamische System** (nach Hippodamus von Milet) wurde mit Geschick dem nach Süden abfallenden Gelände angepasst (vgl. Abb.). Um den Plan sich rechtwinklig kreuzender Straßen zu verwirklichen, mussten zunächst Terrassen gebildet werden. Auf den Terrassen verliefen die parallel zum Hang angelegten, befahrbaren Straßen in West-Ost-Richtung. Die Hauptstraße war etwa 1 km lang

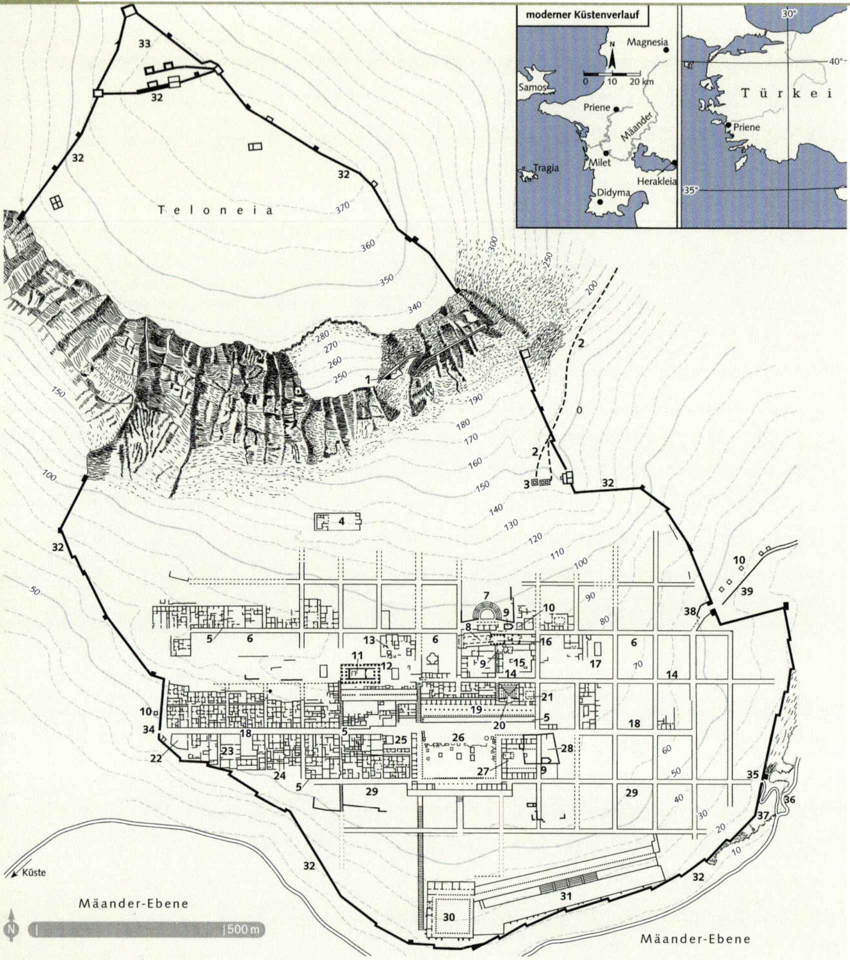

Priene

1. Heiligtum an der Felstreppe
2. Wasserleitung
3. Klärbassins
4. Heiligtum der Demeter und der Kore
5. Brunnen
6. »Theaterstraße«
7. Theater
8. Hauptkirche
9. Byzantinische Kapellen
10. Grabgewölbe
11. Tempel der Athena Polias
12. Altar der Athena Polias
13. Zeus-Heiligtum?
14. »Athenastraße«
15. Oberes Gymnasion
16. Römische Thermen
17. Heiligtum der Ägyptischen Götter
18. »Westtorstraße«
19. Heilige Halle
20. Bouleuterion
21. Prytaneion
22. Heiligtum der Kybele
23. »Heiliges Haus«
24. Synagoge
25. Fisch- und Fleischmarkt
26. Agora
27. Asklepios-Heiligtum
28. Byzantinisches Kastell
29. »Quellentorstraße«
30. Unteres Gymnasion
31. Stadion
32. Stadtbefestigung
33. Byzantinische Verstärkung der Befestigung
34. Westtor
35. Quellentor
36. Quelle
37. Felsgräber
38. Osttor
39. Gepflasterte Rampe

Plan von Priene

und etwa 7 Meter breit. In Nord-Süd-Richtung musste das Gefälle mit Hilfe von Treppen überwunden werden. Durch die rechtwinklige Anlage entstanden rechteckige *insulae*, die ursprünglich Platz für acht gleich große Häuser bieten sollten (vgl. Abb.).

Die öffentlichen Gebäude wurden in das hippodamische System einbezogen. Die **Agora** nahm auf einer Fläche von zwei *insulae* die Mitte der Stadt ein. Nördlich der Agora befanden sich das **Bouleuterion** (für die Ratsversammlung) und das **Prytaneion**, der Sitz der Ratsherren. Auf einer nordwestlich der Agora angelegten Terrasse erhebt sich der **Athena-Tempel** über die Stadt.

Der in den Städten des westlichen Kleinasiens seltene Fund von Resten einer **Synagoge** (so sucht man z. B. in Ephesus und Milet bislang vergebens nach solch einem archäologischen Beweis) zeigt, dass Priene einst eine jüdische Gemeinde beherbergte.

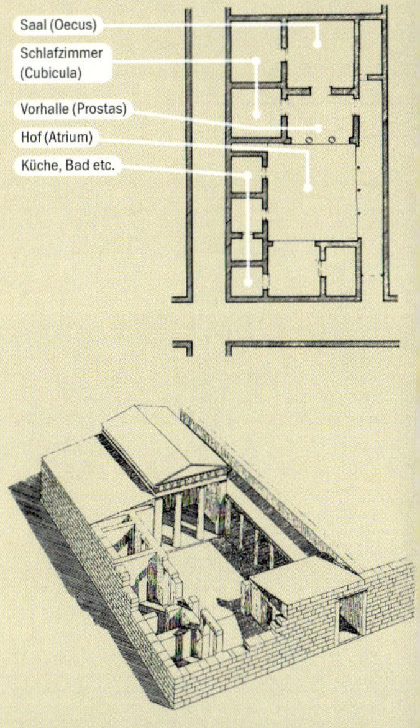

Plan eines Priene-Hauses und Rekonstruktionszeichnung

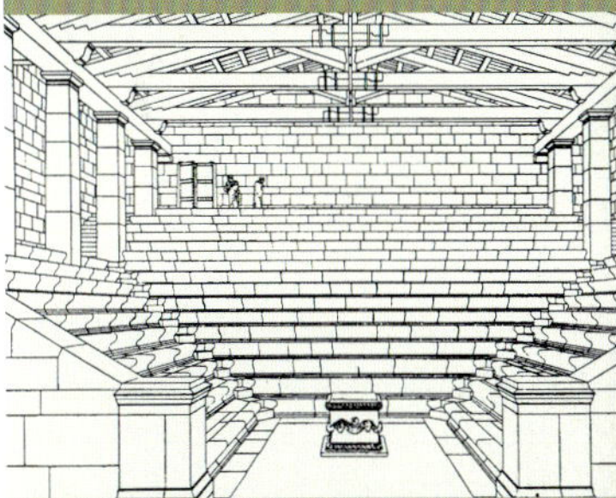

Rekonstruktionszeichnung des Bouleuterion

Die Kalenderinschrift von Priene

Bei den Grabungen kam auch die Kalenderinschrift von Priene aus der Zeit um 9 v. Chr. zu Tage. Sie wurde in der Nordhalle der Agora entdeckt und bereits 1899 veröffentlicht. Die Städte der Provinz Asia hatten die Einführung des julianischen Kalenders beschlossen. Er sollte das Mondjahr von 354/355 Tagen durch das Sonnenjahr von 365 Tagen mit einem 4-jährigen Schalttag ersetzen. Der erste Tag des Jahres wurde auf den 23. September, den Geburtstag des Kaisers Augustus, festgesetzt. Im Dekret, das unter anderem durch die 84 Zeilen umfassende Inschrift von Priene erhalten ist, heißt es über Augustus: »... es war aber [der Geburtstag] des Gottes für die Welt der Anfang der Dinge, die um seinetwillen Freudenbotschaft[en] sind« (zitiert nach Deissmann, S. 313).

Theater

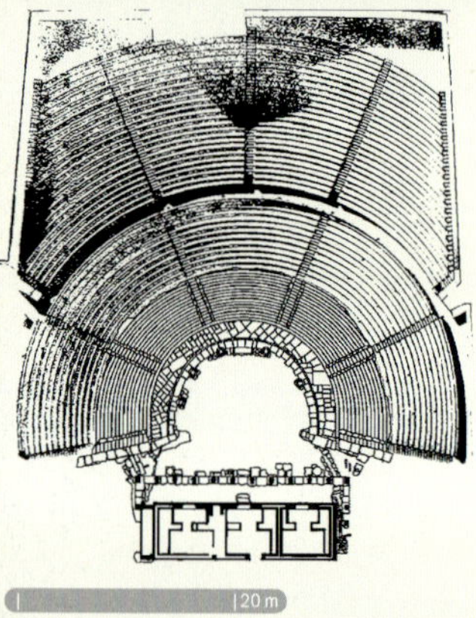

Grundriss des Theaters

Säulenfragmente am Athena-Tempel

Interessant ist, dass der Geburtstag des Augustus als Geburtstag des Gottes bezeichnet wird, mehr noch, dass der urchristliche Begriff **»Freudenbotschaft«** (**Evangelium**; εὐαγγέλιον) hier im Kaiserkult angewendet wird. Das Urchristentum konnte aus dem vorchristlich üblichen Sprachgebrauch schöpfen.

Das Theater

Das Theater, das Mitte des 4. Jh.s v. Chr. zeitgleich mit der Neugründung der Stadt erbaut wurde, ist als **hellenistisches Theater** erhalten geblieben. Es besteht aus dem Zuschauerraum (*koilon/cavea*), dem hufeisenförmig angelegten Bühnenplatz (*orchestra*) und dem Bühnenhaus (*skene*) (vgl. Abb.). Der Zuschauerraum wird durch sechs Treppen in fünf Keilfelder (*kerkides*) unterteilt und bietet auf 50 Sitzreihen Platz für 5 000 Zuschauer. In der ersten Sitzreihe (*prohedria*), direkt an der Orchestra, befand sich in der Mitte ein Dionysos geweihter Altar. Die erste Reihe war den hochrangigen Bürgern der Stadt vorbehalten. In späterer Zeit wurde vor die Skene eine Vorderbühne (*proskenion*) gesetzt. Aufführungen fanden nun erhöht, auf mit einem mit bemalten Holzplatten ausgeschmücktem Bühnengebäude statt. Die Sitzplätze der prominenten Bürger wurden entsprechend in die fünfte Reihe verlegt; das Theater hatte damit eine zweite Prohedria.

Der Athena-Tempel

Der von dem Architekten Pytheos im 4. Jh. v. Chr. entworfene Tempel hatte eine umlaufende Reihe ionischer Säulen (*peripteros*) mit 6 Säulen an den Kurz- und 11 Säulen an den Längsseiten (vgl. Abb.). Er stand auf einer dreistufigen Basis von 37,20 Metern Länge und 19,5 Metern Breite und bestand aus einer Vorhalle (*pronaos*), dem heiligen Raum (*cella*) und einem »Hinterhaus« (*opisthodomos*). Die Kultstatue der Athena war eine 6,5 Meter hohe und damit halb so große Kopie der Athena Parthenos (Athen), einer Statue des berühmten Bildhauers Phidias. Der im 2. Jh. v. Chr. östlich des Tempels errichtete Altar war mit Reliefs geschmückt, die an die Bildhauerschule Aphrodisias' denken lassen. Ein Relief mit Kampfszenen zwischen den Göttern und den Giganten ist im Archäologischen Museum in İstanbul ausgestellt.

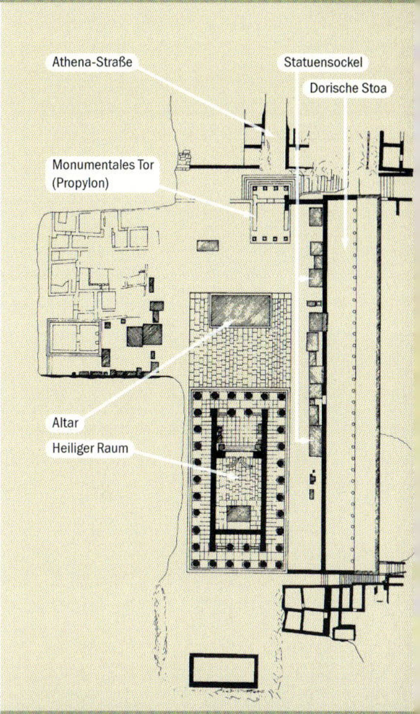

Plan des Athena-Tempels

Säulen des Athena-Tempels

III. Orte im westlichen Kleinasien

Hierapolis (Pamukkale)

Decumanus Maximus

Kalksinterterrassen

Einleitung

Das antike Hierapolis in der Landschaft Phrygien liegt am Rand des 2 700 Meter langen Tals des Lykos (Çürüksu) an der Straße im Hermos-Tal von Sardes nach Apameia, 17 km nördlich von Denizli.

Bereits frühzeitig war die Stadt berühmt für die warmen Quellen, deren Wasser beim Verdunsten **weiße Kalksinterterrassen** entstehen lässt (vgl. Abb.). Das Wasser strömt aus mehreren Quellen in einer Menge von 250 Litern pro Sekunde mit einer Temperatur von 35 °C. Erreicht das Wasser die Oberfläche, vermindert sich der Druck und es entweicht Kohlendioxid, das das reichlich vorhandene Kalziumkarbonat bindet. Dieses lagert sich in einer jährlich um 3 cm wachsenden Schicht ab und bildet die Travertinbecken (Travertin = Tuffstein, zellig poröser Süßwasserkalkstein). Das Wasser diente einst nicht allein zur Heilung unterschiedlicher Krankheiten, sondern auch zur Färbung von Wolle – und war Grundlage des hierapolitanischen Wohlstandes; Pamukkale (»Baumwollschloss«) verdankt der Textilindustrie des antiken Hierapolis den Namen.

Hierapolis war nicht nur Heil- und Kurort; eine touristische Attraktion in antiker Zeit war auch das sogenannte »Plutonion« (s. u.), aus dem tödliche kohlensäurehaltige Gase entwichen.

Die ersten christlichen Missionare kamen wohl vor 60 n. Chr. nach Hierapolis. Sie sollten kurze Zeit später die vollständige Zerstörung der Stadt durch das bis dahin schwerste Erdbeben miterleben.

Geschichtliches

Hierapolis wurde von dem pergamenischen König Eumenes II. (197–159 v. Chr.) bald nach 190 v. Chr. gegründet. Allerdings war der Ort als ein Zentrum des Kybelekultes wahrscheinlich schon früher besiedelt. Ob der Name »Hierapolis« (»Stadt der Hiera«) auf die Frau des sagenhaften Gründers von Pergamon, Telephos, zurückgeht oder in Verbindung mit der heiligen Quelle des Plutonions in Verbindung steht (»heilige Stadt«), ist nicht sicher. 133 v. Chr. wurde die Stadt römisch. Zwei Erdbeben, zunächst 17 n. Chr., dann um 63 n. Chr., zerstörten Hierapolis (und die Nachbarstädte Kolossä und Laodicea) vollständig. Eine rege Bautätigkeit entstand in der Folgezeit, insbesondere unter Domitian (81–96 n. Chr.) und Hadrian (117–138 n. Chr.). Wahrscheinlich erstattete Hadrian anlässlich seines Besuches der Stadt das zu seinem Regierungsantritt gezahlte Geld (eine übliche Pflicht der Städte) zurück. Die Glanzzeit der Stadt lag in der Zeit zwischen den Kaisern Antoninus Pius (138–161 n. Chr.) und Alexander Severus (222–235 n. Chr.). 1334 wurde Hierapolis ein weiteres Mal durch ein Erdbeben zerstört und aufgegeben.

Archäologisches

Archäologische Forschungen begannen in Hierapolis 1887 durch Carl Humann. 1957 wurde von Paolo Verzone die Italienische Archäologische Mission gegründet. Seither werden die Grabungen von italienischen Archäologen geleitet; seit 1973 finden auch Restaurierungen statt, z. B. des Theaters und des Philippus-Martyrions. Das **Archäologische Museum**, das 1984 in den Hallen der antiken Thermen eröffnet wurde, zeigt Funde aus Hierapolis und der Provinz Denizli.

Archäologisches Museum

Orientierungsplan Hierapolis

Das Erdbeben um 60 n. Chr. zerstörte die hellenistische Stadt vollständig. Doch nicht nur durch den Wohlstand, den die **Wollindustrie** in allen ihren Bereichen einbrachte (Viehzüchter, Wollscherer, Pupurfärber, Spinner, Weber und Purpurhändler), sondern vielmehr durch das Interesse an der **heilenden Quelle** gelang ein baldiger, glanzvoller Aufstieg der Stadt. Ihr Areal erstreckte sich in ihrer Blütezeit auf einer Kalkterrasse von 1000 × 800 Metern.

Hierapolis wurde nach dem rechtwinkligen (hippodamischen) System an einer Hauptachse (dem ***Decumanus Maximus***) entlang neu angelegt (vgl. Abb.). Anfang und Ende der Prachtstraße, die 1200 Meter lang und 13,50 Meter breit war, bildeten dreifache, von Türmen flankierte Torbögen. Das 84–85 n. Chr. errichtete **Domitiantor** (nach seinem Erbauer, dem Prokonsul von Asia, Iulius Sextius Frontinus,

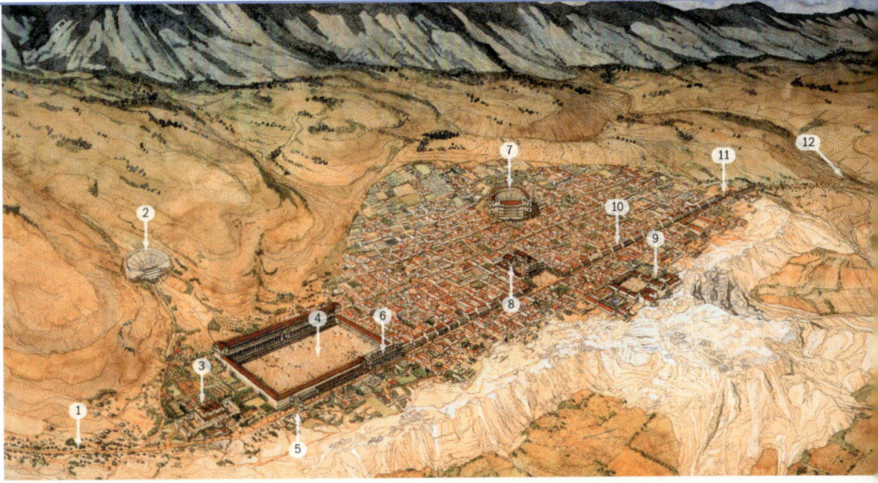

1. Nekropole mit Grabhügeln, Totenhäusern und Sarkophagen, die aus hellenistischer bis frühchristlicher Zeit stammen
2. Hellenistisches Theater; es wurde nach dem Erdbeben von 60 n. Chr. durch ein Theater in der Stadtmitte ersetzt und beim Bau der Befestigungsmauer endgültig zerstört
3. Thermen
4. Forum; wird zur Zeit ausgegraben
5. Domitian-Tor an dem einen Ende des Decumanus Maximus; mit einem Ehrenbogen für Kaiser Domitian (der dreifache Bogen, der von zwei Rundtürmen flankiert wird, wurde 84-85 n. Chr. durch Julius Sextius Frontinus erbaut, der 82 n. Chr. von Domitian zum Prokonsul von Asien ernannt worden war)
6. Monumentales Nymphäum aus dem 4. Jh. n. Chr., erbaut am Decumanus Maximus (die zahlreichen Quellen in Hierapolis erlaubten den Bau mehrerer Nymphäen; dieses ist das größte der Stadt; geplant nach dem Vorbild des Nymphäum im Apollon-Tempel, diente der große Brunnen dazu, Reisende und Karawanen mit Wasser zu versorgen)
7. Theater; begonnen 62 n. Chr. und fertig gestellt im Jahr 206 n. Chr. unter Kaiser Septimius Severus (der Zuschauerraum ist fast 100 Meter breit und mit 50 gut erhaltenen Sitzreihen, einem Umgang, einer halbrunden kaiserlichen Loge und beidseits je einem Ausgang ausgestattet; die halbrunde Bühne hat einen Durchmesser von 20 Metern und wird von einer 1,83 Meter hohen Mauer umfasst; die dreistöckige Fassade des Bühnengebäudes ist verziert mit Säulen, Statuen und prächtigen Reliefs vom Beginn des 3. Jh.s. n. Chr.; die Reliefs stellen mythologische Szenen mit Dionysos, Artemis und Apollon dar)
8. Tempel des Apollon, der Hauptgottheit der Stadt (von diesem gegen Ende der hellenistischen Zeit erbauten Tempel ist fast nichts erhalten geblieben; er wurde im 3. Jahrhundert wieder aufgebaut; die Ausgrabungen lassen vermuten, dass er auf einem zwei Meter hohen Podium errichtet wurde und aus Cella und Pronaos bestand; vor dem Heiligtum befand sich ein Nymphäum, ein zweiflügliger Bau, der ein rechteckiges Wasserbecken mit Stufen einfasste)
9. Große, städtische Thermen aus dem 2. Jh. n. Chr., errichtet nach dem in Kleinasien üblichen Bauschema für Thermen: ein großer, offener Hof, an den ein rechteckiger, von weiten Hallen gesäumter Platz anschließt (auf der Ostseite ist eine Palästra von 36,13 auf 52,25 Meter feststellbar; auf der Nord- und Südseite liegen die kaiserlichen und sakralen Räumlichkeiten; auf der Westseite befindet sich eine für athletische und gymnastische Übungen bestimmte Halle)
10. Decumanus Maximus; er durchschneidet die Stadt von Norden nach Süden und ist von luxuriösen Residenzen gesäumt
11. Südtor des Decumanus Maximus; der Torbau ist heute nicht mehr sichtbar, entsprach aber architektonisch dem Domitian-Tor mit dem Domitian-Bogen
12. Fluss Chrysoroas
13. Heiße Quellen, die noch heute zum Baden aufgesucht werden

Rekonstruktionszeichnung des antiken Hierapolis

auch »Frontinustor« genannt) ist erhalten geblieben. Entlang der Straße befanden sich Wohnhäuser, Geschäfte und Warenlager. Östlich des Decumanus Maximus nutzte man die Fläche bis zu den Abhängen der Hügel, um einen Marktplatz zu gestalten, der zu einem der größten der antiken Welt werden sollte. Die Agora wurde auf einer Fläche von 170 Metern Breite und 280 Metern Länge angelegt.

Nördliche Nekropole

Sarkophag

Medusenhaupt auf einem Sarkophag

Die Nekropole

Hierapolis entwickelte sich vor allem im 2./3. Jh. n. Chr. zur größten Friedhofsstadt Kleinasiens. Insbesondere die Überreste des nördlich der Stadtmauer gelegenen Friedhofs (*Nekropole*) lassen heute noch die einstige Ausdehnung dieses Gräberfeldes erkennen.

Bis zum Ende des 1. Jh.s n. Chr. fanden die Bestattungen in **Grabhügeln** (Tumulusgräber) statt. Später entwickelte man **gestaltete Steinsarkophage** bis hin zu **Grabhäusern** mit Fassaden, die Stadthäusern nachempfunden waren.

Dem Sockel, auf dem der Sarkophag stand, kam symbolische Bedeutung zu: Durch seine Höhe wurde zugleich das Andenken an den Verstorbenen erhöht.

Inschriften nennen zumeist den Eigentümer der Grabstelle sowie die Höhe der Strafgelder, die bei einer Beschädigung des Grabes zu zahlen waren.

Der Archäologe Ümit Serdaroglu beschreibt 1986 anschaulich **das antike Trauerzeremoniell**: »Der Grad der Beachtung, der der Wahl des Ortes, und die Bedeutung, die dem Grabmonument zukam, weist darauf hin, wie tief der Totenkult in der Vergangenheit verwurzelt war und wie wichtig er von den antiken Völkern genommen wurde. Die Verbindung von Leben und Tod war etwas, was alle Menschen dieser früheren Zeiten beschäftigte [...]

Die Vorbereitung des Toten für die Reise war Pflicht und Verantwortung für die Familie, insbesondere für den Sohn [...] Nur in außergewöhnlichen Fällen durfte ein Fremder den Toten berühren. Normalerweise wurde der Körper des Toten von den Frauen für die Zeremonie vorbereitet [...] Einen Tag nach dem Tod wurde der Körper gewaschen, weil man glaubte, der Tod verunreinige alles. Anschließend wurde der Körper mit Olivenöl gesalbt. Nachdem ihm das Kinn festgebunden war, wurde der Tote angezogen und mit einem Leintuch bedeckt. Wenn dieser, Prothesis genannte, Vorgang beendet war, wurde der Körper auf einen Tisch, in ein Bett oder auf eine dicke Unterlage (*stroma*) wie einen Teppich gelegt und ein Kissen wurde unter seinen Kopf geschoben, damit dieser höher lag. Ein anderer Brauch war, eine Münze in den Mund zu legen, und zwar unter die Zunge. Nach damaliger Überzeugung war dies der Fahrpreis für Charon, den Fährmann, der den Toten über den Fluss Styx transportierte.

Nun konnte die Trauerzeremonie beginnen. Sie dauerte neun Tage, und Frauen klagten unter Tränen um den Toten, rissen sich Haare aus und schlugen sich auf Kopf und Brust [...] Am nächsten Tag, dem dritten nach dem Tod, wurde der Körper schweigend auf einer Bahre oder einem Wagen durch die Straßen zum Begräbnisplatz gebracht. Dieser Akt wurde vor Tagesanbruch durchgeführt, und das Schweigen wurde strikt eingehalten, denn es war gesetzlich vorgeschrieben [...] In der Nekropole angekommen, wurde der Sarg mit einem einfachen Ritual in das Grab gesenkt [...] Nachdem man von der Beerdigung nach Hause zurückgekehrt war, wurde ein Krug mit Wasser vor die Tür gestellt. Es zeigte an, daß es sich um ein Trauerhaus handelte. Weiter symbolisierte es, daß das Haus verunreinigt war und jeder, der das Haus verließ, sich zuerst mit dem Wasser aus diesem Krug reinigen musste. Im Haus des Verstorbenen wurde eine Begräbnismahlzeit (*perideipnon*) zubereitet, die gemeinsam eingenommen wurde und dabei tauschte man Erinnerungen an den Toten aus. Nach neun Tagen kamen die Verwandten auf dem Friedhof wieder zusammen und man vollzog ein Erinnerungszeremoniell (*taenaia*). Die offizielle Trauer endete am dreißigsten Tag. Die Erinnerung an das Ansehen des Toten endete aber damit nicht. Jährlich einmal musste eine Erinnerungszeremonie vollzogen werden [...] Es wurden Blumen, Lebensmittel und Wein dargebracht und geopfert. Auch wurde an diesem Tag das Grab besucht.«

Zypressen

Der Weg von der Nordnekropole in Richtung Apollon-Tempel führt an Zypressenhainen vorbei. Die immergrüne Zypresse gilt als Lebensbaum. In der christlichen Kunst findet sich die Zypresse in zahlreichen ur- oder endzeitlichen Paradiesdarstellungen. Nach Hesekiel (31,8) stehen Zypressen neben Zedern und Plantanen in Gottes Garten.

Das Plutonion

Das Plutonion ist eine Höhle, die Pluton, dem Gott der Unterwelt geweiht war. Sie wurde erst während einer Grabung in den Jahren 1962–1965 entdeckt. Der Eingang zum Plutonion liegt rechts vom Apollon-Tempel, von dem nicht viel mehr als das beinahe quadratische Podium mit einer Treppe erhalten ist. Über dem Eingang des Plutonions befindet sich eine Nische, über der Nische wurde im 1. Jh. n. Chr. auf einem kreisrunden, mit Pflanzenmotiven dekorierten Podium (heute im Museum von Hierapolis zu sehen) ein kleines Marmorgebäude errichtet. Es sollte den heiligen Charakter der Stätte betonen.

Bis zur Auffindung des Plutonions hatte man nur den Bericht Strabons (gest. 26 n. Chr.): »Das Plutonion ist eine Öffnung unter einem kleinen Vorsprung des darüber gelegenen Berglandes; sie ist gerade so groß, dass sie einen Menschen fassen kann, reicht aber sehr tief hinein. Davor ist ein quadratisches Zaunwerk vom Umfang etwa eines halben Plethrons; das ist voll mit einem dicken nebligen Dunst, sodass man kaum den Boden sieht. Für die, die sich rings bis an den Zaun nähern, ist die Luft unschädlich, da sie bei Windstille frei von jedem Dunst ist (er bleibt dann nämlich innerhalb der Umzäunung). Ein Lebewesen aber, das dort hineingeht, trifft sofort der Tod: hineingeführte Stiere jedenfalls fallen um und werden tot hinausgeschleift; und wir selber haben Spatzen hineinfliegen lassen, und sie fielen gleich leblos zu Boden. Die verschnittenen Gallen [Γάλλοι = Kybele-Priester] gehen hinein, ohne dass ihnen etwas geschieht, sodass sie sich sogar bis an die Öffnung nähern, sich hineinbücken und ein Stück hineingehen, wobei sie meistens den Atem anhalten (wir sahen nämlich auf dem Gesicht Zeichen wie von einer Erstickung) – sei's, dass dies bei allen Verstümmelten der Fall ist oder nur bei denen, die zu dem Heiligtum gehören, und sei's, dass es durch göttliche Vorsehung geschieht, wie das bei ekstatischen Zuständen wahrscheinlich ist, oder durch irgendwelche entgegenwirkenden Mittel« (Geographica 13,4,14).

Noch heute hört man hinter dem nun zugemauerten (!) Eingang unterirdisch fließendes Wasser. Am Boden der Höhle sammeln sich giftige Gase. Vögel, die von der abstrahlenden Wärme der Höhle angezogen werden, findet man leblos auf: Die giftigen Dämpfe wirken, wie Strabon es einst beschrieb.

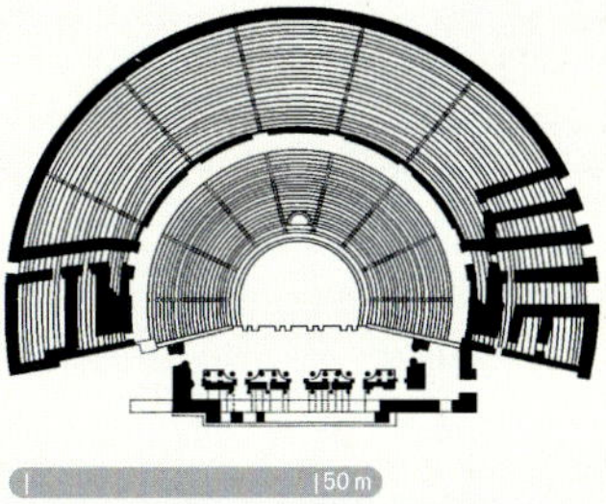

Grundriss des Theaters

Theater

Das Theater

Der Bau des Theaters wurde 62 n. Chr. begonnen und unter Septimius Severus im Jahre 206 n. Chr. fertiggestellt.

Der nach Süden hin ausgerichtete **Zuschauerraum** (*koilon/cavea*) wird durch einen horizontalen Gang (*diazoma*) in zwei Ränge (25 Sitzreihen oben, 20 Sitzreihen unten) unterteilt. Das Koilon wird durch 8 Stiegen in 9 Keilfelder (*kerkides*) geteilt (vgl. Abb.). In der Mitte der tiefer gelegenen Reihen sind durch hohe Rückenlehnen und Darstellungen von Löwenpranken besonders gestaltete Sitze zu sehen, die hochrangigen Persöhnlichkeiten vorbehalten waren oder als Kaiserloge fungierten. Insgesamt bot das Koilon Platz für 15–20 000 Zuschauer. Im 4. Jh. n. Chr. wurde der Platz vor dem Bühnenplatz (*orchestra*) vom Koilon durch eine hohe Absperrung getrennt – die Orchestra wurde als Becken für unterschiedliche Wasserspiele genutzt.

Das **Bühnengebäude** entstand in der Zeit des Septimius Severus (nach 193 n. Chr.). In der Nähe des Theaters liegende Architrave, die vom ersten Geschoss der *scaenae frons* stammen, tragen die noch gut lesbare Widmungsinschrift. Demnach wurde das Bühnengebäude nicht nur dem Gott Apollon und den Stadtgottheiten, sondern auch Septimius Severus und der kaiserlichen Familie geweiht. Dies zeigt die enge Verbindung zwischen Hierapolis und Rom.

Die Scaenae Frons war einst dreigeschossig und hatte fünf Türen. Sie war ebenso hoch wie das Koilon. Sie ruht, säulengestützt, auf einem Podium, das interessante figurative Darstellungen trägt. Neben Mythen um Dionysos ist auf 47 Blöcken sowohl ein Apollon- als auch ein Artemis-Zyklus dargestellt.

Das frühe Christentum

Eine christliche Gemeinde in Hierapolis wird erstmals in Kol 4,13 erwähnt. Sie wurde ebenso wie die Nachbargemeinden in Kolossä und Laodicea von dem Paulusmitarbeiter Epaphras kurz vor 60 n. Chr. (vgl. Phlm 23; Kol 1,7) gegründet. Der Verfasser des Kolosserbriefes lässt Paulus über Epaphras sagen: *»Ich bezeuge, dass er sich große Mühe gibt um euch und um die Gläubigen in Laodicea und Hierapolis«* (Kol 4,13). Die herausragenden Figuren des frühen Christentums in Hierapolis waren jedoch Philippus, der Evangelist, Papias, der erste Bischof der Stadt, sowie Claudius Apollinaris, ein leidenschaftlicher Kämpfer gegen den Montanismus.

Philippus, der Evangelist

Philippus erscheint in der Apostelgeschichte als Mitglied des Siebenerkreises um Stephanus (Apg 6,5). Lukas schildert die Ereignisse so, als ob es dabei zunächst nur um eine diakonische Aufgabe im Rahmen der Witwenversorgung gegangen sein. Dennoch nennt er Philippus später »den Evangelisten« (Apg 21,8), wahrscheinlich auf Grund von Überlieferungen zu seiner Wandermission in Samarien (Apg 8,4–25) und zur Bekehrung eines äthiopischen Kämmerers (Apg 8,26–40). Nichtsesshaftigkeit war ein Kennzeichen der missionierenden »Evangelisten«.

Philippus hatte mit seinen vier Töchtern in Cäsarea ein Haus. Paulus wohnte – wohl um 58 n. Chr. – mehrere Tage im Haus des Philippus und seiner Töchter (Apg 21,8–14). In der Gemeinde von Cäsarea wirkten die Töchter als Prophetinnen (Apg 21,9).

Polykrates von Ephesus (195 n. Chr.) nennt Philippus in seiner Liste der »großen Sterne« Asias: »Philippus, einen der zwölf Apostel, der in Hierapolis entschlafen ist, mit seinen beiden bejahrten, im jungfräulichen Stande gebliebenen Töchtern, während eine andere Tochter, die im Heiligen Geist wandelte, in Ephesus ruht« (Eus. h. e. 5,24,2).

Polykrates identifiziert den Evangelisten mit dem Jünger und Apostel Philippus (vgl. Mk 3,18; Apg 1,13). Möglicherweise griff er damit eine bereits umlaufende Legende auf, wonach der Evangelist und der Apostel Philippus schon zu einer Person verschmolzen waren – Polykrates erwähnt lediglich drei in Kleinasien begrabene Töchter.

Von Papias, Bischof von Hierapolis um 115 n. Chr., ist überliefert, dass er mit den Töchtern des Philippus zusammentraf (Eus.h.e. 3,39,9). Doch ob hier historisches Wissen zu Grunde liegt, ist unklar. Eine Fülle von Legenden rankte sich um Philippus, die etwa um die Mitte des 4. Jh.s n. Chr. in die sogenannten »Philippusakten« eingegangen sind. Einen eigenständigen Teil bilden die »Akten des Philippus in Hierapolis« (Act Phil 94–148). Sie berichten von der Mission und dem Märtyrertod des Philippus in *Ophioryme* (»die Stadt, die die Schlange schützt« = Hierapolis).

Das Philippus-Martyrion

Vom Theater aus führt ein langer Weg hinauf in ein oberhalb der Stadt liegendes Friedhofsareal, wo im 5. Jh. n. Chr. das Philippus-Martyrion errichtet wurde.

Der Grundriss zeigt einen viereckigen Gebäudekomplex von jeweils 60 Metern Seitenlänge. Im Inneren fächert sich der Bau zu einem **Oktogon** (Achteck)

Weg zum Philippus-Martyrion

Torbogen im Philippus-Martyrion

auf. Acht durch eine mit Bleiplatten verkleidete Holzkuppel überwölbte Räume wurden um ein achteckiges Zentrum herum gestaltet. Die Räume öffneten sich zum Zentrum mit jeweils drei Bögen, getragen von Kalksteinpfeilern außen und Marmorsäulen innen. Die Torbögen sind an ihrem Scheitelpunkt mit christlichen Symbolen verziert. Die Achtzahl, so dachte man, verweise auf die Auferstehung und das ewige Leben. Im Zentralraum des Martyrions stand ein Altar, ferner gab es den Priestern vorbehaltene Stufensitze. Um das Viereck des Martyrions wurden weitere 32 Räume angeordnet.

Philippus-Martyrion

Papias von Hierapolis

Papias, erster Bischof von Hierapolis, schrieb um 115 n. Chr. eine fünfbändige »**Darstellung von Herrenworten**«. Das Werk ist bis auf wenige Zitate verschollen. Die Absicht seiner Schrift war, vor allem die noch mündlich umlaufende Jesusüberlieferung zu sammeln, zu prüfen und das als echt Befundene vollständig zu sichern. Papias kannte das Markus- und das Matthäusevangelium. Das Markusevangelium hielt er für unvollständig, da Markus aus der Erinnerung an Gehörtes geschrieben habe. Das Matthäusevangelium war seiner Auffassung nach ursprünglich in hebräischer Sprache abgefasst worden und lag nun in griechischen Übersetzungen unterschiedlicher Qualität vor (vgl. Eus. h. e. III 39, 15 f.).

Papias verwendet im Vorwort seines Werkes viel Mühe darauf, die Zuverlässigkeit seiner »Darstellung« zu belegen. Sie sei formal gewährleistet durch eine lückenlose Überlieferungskette und inhaltlich durch die Übereinstimmung der Berichte untereinander. In direktem Kontakt stand Papias wohl nur zu den Zeugen der zweiten Christengeneration; namentlich genannt werden ein gewisser Aristion und der ephesische Johannes (s. o.).

Papias war ein Anhänger der chiliastischen Lehre. Er erwartete ein 1000-jähriges messianischen Zwischenreich zwischen dem Ende dieser Welt und dem Anfang des ewigen Gottesreiches (vgl. Offb 20, 1–6).

Apollinaris von Hierapolis

Ein weiterer herausragender Bischof von Hierapolis war Claudius Apollinaris, der in der Regierungszeit Marc Aurels (161–180 n. Chr.) amtierte. Er verfasste zahlreiche Schriften (vgl. Eus. h. e. 4, 27, 1), die jedoch verloren gegangen sind. Sein Kampf gegen die Montanisten (s. o.) brachte ihm große Anerkennung ein.

Exkurs III: Nysa (am Mäander)

Blick auf die Schlucht von Nysa

Einleitung

Nysa, an der Grenze von Karien und Lydien, liegt etwa 30 km östlich der Stadt Aydin, bei dem heutigen Dorf Sultanhisar.

Die antike Stadt lag am Nordrand der Mäanderebene (daher: Nysa am Mäander). Die Reste finden sich zu beiden Seiten einer tiefen Bachschlucht, die von den Abhängen des Berges Messogis (Aydin Dağları) gebildet wird. Der Name »Nysa« geht zurück auf einen in hellenistischen Herrscherfamilien üblichen Frauennamen.

Geschichtliches

Wahrscheinlich ist die Stadt im 3. Jh. v. Chr. durch Zusammenlegung mehrerer Nachbarstädte entstanden. Nysa war in der Antike als Bildungszentrum

Reliefs am Bühnengebäude des Theaters

Theater

Tunnel

Reliefs am Bühnengebäude

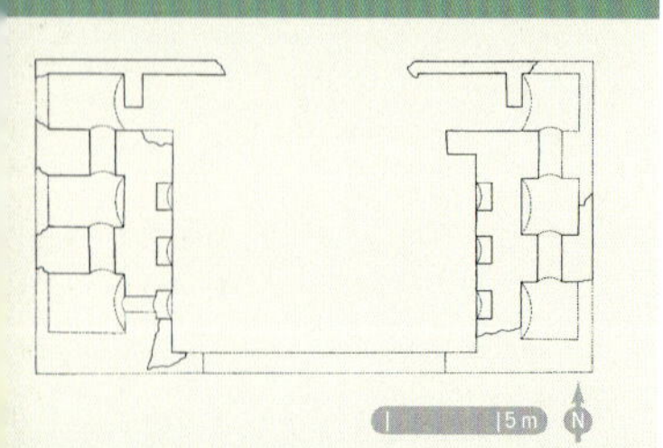

Grundriss der römischen Bibliothek

bekannt. Strabon studierte in Nysa in der zweiten Hälfte des 1. Jh.s v. Chr. einige Zeit bei Aristodemos. Er bezeichnet Nysa als eine **Doppelstadt**: »[...] durch sie hindurch fließt nämlich ein Gießbach, der eine Schlucht bildet, über deren einem Teil eine Brücke liegt, die die zwei Städte miteinander verbindet, während der andere mit einem Amphitheater geschmückt ist, das einen verborgenen unterirdischen Abfluss für die Gießbachwasser hat« (Geographica 14,1,43).

Archäologisches

In den Jahren 1907–1909 galten erste archäologische Untersuchungen der Agora, später widmete man sich auch dem Theater. In Zusammenarbeit mit der Universität Ankara, die 1990 die Forschungen in Nysa aufnahm, ist das Archäologische Institut der Universität Freiburg seit 2002 mit der Erforschung der römischen Bibliothek beschäftigt.

Das **Theater**, ursprünglich späthellenistisch, wurde im 2. Jh. n. Chr. erweitert. Der Zuschauerraum ist gut erhalten; er bot Sitzplätze für 12 000 Besucher. Reliefs am Bühnengebäude zeigen Szenen aus der Kindheitsgeschichte des Dionysos. Bemerkenswerterweise wird der Gott dabei als Kind dargestellt. Dionysos wird eine Zwischenstellung zwischen Götter- und Menschenwelt zugeschrieben. Im Theater, dem Ort des Weltlichen und der Frömmigkeit, wird die verbindende Funktion des Dionysos besonders deutlich.

Der Vorplatz des Theaters ist eine Plattform über der tiefen Bachschlucht mit einem etwa 100 Meter langen, gewölbten Tunnel.

Etwa 150 Meter südwestlich des Theaters wurden – auf Grund von Ähnlichkeiten mit der Celsus-Bibliothek in Ephesus (s. o.) – einige Gebäudereste als ehemalige Bibliothek identifiziert. Die **römische Bibliothek** zeigt einen Grundriss von 14,80 Metern Breite und 13,40 Metern Tiefe und ist damit kleiner als diejenige in Ephesus (vgl. Abb.). Man vermutet jedoch den Eingang im Süden und zur Stadt hin gewandt. Die Bibliothek war zweigeschossig. Reste des mittleren Geschosses sind an der West- und an der Ostseite erhalten. In überwölbten Nischen waren Behälter für Buchrollen untergebracht.

Seitenansicht der Bibliothek (Rekonstruktionszeichnung)

Römische Bibliothek

Bouleuterion

Das **Bouleuterion**, östlich des Theaters, umgeben vom zahlreichen Olivenbäumen, hat eine halbrunde Form mit kreisförmigen, ansteigenden Sitzreihen.

Im östlichen Teil der Stadt finden sich auch die **Überreste der Agora**, die eine Ausdehnung von 89 × 105 Metern hatte.

Von dem einst berühmten Plutonion sind nur einige Säulentrommeln des Pluton-Tempels in der Nähe des Dorfes Salavatli erhalten geblieben, etwa 5 km westlich von Sultanhisar.

Agora

Olivenbaum in der Nähe des Bouleuterions

Exkurs IV: Aphrodisias (Geyre)

Tetrapylon

Einleitung

Aphrodisias in der Landschaft Karien erreicht man von Nazilli kommend über Karaçasu. Die bei dem Dorf Geyre liegende Ausgrabungsstätte beeindruckt den Besucher durch die erhaltenen Werke der einst berühmten Bildhauerschule. Die Überreste der marmornen Monumente zeugen von der Schönheit der antiken Stadt.

Geschichtliches

Wahrscheinlich trug die Stadt den Namen der **Göttin der Liebe und Fruchtbarkeit** erst seit dem 2. Jh. v. Chr. Der Ursprung der Stadt geht weiter zurück, möglicherweise bis in das 3. Jahrtausend v. Chr. Für das 6. Jh. v. Chr. ist der Name »Ninoe« belegt, der auf die akkadische Göttin Nana/Nina (Ischtar/Astarte) zurückzuführen ist. Vielleicht verschmolzen die Verehrung der Lokalheiligen – auch sie war eine Göttin der Liebe – und der Aphrodite-Kult im 2. Jh. v. Chr.

Aphrodisias stand an der Seite Caesars und Oktavians in der Zeit der römischen Bürgerkriege und erhielt für diese Treue im Jahre 39 v. Chr. besondere Privilegien wie das Recht einer eigenen Verwaltung, die Steuerfreiheit sowie ein erweitertes Asylrecht im Tempelbezirk der Aphrodite. Insbesondere die Gunst Oktavians kam Aphrodisias zugute. In der Kaiserzeit stiegen Ansehen und Wohlstand der Stadt stetig.

Bereits seit dem 1. Jh. v. Chr. nutzten Bildhauer die Marmorbrüche des nahen Salbakosgebirges (Baba Dağ). Die Werke der **Bildhauerschule Aphrodisias'** waren berühmt und gefragt. Nicht zuletzt erstrahlte die Stadt selbst durch die **Bauten aus weißem und blauem Marmor**. Aphrodisias war wohl die schönste der kleinasiatischen Städte.

Die Erdbeben im 4. Jh. n. Chr. trafen Aphrodisias schwer. Vor allem stieg der Grundwasserspiegel: Überschwemmungen in den tiefer gelegenen Gebieten waren die Folge.

Als Aphrodisias im 5. Jh. n. Chr. **Bischofssitz** wurde, sollte die Stadt nicht länger mit dem

Männlicher Torso im Penthesilea-Saal des Museums in Aphrodisias

Aphrodite-Kult in Verbindung gebracht werden und deshalb den Namen *Stauropolis* (»Stadt des Kreuzes«) tragen. Doch Aphrodisias wurde eher als *Caria* (von der Provinz Karien) bekannt. Der türkische Name *Geyre* geht auf Caria zurück.

Ein weiteres Erdbeben in der Zeit des byzantinischen Kaisers Heraklios (610–641 n. Chr.) brachte Zerstörungen, die zu einem baldigen Niedergang führten. Auf den Ruinen der einst glanzvollen Stadt entstand im 15. Jh. das Dorf Geyre. Allerlei Überreste, so Architravfragmente, auch Säulentrommeln, nutzten die Bewohner des Dorfes für den alltäglichen Gebrauch: als Viehtränken, Türschwellen und Spieltische.

Archäologisches

Erste Grabungen fanden 1904–1905 durch den französischen Eisenbahningenieur Paul Gaudin statt. Sein Interesse galt zunächst dem Aphrodite-Tempel. Erst 1937 fand eine weitere Grabungskampagne statt, dieses Mal unter der Leitung von Giuliano Iacopi, die insbesondere dem Marktplatz galt.

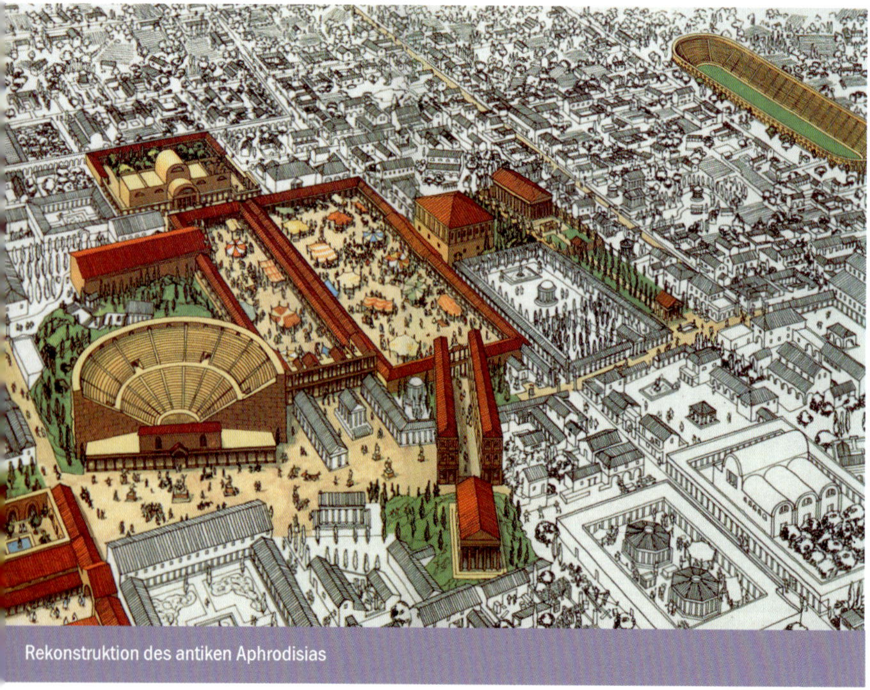

Rekonstruktion des antiken Aphrodisias

Als die türkischen Behörden die Umsiedelung des Dorfes Geyre beschlossen, das sich über weite Gebiete des antiken Aphrodisias erstreckte, war der Weg frei für eine dauerhafte Erforschung der Stadt. Seit 1961 wird Aphrodisias ohne Unterbrechung im Auftrag der Universität New York erforscht. Was der Besucher heute in Aphrodisias bestaunen kann, ist ganz wesentlich das Lebenswerk des türkisch-amerikanischen Archäologen **Kenan T. Erim**. Als er 1990 starb, wurde er an der Stätte seines 28 Jahre dauernden Wirkens begraben.

Das **Museum** auf dem Grabungsgelände wurde 1979 eröffnet. Die Sammlung wird in sieben Räumen und einem Innenhof gezeigt.

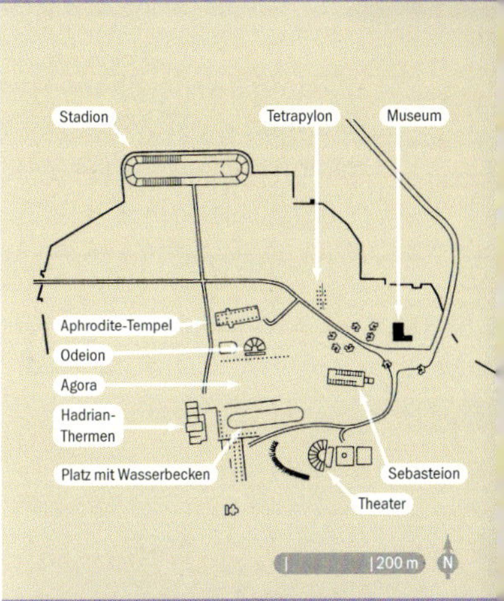

Orientierungsplan Aphrodisias

Das Tetrapylon

Als **Wahrzeichen von Aphrodisias** gilt der reich geschmückte Torbau, durch den man in den Tempelbezirk der Aphrodite gelangte. Das »vierfache Tor« (*tetra* = vier; *pylon* = Tor) besteht aus vier Reihen von jeweils vier Säulen. Zwei Gruppen von je vier kannelierten (mit senkrechten, rinnenförmigen Auskehlungen versehenen) korinthischen Säulen trugen einen Giebel mit einer halbkreisförmigen Öffnung. ziehrt. Die Architravreliefs sind reich mit Rankenwerk verziehrt.

Tetrapylon

Der Tempel der Aphrodite

Der Aphrodite-Tempel, das Zentrum der Stadt, geht auf das 1. Jh. v. Chr. zurück. Er wurde als ionischer Tempel mit 8 × 13 Säulen erbaut, von denen 14 Säulen noch zu sehen sind. Im 5. Jh. baute man den Tempel zu einer christlichen

Tempel der Aphrodite

Basilika um. Dabei wurden die Wände des inneren Teils des Tempels (*cella*) entfernt, wo sich die Kultstatue befand. So flankierten die seitlichen Säulenreihen nun ein breites Mittelschiff. Um einen dreischiffigen Raum zu errichten, wurden eine Nord- und eine Südmauer errichtet. An der Ostseite entstand eine Apsis mit Priesterbank (*synthronon*), an der Westseite ein Atrium.

Stadion

Das Stadion

Das Stadion (2. Jh. n. Chr.) ist eines der am besten erhaltenen in Kleinasien und beeindruckt durch seine Größe von 262 × 59 Metern. Es bot auf 25 Sitzreihen Platz für 30 000 Zuschauer. Die Längsseiten des Stadions sind leicht elliptisch angelegt, sodass die Zuschauer auch freie Sicht auf die halbkreisförmigen Enden hatten. Das Stadion diente als Ort sportlicher Wettkämpfe, doch seine Größe ließ wohl die Austragung von Wagenrennen ebenfalls zu. Nachdem ein Erdbeben im 7. Jh. n. Chr. dem Stadion schweren Schaden zugefügt hatte, wurde der Ostteil des Stadions durch eine Mauer abgetrennt, sodass man die üblicherweise im Theater stattfindenden Veranstaltungen durchführen konnte.

Agora

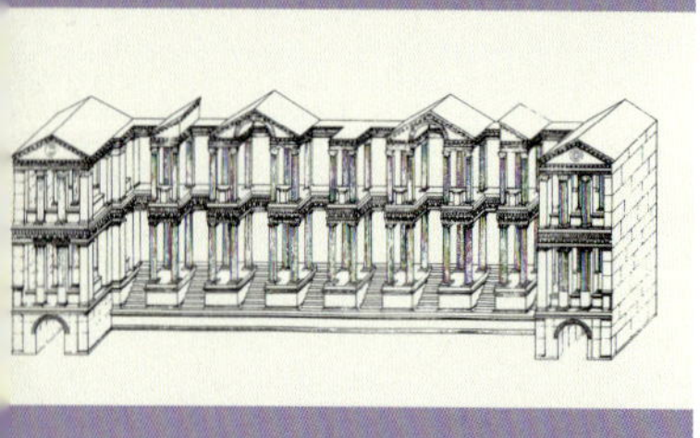

Rekonstruktionszeichnung des Agora-Tores

Die Agora

Der Martplatz (*agora*) wurde Ende des 1. Jh.s v. Chr. zwischen Akropolis und Aphrodite-Tempel errichtet. Zwei 200 Meter lange ionische Säulenhallen begrenzten die Agora im Norden und im Süden. Die südliche Säulenhalle, die bereits 1937 Gegenstand der Forschungen war, trägt eine Inschrift zu Ehren des Kaisers Tiberius (14–37 n. Chr.) und wird daher zumeist »Porticus des Tiberius« genannt. Am östlichen Ende befand sich das um die Mitte des 2. Jh.s n. Chr. erbaute Agora-Tor (vgl. Abb.). Es hatte eine zweigeschossige Fassade mit von Säulen flankierten kleineren Räumen sowie links und rechts jeweils einen vorspringenden, tonnengewölbten Bau. Bei einem Erdbeben im 4. Jh. n. Chr. wurde das Agora-Tor teilweise zerstört und danach zu einem Nymphäum umgebaut. Man versuchte, durch diese bauliche Veränderung dem Problem eines hohen Grundwasserspiegels zu begegnen.

Das Theater

Das Theater wurde in der zweiten Hälfte des 1. Jh.s v. Chr. in den Ostabhang des Akropolishügels gebaut (vgl. Abb.). Der Bühnenvorbau (*proskenion*) war laut einer Inschrift bereits vor 27 v. Chr. vollendet. Im 1. Jh. n. Chr. erhielt das Theater oberhalb des horizontalen Rundganges (*diazoma*) einen weiteren Rang. Im 2. Jh. n. Chr. wurde der Platz vor dem Bühnengebäude (*orchestra*) vertieft, die unteren drei Sitzreihen wurden entfernt und durch eine glatte Stützmauer ersetzt. Damit kam man dem Wunsch des Volkes nach, Gladiatorenkämpfe, Tierjagden und allerlei für Zuschauer in der ersten Reihe Gefährliches zu sehen. Der Bühnenplatz wurde sodann erweitert und mit dem Zuschauerraum (*koilon/cavea*) verbunden. Erhalten geblieben ist die »Archivwand« des Bühnengebäudes, 5 Meter hoch und 15 Meter lang, deren Inschriften vor allem Briefe römischer Kaiser, aber auch Teile des Senatsbeschlusses enthalten, durch den der Stadt ein besonderer Status und Sonderrechte gewährt wurden. Verschiedene Skulpturen vom Bühnengebäude (*skene*) und der Fassade (*scaenae frons*) werden im Museum ausgestellt.

Theater

Der bischöfliche Palast

Im 5. Jh. n. Chr. wurde Aphrodisias durch den byzantinischen Kaiser Leo I. zum Bischofssitz erhoben. Möglicherweise war der bischöfliche Palast in römischer Zeit Sitz des örtlichen Statthalters. Der Peristylhof beeindruckt durch die 1965 wieder aufgestellten Säulen aus blauem Marmor.

Bischöflicher Palast

III. Orte im westlichen Kleinasien

Laodicea

Die Hauptstraße

Einleitung

Laodicea erreicht man von Denizli kommend in nördlicher Richtung nach etwa 6 Kilometern.

Laodicea war die wichtigste der drei benachbarten Städte in der ehemaligen Landschaft Phrygien (etwa 15 km nördlich lag Hierapolis, etwa 15 km östlich Kolossä). Die geografische Lage in dem äußerst fruchtbaren, wasserreichen Lykostal sowie **am Schnittpunkt bedeutender Handelsstraßen** von Norden nach Süden und von Osten nach Westen bis nach Ephesus kam der Stadt zugute. Sie lag am südlichen Ufer des Lykos (Çürüksu), nahe der Mündung in den Mäander (Büyük Menderes).

Geschichtliches

Laodicea wurde zwischen 261 und 253 v. Chr. durch den Seleukidenherrscher **Antiochius II.** (261–246 v. Chr.) am Ort der älteren Siedlung Diospolis/Rhoas gegründet und nach seiner Frau Laodike benannt. Seit 129 v. Chr. gehörte die Stadt zur römischen Provinz Asia und erlebte einen raschen Aufstieg zu einem angesehenen Handels- und Finanzzentrum. Begünstigt durch die Lage an der Kreuzung der Verkehrswege konnte Laodicea insbesondere eine leistungsfähige **Woll- und Tuchindustrie** entwickeln. Die tiefschwarze Wolle aus Laodicea war berühmt. Strabon schreibt: »Das Land um Laodikeia bringt eine vorzügliche Qualität von Schafen hervor, nicht nur was die Weichheit der Wolle angeht, worin sie sogar die milesische übertrifft, sondern auch hinsichtlich der rabenschwarzen Farbe: So beziehen sie daraus auch glänzende Einkünfte, ebenso wie die unweit wohnenden Kolosser aus der gleichnamigen Farbe« (Geographica 12,8,16).

Ein geschicktes Bankwesen vermehrte den Reichtum der Stadt; sie wurde zu einer der größten Städte Phrygiens. Tacitus (55–116 n. Chr.), der eine Zeit lang Statthalter der Provinz Asia war, zählte Laodicea zu den *illustres urbes Asiae* (den berühmten Städten Asias; Annales 14,27,1). Am Reichtum Laodiceas hatte auch die bereits vor der Kaiserzeit existierende jüdische Gemeinde teil (Josephus, Antiquitates Judaicae 14,10,20). Der römische Statthalter Flaccus beschlagnahmte im Jahre 62 v. Chr. eine erhebliche Summe jüdischer Tempelgelder. Wie Strabon mitteilt, beherbergte die Stadt eine bedeutende **Schule der Heilkunst.** Laodicea war vor allem für die Augenheilkunde bekannt. Die hier entwickelten und hergestellten Heilmittel fanden in der damaligen Welt guten Absatz.

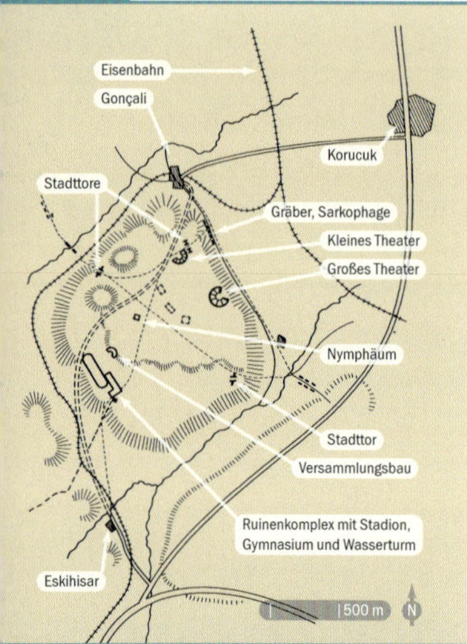

Orientierungsplan Laodicea

Das große Theater

Das kleine Theater

Laodicea profitierte nicht nur (bereits seit Augustus [27 v. Chr.]) vom Wohlwollen Roms, sondern viel mehr noch vom Engagement einzelner Bürger. Nachdem die Stadt in den Jahren 60/61 n. Chr. durch ein Erdbeben zerstört worden war (Tacitus, Annales 14,27,1), wurde sie allein aus Mitteln ihrer Bürger wieder aufgebaut und erreichte den Höhepunkt ihrer Glanzzeit im 2. Jh. n. Chr. als *»Metropolis von Asia«* – die Laodicener ließen diesen Titel auf Münzen prägen. Im 13. Jahrhundert verließen die letzten Bewohner die Stadt, deren Niedergang mit einem Erdbeben im Jahre 494 n. Chr. seinen Anfang nahm, und ließen sich vor allem im benachbarten Denizli nieder.

Archäologisches

Zwischen den Dörfern Eskihisar und Gonçali befindet sich auf einem Hügelplateau ein weit mehr als 1 km^2 großes Grabungsgelände (vgl. Abb.). Nach ersten Ausgrabungen in den Jahren 1961–1963 sind die Arbeiten seit einigen Jahren von der Pamukkale-Universität in Denizli wieder aufgenommen worden.

Eine Unzahl von Marmortrümmern und Mauerresten ist über das Gelände verstreut. Am Nordabhang des Plateaus, unweit des Nordtores, liegen im Abstand von 300 Metern **zwei Theater**. Das größere, nach Nordosten ausgerichtete Theater bot für 20 000 Besucher Platz. Die Sitzreihen und die Orchestra sind weitgehend erhalten, das Bühnengebäude ist fast vollständig verschüttet. Das kleine Theater liegt nordwestlich; nur die oberen Sitzreihen sind erhalten. Im Süden der antiken Stadt liegt das Kaiser Vespasian (69–79 n. Chr.)

geweihte **Stadion**, das durch seine Größe (Länge: 350 Meter, Breite: 60 Meter) auffällt. Das Stadion diente dazu, sowohl Wettläufe als auch Gladiatorenkämpfe durchzuführen.

Südöstlich des Stadions befinden sich die Reste einer Thermenanlage oder eines Gymnasiums sowie ein 5 Meter hoher **Wasserturm**. An der Hauptstraße fand man das Bouleuterion, einen Tempel sowie ein Nymphäum aus dem 3. Jh. n. Chr., das beachtliche Ausmaße erahnen lässt.

Wasserturm

Nymphäum

Das frühe Christentum

Die Gemeinde in Laodicea wurde sehr wahrscheinlich – wie auch die Gemeinden in Hierapolis und Kolossä – von dem Paulusmitarbeiter Epaphras (Phlm 23) gegründet (s. u.). Im **Kolosserbrief**, der von einem Paulusschüler

Thermenanlage oder Gymnasium

etwa um das Jahr 70 n. Chr. verfasst wurde, lobt der Apostel Epaphras: *»Ich bezeuge, dass er sich große Mühe gibt um euch und um die Gläubigen in Laodicea und Hierapolis […]«* (Kol 4,13). Eine christliche Gemeinde existierte demnach bereits vor 70 n. Chr.; »die Brüder« sowie »die Nympha und die Gemeinde in ihrem Haus« (Kol 4,15) werden gegrüßt. Doch der Verfasser des Kolosserbriefes sah die Gemeinde als äußerst gefährdet an. *»Ihr sollt wissen, was für einen schweren Kampf ich für euch und für die Gläubigen in Laodicea zu bestehen habe, auch für alle anderen, die mich persönlich nie gesehen haben […]«* (Kol 2,1). Seine Bitte, dass der Kolosserbrief auch in Laodicea gelesen werden solle, zeigt, dass beide Gemeinden ähnlichen Gefahren ausgesetzt waren.

Interessant ist nun, dass auch ein **Brief an die Gemeinde in Laodicea** erwähnt wird. Die Abfassung dieses verschollenen Briefes muss wohl in die gleiche Zeit wie die Abfassung des Kolosserbriefes datiert werden: *»Wenn der Brief bei euch vorgelesen worden ist, sorgt dafür, dass er auch in der Gemeinde von Laodicea bekannt wird, und den Brief an die Laodicener lest auch bei euch vor!«* (Kol 4,16).

Ein lateinischer Laodicenerbief ist in zahlreichen Bibelhandschriften seit dem 5./6. Jh. überliefert. Der Brief wurde später ins Griechische zurückübersetzt, doch kann er sicher nicht mit dem in Kol 4,16b genannten Schreiben identifiziert werden. Der unbekannte Verfasser dieses Laodicenerbriefes übernahm Formulierungen aus dem Philipperbrief und stellte Gal 1,1a an den Anfang seiner Schrift. Mit dem abschließenden V. 20 wird eine Verbindung zu Kol 4,16b hergestellt: »Und sorgt dafür, dass dieser Brief den Kolossern verlesen werde und der Kolosser bei euch.« Deutlich ist in jedem Fall, dass die Gemeinde Laodiceas in paulinischer Tradition stand.

Die Gemeinde der Johannesoffenbarung (Offb 3,14–22)

Die Gemeinde in Laodicea erhielt das siebente und letzte Sendschreiben der Johannesoffenbarung. Der Bote hatte seinen Weg beendet und konnte den direkten Weg zurück nach Ephesus nehmen: *»An den Engel der Gemeinde in Laodicea schreibe: So spricht Er, der Amen heißt, der treue und zuverlässige Zeuge, der Anfang der Schöpfung Gottes: Ich kenne deine Werke. Du bist weder kalt noch heiß. Wärest du doch kalt oder heiß! Weil du aber lau bist, weder heiß noch kalt, will ich dich aus meinem Mund ausspeien. Du behauptest: Ich bin reich und wohlhabend und nichts fehlt mir. Du weißt aber nicht, dass* *gerade du elend und erbärmlich bist, arm, blind und nackt. Darum rate ich dir: Kaufe von mir Gold, das im Feuer geläutert ist, damit du reich wirst; und kaufe von mir weiße Kleider und zieh sie an, damit du nicht nackt dastehst und dich schämen musst; und kaufe Salbe für deine Augen, damit du sehen kannst. Wen ich liebe, den weise ich zurecht und nehme ihn in Zucht. Mach also Ernst und kehr um! Ich stehe vor der Tür und klopfe an. Wer meine Stimme hört und die Tür öffnet, bei dem werde ich eintreten und wir werden Mahl halten, ich mit ihm und er mit mir. Wer siegt, der darf mit mir auf meinem Thron sitzen, so wie auch ich gesiegt habe und mich mit meinem Vater auf seinen Thron gesetzt habe. Wer Ohren hat, der höre, was der Geist den Gemeinden sagt.«*

Die Christen Laodiceas, die eingebunden waren in das Leben des blühenden Handels- und Finanzzentrums, konnten sich nicht deutlich von der heidnischen und jüdischen Welt abgrenzen. Sie standen zwischen dem Zeugnis für Christus (dem »Warmsein« oder mit Paulus [Röm 12,11]: *»Lasst euch vom Geist entflammen!«*) und den weltlichen Anforderungen (dem »Kaltsein«) – mit dem Ergebnis: Sie waren »lau«. Der Druck der Anpassung war groß; wer im Geschäftsleben Erfolg haben wollte, konnte sich nicht vollständig von den gesellschaftlichen Gepflogenheiten fernhalten. Die laodicenischen Christen versuchten einen Mittelweg; der Erfolg schien ihnen Recht zu geben. Das Selbstverständnis der Laodicener beschreibt die Gegenrede, die ihnen gewährt wird: *»Ich bin reich und wohlhabend und nichts fehlt mir.«* Tatsächlich, so Johannes, leben sie ein Bettlerdasein, arm, blind und bloß, angepasst an die heidnischen Sitten. Die »Schande der Nacktheit« spielt möglicherweise auf den griechischen Brauch an, sich im Gymnasium nackt zu bewegen (V. 18). Seine Mahnung zielt ab auf den **Erwerb wahren Reichtums** und die **radikale Abgrenzung von heidnischen Bräuchen**. Der ganze Stolz der Laodicener, ihr Handel und ihre Industrie werden angeprangert. Die wahren Güter seien nicht im Bankwesen (»kaufe geläutertes Gold«), in der Textilindustrie (»kaufe weiße Kleider«) und in der laodicenischen Heilkunst (»kaufe Augensalbe«) zu finden. Der endzeitlichen Verurteilung zu entgehen, verlangt eine radikale Umkehr der Laodicener: *»Mach also Ernst und kehr um!« (V. 19).*

III. Orte im westlichen Kleinasien

Kolossä

Das Lykostal

Einleitung

Das antike Kolossä lag etwa 25 km südöstlich von Hierapolis am Abhang des Berges Kadmos (Honaz Dağı), etwa 4 km vom heutigen Dorf Honaz entfernt. Bleibende Bedeutung verdankt die Stadt dem Kolosserbrief, dem Schreiben eines Paulusschülers etwa im Jahr 70 n. Chr., denn bereits zur Zeitenwende stand Kolossä deutlich im Schatten seiner Nachbarstädte, Hierapolis und Laodicea. Strabon nennt Kolossä πόλισμα (»Städtchen«; Geographica 12,8,13).

Geschichtliches

Kolossä erlebte eine Blütezeit im 5. Jh. v. Chr. Ebenso wie Laodicea profitierte die Stadt von ihrer geografisch günstigen Lage. Die Produktion von schwarz gefärbter Wolle – wie in Laodicea (vgl. Strabon, Geographica 12,8,16) – und die **Textilindustrie** brachten der Stadt Wohlstand. Doch spätestens in der Kaiserzeit wurde sie von Hierapolis und Laodicea überflügelt und verlor mehr und mehr an Bedeutung. Sehr viel langsamer als Laodicea wird sich Kolossä von der Zerstörung durch das Erdbeben in den Jahren 60/61 n. Chr. erholt haben. Dennoch, glaubt man den Angaben im Kolosserbrief, ging das Leben in der Stadt auch nach der Zerstörung weiter (s. u.). Endgültig verlassen wurde der Ort wohl im 8. Jh. n. Chr.

Kolossä war auf Grund einer Legende bekannt. Sie besagt, die Apostel Philippus und Johannes hätten im nahe gelegenen Chonä den **Erzengel Michael** dazu gebracht, ein Wunder zu tun. Er habe eine Heilquelle entstehen lassen. Die ihm zu Ehren errichtete Kirche wurde in den Jahren 1192/1193 während byzantinischer Bürgerkriege zerstört.

Archäologisches

In einem etwa 250 Meter langen und etwa 150 Meter breiten Hügel am Südufer des Lykos (Çürüksu) liegen Reste der antiken Stadt, die dem Besucher allerdings gänzlich verborgen bleiben. Obgleich mit einer systematischen Ausgrabung noch nicht begonnen wurde, haben erste Schürfungen amerikanischer Archäologen Säulenfragmente und Mauerreste ans Licht gebracht. Ein Theater sowie eine Nekropole lassen sich unter dem Hügel erahnen.

Der Stadthügel

Das frühe Christentum

Möglicherweise ist mit dem Philemonbrief ein Schreiben des Paulus, das Adressaten in Kolossä hatte, erhalten geblieben. Manches deutet darauf hin: Onesimus, der Skave, der Philemon entlaufen war, stammt laut Kol 4,9 aus Kolossä (*»der ja einer von euch ist«*). Archippus wird neben Philemon und Aphia als Empfänger des Briefes genannt; nach Kol 4,17 hatte Archippus ein Amt in Kolossä inne (*»Achte darauf, dass du den Dienst erfüllst, den du im Auftrag des Herrn übernommen hast.«*). Weiter erscheinen alle in der Grußliste Phlm 23–24 genannten Namen auch in Kol 4,10–14.

Lokalisiert man die **Hausgemeinde des Philemon (Phlm 1)** in Kolossä, wird deutlich, dass dort eine christliche Gemeinde bereits vor der Abfassung des Philemonbriefes (etwa 60 n. Chr.) existiert hat. Philemon war demnach ein durchaus wohlhabender Kolosser der handwerklichen oder kaufmännischen Mittelschicht, der Besitzer mindestens eines Sklaven sowie eines Hauses, in dem sich die Gemeinde versammelte. Paulus richtet den Kolossern Grüße von Epaphras aus, der – Kol 4,12 zufolge – aus Kolossä stammte und in paulinischem Auftrag die Gemeinden im Lykostal gründete, wahrscheinlich Hierapolis und Laodicea (vgl. Kol 4,13), sicher Kolossä (vgl. Kol 1,7: *»So habt ihr es von Epaphras, unserem geliebten Mitarbeiter, gelernt [...]«*).

Der Kolosserbrief

Der Kolosserbrief muss auf Grund sprachlicher, stilistischer und inhaltlicher Besonderheiten als das **Schreiben eines Paulusschülers** angesehen werden. Die Unterschiede zu den authentischen Paulusbriefen sind zu deutlich. Doch der unbekannte Verfasser wird nicht viel später als Paulus geschrieben haben: Er kennt die Briefe des Paulus und ist mit der paulinischen Theologie vertraut. Der Kolosserbrief dürfte etwa um das Jahr 70 n. Chr. abgefasst worden sein. Die enge Verbindung der Gemeinden in Hierapolis, Laodicea und Kolossä, die in dem Schreiben deutlich wird (Kol 4,13–16), lässt vermuten, dass sein Verfasser sich ebenfalls im südwestlichen Kleinasien aufhielt, vielleicht in Ephesus.

Hält man die Adresse des Kolosserbriefes (Kol 1,2: *»an die heiligen Brüder in Kolossä, die an Christus glauben«*) für zutreffend (und nicht für eine Scheinadresse), dann ist davon auszugehen, dass die christliche Gemeinde das schwere Erdbeben der Jahre 60/61 n. Chr. überstanden hat.

Die **Gegner im Kolosserbrief** sind religionsgeschichtlich schwer einzuordnen. Der Verfasser mahnt: *»Gebt Acht, dass euch niemand mit seiner*

Philosophie und falschen Lehre verführt, die sich nur auf menschliche Überlieferung stützen und sich auf die Elementarmächte der Welt, nicht auf Christus berufen. Denn in ihm allein wohnt wirklich die ganze Fülle Gottes. Durch ihn seid auch ihr davon erfüllt; denn er ist das Haupt aller Mächte und Gewalten« (Kol 2,8–10).

Der Brief lässt die gegnerischen Forderungen an die Christen Kolossäs erkennen: *»Darum soll euch niemand verurteilen wegen Speise und Trank oder wegen eines Festes, ob Neumond oder Sabbat. Das alles ist nur ein Schatten von dem, was kommen wird, die Wirklichkeit aber ist Christus«* (Kol 2,16–17).

Zu beachten ist hierbei, dass der Verfasser des Kolosserbriefes in gut paulinischer Tradition die Angeschriebenen vor den **asketischen Speisevorschriften** und Festgeboten der Irrlehrer in Schutz nimmt: *»Berühre das nicht, iss nicht davon, fass das nicht an! Das alles wird verbraucht und dadurch vernichtet. Menschliche Satzungen und Lehren sind es [...]«* (Kol 2,21–22).

Weitere Forderungen richteten sich vor allem auf eine besondere Form der **Demut** und auf die **Verehrung der Engel** (Kol 2,18). Welche Vorstellung mag hier den Hintergrund gebildet haben?

Den Schlüssel liefert wohl die Vorstellung von kosmischen Mächten, die den Menschen bedrohen. Askese, Demut und »Verehrung der Engel« erscheinen dabei als Schutzmaßnahmen, die von jener nicht näher bezeichneten »Philosophie« propagiert werden. Davon lassen sich die Christen offenbar beeindrucken. Der Kolosserbrief indessen hält allen zusätzlichen Heilslehren **Christus als das alleinige »Haupt aller Mächte und Gewalten«** (Kol 2,8) entgegen. Die Getauften seien bereits mit Christus auferstanden (Kol 2,12), haben so gegenwärtig bereits umfassende Teilhabe am Heil und müssen daher keinen anderen Mächten dienen: *»Wenn ihr mit Christus gestorben seid und euch von den Elementen der Welt losgesagt habt, warum lasst ihr euch dann, als würdet ihr noch in der Welt leben, vorschreiben [...]«* (Kol 2,20).

Es ist interessant zu sehen: Während in Laodicea die Gefahr einer Anpassung an heidnische Bräuche gesehen wurde – mit der dringenden Mahnung im Sendschreiben der Johannesoffenbarung (Offb 3,14–22), diese radikal zu meiden, stehen die Kolosser einem innergemeindlichen Konflikt gegenüber. Beide Gemeinden sind in Gefahr, das *solus Christus* (allein Christus) zu verlieren. In der apokalyptischen Tradition (Johannesoffenbarung) soll die asketische Umkehr retten, in der paulinischen Tradition (Kolosserbrief) birgt die Askese gerade die entscheidende Gefahr.

III. Orte im westlichen Kleinasien

Philadelphia (Alaşehir)

Johannesbasilika

Einleitung

Alle Städte, die heute den Namen Philadelphia tragen, verdanken ihn dem alten Philadelphia im westlichen Kleinasien. Die antike Stadt, jetzt weitgehend verborgen unter der Kreisstadt Alaşehir, lag an der Straße von Sardes (etwa 45 km westlich von Philadelphia) nach Laodicea. Ein fruchtbares Flusstal umgab die Stadt am nordöstlichen Ausläufer des Tmolos-Gebirges (Bozdağ). Philadelphia war ein Zentrum des Weinanbaus; Inschriften belegen die hohe Bedeutung, die man Dionysos beimaß. Doch die Gegend war stark erdbebengefährdet. Philadelphia litt weit mehr als benachbarte Städte unter dieser Gefahr. Die heutige, aufstrebende Kreisstadt Alaşehir hat etwa 40 000 Einwohner.

Geschichtliches

Philadelphia wurde von dem pergamenischen König Attalos II. (159–138 v. Chr.) an der Stelle einer ehemals lydischen Siedlung gegründet. Auf einem strategisch wichtigen Hügel gelegen, sollte der Ort Vorposten für das Königreich Pergamon sein. Die Treue zu seinem Bruder und Vorgänger Eumenes II. brachte Attalos den Titel **Attalos Philadelphos** (»der den Bruder liebt«) ein. Ihm zu Ehren bekam die Stadt den Namen Philadelphia (»Bruderliebe«).

Philadelphia wurde 17 n. Chr. und 23 n. Chr. von **Erdbeben** zerstört, jedoch mit Unterstützung des Kaisers Tiberius (14–37 n. Chr.) wieder aufgebaut. Die Erschütterungen wirkten allerdings lange nach, sodass Philadelphia als gefährliches Pflaster galt. Strabon schreibt: »Philadelphia hat nicht einmal verlässliche Hausmauern, sondern täglich beben sie irgendwie und klaffen auseinander, und ständig ist man dort damit beschäftigt, sich an das anzupassen, was mit der Erde geschieht und das Bauen darauf abzustimmen« (Geographica 12,8,18).

Viele zogen es vor, außerhalb der Stadt zu wohnen. Möglicherweise klingt die Situation, in der sich die Philadelphier befanden, im Sendschreiben der Johannesoffenbarung nach. Johannes attestiert der Stadt »eine kleine Kraft« (Offb 3,8) – und prophezeit ihr zugleich, sie werde eine »Säule« im endzeitlichen Tempel sein (Offb 3,12): das Gegenbild zu den vom Einsturz bedrohten Mauern einer über lange Zeit unter den Beben leidenden Stadt.

Archäologisches

Im Stadtteil Beş Eylül finden sich Reste einer ehemals dreischiffigen **Johannesbasilika** aus dem 5./6. Jh. n. Chr. Teile eines hohen Gewölbes sowie einige Fresken aus dem 11. Jh. n. Chr. sind erhalten geblieben.

Das frühe Christentum

Eine christliche Gemeinde in Philadelphia ist sowohl durch das Sendschreiben der Johannesoffenbarung als auch durch den Brief des Bischofs Ignatius von Antiochien (um 110 n. Chr.) belegt. Dass sie bereits zur Zeit des Paulus existierte, ist eher unwahrscheinlich.

Die Gemeinde der Johannesoffenbarung (Offb 3,7-13)

Das sechste Sendschreiben der Johannesoffenbarung geht an die Gemeinde in Philadelphia; aus dem nahen Sardes kommend wird es der Bote überbracht

Johannesbasilika mit Minarett im Hintergrund

haben: »*An den Engel der Gemeinde in Philadelphia schreibe: So spricht der Heilige, der Wahrhaftige, der den Schlüssel Davids hat, der öffnet, sodass niemand mehr schließen kann, der schließt, sodass niemand mehr öffnen kann: Ich kenne deine Werke, und ich habe vor dir eine Tür geöffnet, die niemand mehr schließen kann. Du hast nur geringe Kraft, und dennoch hast du an meinem Wort festgehalten und meinen Namen nicht verleugnet. Leute aus der Synagoge des Satans, die sich als Juden ausgeben, es aber nicht sind, sondern Lügner – ich werde bewirken, dass sie kommen und sich dir zu Füßen werfen und erkennen, dass ich dir meine Liebe zugewandt habe. Du hast dich an mein Gebot gehalten, standhaft zu bleiben; daher werde auch ich zu dir halten und dich bewahren vor der Stunde der Versuchung, die über die ganze Erde kommen soll, um die Bewohner der Erde auf die Probe zu stellen. Ich komme bald. Halte fest, was du hast, damit kein anderer deinen Kranz bekommt. Wer siegt, den werde ich zu einer Säule im Tempel meines Gottes machen und er wird immer darin bleiben. Und ich werde auf ihn den Namen meines Gottes schreiben und den Namen der Stadt meines Gottes, des neuen Jerusalem, das aus dem Himmel herabkommt von meinem Gott, und ich werde auf ihn auch meinen neuen Namen schreiben. Wer Ohren hat, der höre, was der Geist den Gemeinden sagt.*«

Das Schreiben ist voller Lob. Dass der Hinweis, die Gemeinde in Philadelphia habe **»eine kleine Kraft«**, auf eine zahlenmäßig kleine und wirtschaftlich schwache Gemeinde hinweist, mag man vermuten. Doch ist der Gemeinde nichts vorzuwerfen. Ihr ist eine Tür aufgetan, die nicht wieder verschlossen werden kann – nicht zu missionarischem Erfolg, wie Paulus das Bild gerne gebraucht (vgl. 1 Kor 16,9; 2 Kor 12,2), sondern zu ihrem endzeitlichen Heil. Eine Mahnung zur Umkehr ist nicht mehr nötig, sie unterbleibt; die Philadelphier gehören zum endzeitlichen Volk Gottes (Offb 3,8).

In das Lob der Gemeinde stellt Johannes das Gegenbild. Die **Juden Philadelphias** erscheinen als eine (nicht näher beschriebene) von außen kommende Gefahr für die Gemeinde. Ihr Anspruch, Versammlung (Synagoge) und Volk Gottes zu sein, wird schroff zurückgewiesen. Den Hintergrund mag hier die jüdische Auffassung gebildet haben, die Christen legten das Alte Testament gotteslästerlich aus. Die Philadelphier blieben trotz der Anfeindungen standhaft (Offb 3,8).

Johannes schätzt dabei das Judentum hoch (»*die sich als Juden ausgeben, es aber nicht sind*«). Er greift alttestamentliche Stellen auf, die er auf Christus (»der Heilige«, »der Wahrhaftige«, vgl. Jes 6,3; 65,16) und die endgültige Heilsgemeinde (der Schlüssel zum Haus Davids, vgl. Jes 22,22) hin interpretiert.

Deutlicher noch nimmt Johannes jene alttestamentlichen Aussagen für die christliche Gemeinde in Anspruch, in denen die Unterwerfung der Heiden unter das auserwählte Gottesvolk angekündigt wurde (Jes 60,14: »*Gebückt kommen die Söhne deiner Unterdrücker zu dir, alle, die dich verachtet haben, werfen sich dir zu Füßen [...]*«). In die Liebe Gottes zu seinem Volk (vgl. Jes 43,4) wird die Gemeinde in Philadelphia durch die Liebe Christi mit einbezogen – am Schluss wird es allen deutlich werden. In der Stunde der Prüfung (Offb 3,10), dem endzeitlichen Kampf zwischen Gott und Satan (vgl. Offb 13), haben die Philadelphier nichts zu befürchten – der **Kranz der Vollendung** liegt für sie bereit (Offb 3,11). Überschwänglich endet das Sendschreiben: Die Gemeinde in Philadelphia (der Überwinder) wird als Säule die Heilsgemeinde tragen; über allem aber wird sie den »neuen Namen« Christi kennen, den niemand kennt.

Alles in allem waren die Probleme in Philadelphia nicht allzu gravierend; den externen Konflikt mit der Synagogengemeinde vermochte sie zu bestehen. Doch es gab, wie wenig später Ignatius von Antiochien zeigt, wohl auch eine innergemeindliche Front.

Der Brief des Ignatius von Antiochien an die Philadelphier

Ignatius reiste etwa um 110 n. Chr. als Gefangener von Antiochien über Philadelphia, Smyrna, Troas, Neapolis und Philippi in Makedonien nach Rom (s. o., S. 70). Er traf also mit der Gemeinde in Philadelphia zusammen. Wie bereits Johannes kurze Zeit vor ihm, ist auch Ignatius voller **Lob über die Gemeinde** in Philadelphia: Sie habe Erbarmen gefunden, sei in göttlicher Eintracht gefestigt, sie frohlocke »ohne Wanken in dem Leiden unseres Herrn«, sie sei vollkommen von seiner Auferstehung überzeugt. Ignatius grüßt sie in ewiger und bleibender Freude – und dann kommt die Einschränkung doch: »besonders wenn sie eins sind mit dem Bischof und mit den Presbytern und Diakonen bei ihm« (Präskript).

Der Philadelphierbrief, von Troas aus geschrieben, wirkt bei allem Lob merkwürdig unterkühlt; kein einziges philadelphisches Gemeindeglied, nicht einmal den Bischof, nennt er mit Namen. In einem längeren Abschnitt Ign Phil 5,1–9,2 setzt er sich mit judaisierenden Christen in Philadelphia auseinander. Dabei gewährt Ignatius Einblick in eine Diskussion, die er in Philadelphia geführt hatte. Er hatte seine Sicht einer bestimmten (aber ungenannten) theologischen Frage erörtert; aus der Gemeinde wurde ihm erwidert, dass sie es so nicht im Alten Testament fänden. Den Judaisten in Philadelphia ging es nicht darum, jüdische Glaubenspraxis zu beachten (etwa die Beschneidung oder die Einhaltung des Sabbats), schon gar nicht darum, die Göttlichkeit Jesu zu leugnen, sondern darum, christliche Anschauungen im Alten Testament (»in den Urkunden«) wiederzuentdecken. Wenn sie die These aufstellten, der Glaube an das Evangelium müsse durch **»die Urkunden«** bewiesen werden, dann wohl nur, um die hohe Bedeutung zu betonen, die sie dem Alten Testament beimaßen. Ignatius sah die Gefahr, dass sie die Schriften des Alten Testaments und die Botschaft von der Auferstehung Jesu gegeneinander ausspielen könnten – und damit zwangsläufig auch das Ansehen der Gemeindeleiter untergraben würden. Alle diejenigen, für die »die Urkunden« eine besondere Anziehungskraft besaßen, mahnte er im Brief, »sich zur Einheit Gottes und zur Ratsversammlung des Bischofs [zu] bekehren« (IgnPhil 8,1).

III. Orte im westlichen Kleinasien

Sardes (Sart)

Blick vom Artemis-Tempel auf einen Berg des Boz Dağ

Einleitung

Sardes liegt etwa 85 km östlich von İzmir an der Straße zwischen Turgutlu und Salihli nahe dem Dorf Sart.

Nicht nur auf Grund seiner militärischen Stärke, sondern auch wegen der hervorragenden Lage am Ausgang des Paktolos-Tals (Sart Çayi), geschützt durch einen Berg des Tmolos-Gebirges (Boz Dağ), hielt der Lyderkönig Kroisos Sardes für uneinnehmbar. Er irrte – und blieb doch vor allem durch das große Geschichtswerk Herodots als König eines einst reichen und mächtigen Sardes in Erinnerung. Einige Jahrhunderte später müssen sich die Christen von Sardes deutliche Kritik an ihrem ausschweifenden Lebenswandel gefallen lassen (Offb 3,1–7). Wer heute Sardes besucht, wird besonders an eine **große jüdische Gemeinde** in der antiken Stadt erinnert.

Geschichtliches

Sardes war die **Hauptstadt des Königreichs Lydien**. Wahrscheinlich waren die Lyder im 12. Jh. v. Chr. in die Region eingewandert. Ihre Blütezeit begann im 6. Jh. v. Chr. nach dem Sieg über die Kimmerer. Der Reichtum des Königs Kroisos (um 560–547 v. Chr.) ist bis heute sprichwörtlich geblieben (»reich wie Krösus«). Die Grundlage seines Reichtums bildete die Ausdehnung der lydischen Herrschaft bereits unter seinem Vater Alyattes (um 600–561 v. Chr.) und während seiner eigenen Regierungszeit (vgl. Herodot 1,28). Hinzu kamen ein hochentwickeltes Handwerk, insbesondere die **Woll- und Teppichindustrie**, der **Handel** und die **Goldgewinnung**. Der Fluß Paktolos, der durch Sardes verlief, soll Goldstaub vom Tmolos mit sich geführt haben (vgl. Herodot 5,101).

Den Lydern kommt das Verdienst zu, den Handel mittels einer staatlich garantierten Währung erleichtert zu haben. Musste zuvor bei einem Geschäft der Gegenwert in Metall aufgewogen werden, führten die Lyder zunächst das **Elektron**, eine Legierung aus 1/3 Gold und 2/3 Silber mit staatlich durch Stempel garantiertem Wert und später Gold- und Silbermünzen ein.

Als Kroisos den Höhepunkt seiner Macht und seines Reichtums erreichte, so erzählt es die Legende (Herodot 1,32), kamen alle Weisen aus Hellas, um Sardes zu besuchen. Unter ihnen war **Solon**, ein Gesetzgeber **aus Athen**. Kroisos ließ ihn in die Schatzkammer führen und ihm alle seine Schätze zeigen. Danach richtete Kroisos die Frage an Solon, wer der allerglücklichste Mensch auf Erden sei. Solons Antwort beeindruckte den König: »Ich sehe wohl, daß du große Reichtümer besitzest und König über viele Völker bist. Aber das, was du fragst, kann ich nicht eher beantworten, als bis ich Kunde erhalten, daß du dein Leben auch glücklich geendet hast. Der Reiche ist nur dann glücklicher als der, welcher ausreichend zu leben hat, wenn er seinen Reichtum bis an sein Lebensende in Ruhe genießt [...] Wenn er dann noch einen schönen Tod hat, so ist er wahrhaft glücklich zu nennen, wonach du mich fragtest. Vor dem Tode darf man nicht sagen, daß jemand glücklich sei, sondern nur, ihn habe ein gutes Los getroffen.«

Als Sardes von den Persern unter **Kyros** 547 v. Chr. eingenommen und geplündert wurde und Kroisos sich auf dem Scheiterhaufen des Siegers wiederfand, erinnerte er sich an die Worte Solons. Sie beeindruckten auch Kyros, so dass er von seinem Plan abließ, Kroisos den Flammen zu übergeben (Herodot 1,68). Ob die Legende tatsächlich einen historischen Kern hat, bleibt freilich im Dunkel der Geschichte.

Nach dem Ende der Herrschaft des Kroisos wurde Sardes persisch. Die Perser konnten Sardes halten, bis 334 v. Chr. Alexander der Große in die Stadt einzog. Sardes wurde in der Folgezeit seleukidisch, dann pergamenisch und schließlich 133 v. Chr. römisch.

17 n. Chr. suchte ein Erdbeben die Stadt heim. Dank einem Wiederaufbauprogramm, das Kaiser Tiberius (14–37 n. Chr.) initiierte und das neben einer großzügigen Schenkung auch einen Steuererlass für fünf Jahre umfasste, konnte Sardes neu erbaut werden (vgl. Strabon, Geographica 13,4,8).

Die Einwohner waren bemüht, der Stadt den früheren Glanz zurückzugeben. Doch ihr sehnlicher Wunsch, einen Tempel für Tiberius, seine Mutter Livia und den römischen Senat errichten zu dürfen, wurde nicht erfüllt. Der Tempel wurde Smyrna zugesprochen. In römischer Zeit blieb Sardes vor allem für seine Wollindustrie bekannt.

Mit Beginn des 7. Jh.s n. Chr. wird es um das antike Sardes still. Nach dem Persereinfall unter Chosroes II. 616 n. Chr. verlor die Stadt an Bedeutung. Weitere schwere Erdbeben im 7. Jh. n. Chr. führten zur Zerstörung von Sardes.

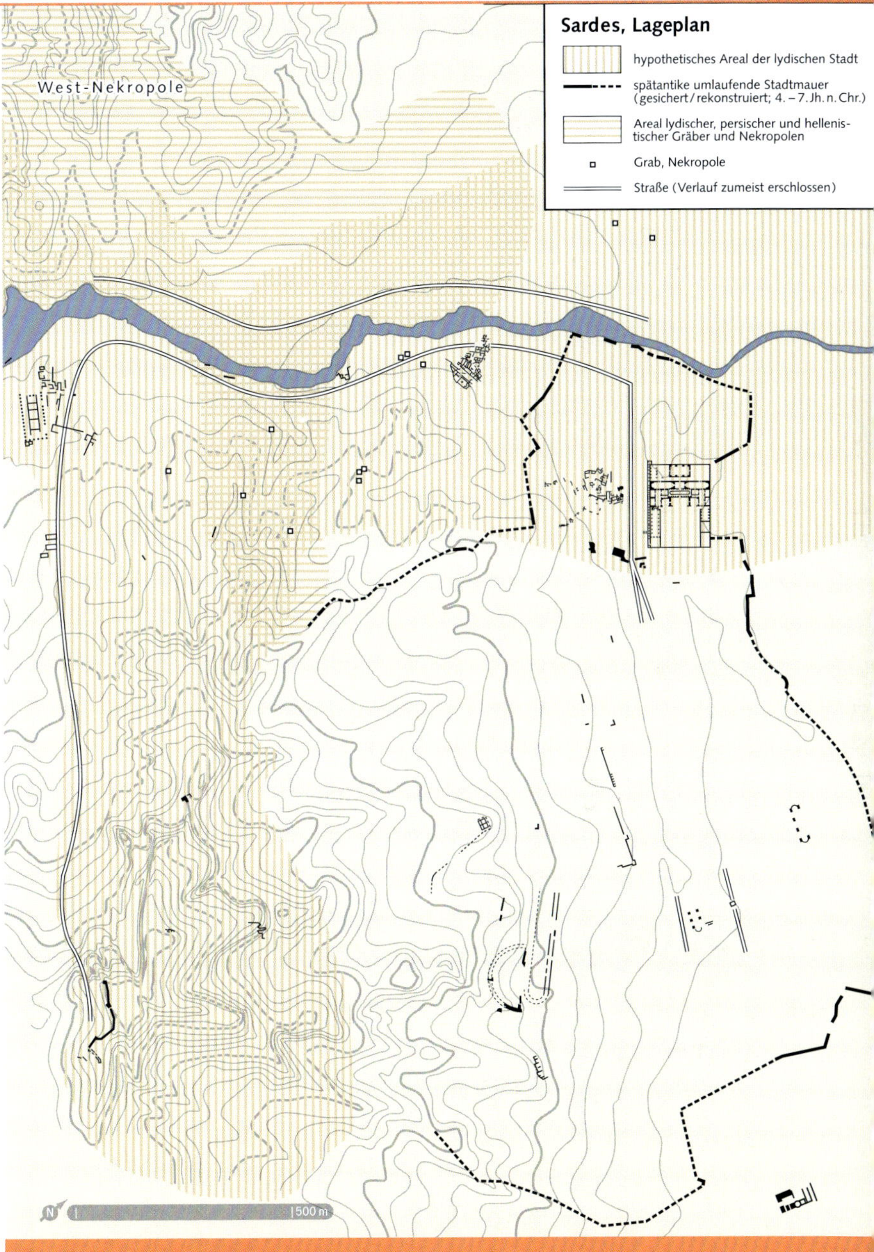

Lageplan Sardes

Archäologisches

Erste Grabungen durch die Universität Princeton in den Jahren 1910–1914 galten dem Artemis-Tempel. Seit 1958 erforschen die Archäologen der Universitäten Harvard und Cornell das antike Sardes. Ihr Interesse gilt neben dem Artemis-Tempel insbesondere dem großen Thermen-Gymnasium-Komplex im nordwestlichen Stadtgebiet (vgl. Abb.). Der Komplex wird südlich durch die Hauptstraße begrenzt. Zwischen der Hauptstraße und dem Sportplatz des Gymnasiums (*palaestra*) liegt ein Gebäude, das 1963 als Synagoge identifiziert wurde.

Artemis-Tempel

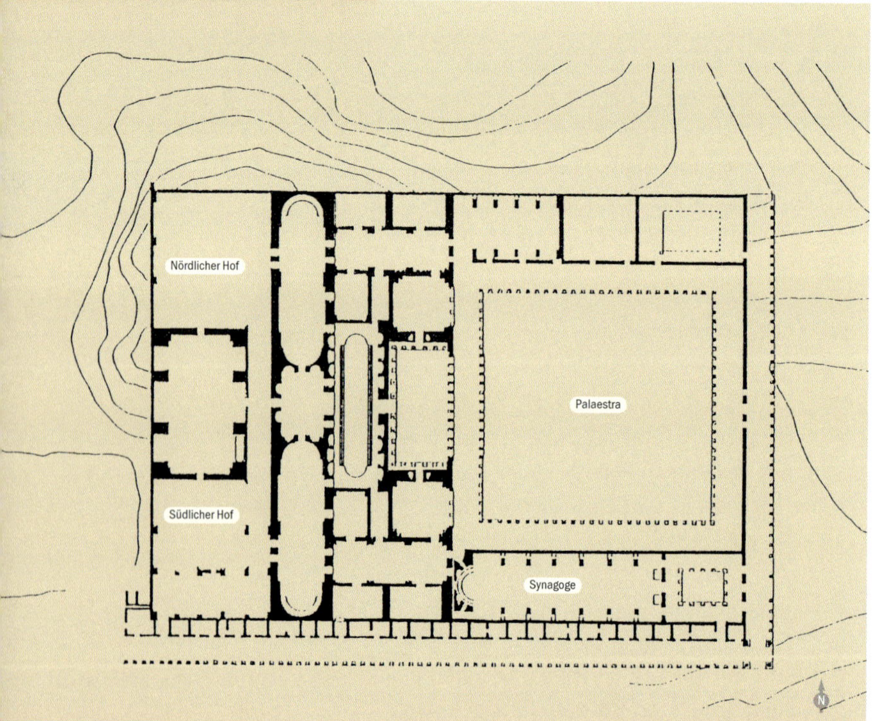

Plan des Thermen-Gymnasium-Komplexes

Der Artemis-Tempel

Der Bau des Artemis-Tempels am Paktalos begann in hellenistischer Zeit über einem ehemaligen Kybele-Heiligtum. Wie Herodot berichtet (5,102), fiel das Heiligtum 499 v. Chr. einem Brand zum Opfer. Der ionische Tempel hatte nur an der Frontseite frei stehende Säulen. An den übrigen Seiten waren Halbsäulen der Cellawand vorgeblendet (*Pseudodipteros*). In der Zeit des Tiberius wurde der bei dem Erdbeben 17 n. Chr. eingestürzte Tempel originalgetreu nachgebaut. Zunächst der Artemis gewidmet, wurde die Cella in römischer Zeit geteilt. Man fand Kopfteile der **Statuen von Artemis** und von Faustina, der Frau des römischen Kaisers Antoninus Pius. Im östlichen, der Faustina gewidmeten Teil sind zwei aufrecht stehende Säulen erhalten geblieben. Die südliche Säule trägt ein Kapitell aus römischer, die nördliche eines aus hellenistischer Zeit. Im 4. Jh. n. Chr. wurde an die südöstliche Ecke des Tempels eine Kapelle gebaut.

Das Gymnasium

Das Gymnasium wurde nach dem Erdbeben 17 n. Chr. auf einer aufgeschütteten Terrasse über zuvor unbewohntem Gebiet errichtet. Die Arbeiten erstreckten sich in verschiedenen Phasen bis zum Ende des 4. Jh.s n. Chr. Ein Eingang zum Thermen-Gymnasium-Komplex befindet sich an der beinahe 10 Meter breiten Hauptstraße, die gepflastert und von Kolonnaden und Läden gesäumt war. Die Handelsstraße bildete auch einen Teil der **persischen Königsstraße** von Sardes über Gordion nach Susa. Westlich der Palaestra wurde der zweigeschossige Marmorhof in

Artemis-Tempel mit Kapelle (4. Jh.)

Marmorhof des Gymnasiums

Hauptstraße

Hinweisschild auf ein ehemaliges Geschäft

voller Höhe wieder aufgebaut. In gleicher Höhe grenzten die Thermen an. Ursprünglich stand zwischen der Palaestra und dem Marmorhof eine Säulenreihe. Durch das Mitteltor des Marmorhofes gelangte man in das quer zum Hof liegende Kaltwasserbad (*frigidarium*). Nördlich und südlich der Palaestra waren in einer ersten Bauphase jeweils drei Räume vorgesehen. Die südlich liegenden Räume wurden zu einer Synagoge ausgebaut.

Synagoge

Die Synagoge

Nicht nur in den großen Küsten- und Handelsstädten wie Ephesus, Milet und Smyrna gab es jüdische Gemeinden, sondern auch in Orten im Inland (z. B. Tralles, Nysa, Philadelphia). Zumeist sind die jüdischen Gemeinden jedoch nur durch Inschriften belegt; sehr selten lässt

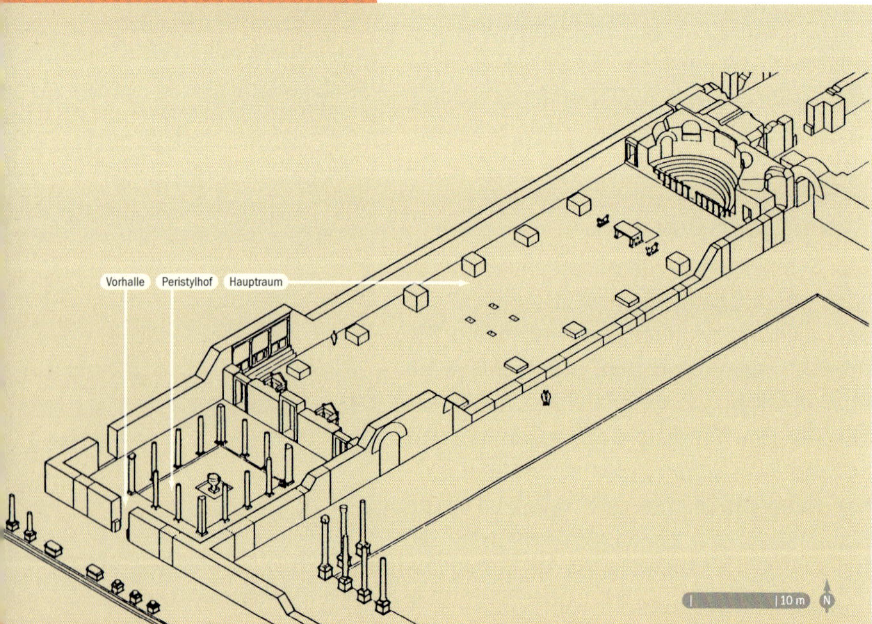

Rekonstruktionszeichnung der Synagoge

sich ein archäologischer Nachweis führen (wie in Milet, s. o.). Umso erstaunlicher ist die Entdeckung der Synagoge von Sardes, der auf Grund ihrer erheblichen Größe, ihrer Ausstattung und ihrer zentralen Lage besondere Bedeutung zukommt.

Synagogen waren grundsätzlich nicht nur am Sabbath und zu Festtagen Orte der Gemeindeversammlung, sondern sie boten auch Raum für den Schulbetrieb, die Versorgung der Armen, die Unterbringung von Gästen und für die Erledigung von Rechtsstreitigkeiten.

Die Synagoge von Sardes wurde möglicherweise bereits um 200 n. Chr. errichtet. Ihr Eingang befand sich an der östlich vorbeiführenden Kolonnadenstraße (vgl. Abb.). Durch

Marmorintarsien

Altar in der Synagoge

Bodenmosaiken

einen in die Straßenkolonnaden integrierten Vorbau gelangte man in einen 18,50 × 21,60 Meter großen, von einer Säulenreihe umgebenen Hof (*Peristylhof*), in dessen Mitte ein großes Marmorgefäß aufgestellt war (das Original befindet sich heute im Archäologischen Museum in Manisa). Die um den Hof liegenden Hallen waren gedeckt, die Böden mit Mosaiken ausgelegt, die Wände mit Marmorintarsien verkleidet. Drei Türen führten zu einer 58,30 Meter langen und 18,50 Meter breiten Pfeilerbasilika mit sehr schmalen Seitenschiffen. In der Apsis wurden drei Sitzreihen, die Platz für etwa 70 Personen boten, eingebaut, davor **ein von lydischen Marmorlöwen flankierter Tisch**. Die Steinplatte hat eine Länge von 2,43 Metern und eine Breite von 1,22 Metern. Durch einen glücklichen Umstand lässt sich der Bau in dieser Phase recht sicher datieren, denn zum Zweck der Konservierung wurden die Bodenmosaiken im Hauptraum und im Peristylhof angehoben und neu verlegt. Unter ihnen fand man etwa 400 Münzen, die aus der Zeit von 346–380 n. Chr. stammen.

Das frühe Christentum

Eine christliche Gemeinde in Sardes ist durch das fünfte Sendschreiben der Johannesoffenbarung, später auch durch die Schriften des Bischofs Melito belegt.

Die Gemeinde der Johannesoffenbarung (Offb 3,1–6)

Johannes schreibt den Christen in Sardes: *»An den Engel der Gemeinde in Sardes schreibe: So spricht Er, der die sieben Geister Gottes und die sieben Sterne hat: Ich kenne deine Werke. Dem Namen nach lebst du, aber du bist tot. Werde wach und stärke, was noch übrig ist, was schon im Sterben lag. Ich habe gefunden, dass deine Taten in den Augen meines Gottes nicht vollwertig sind. Denk also daran, wie du die Lehre empfangen und gehört hast. Halte daran fest und kehr um! Wenn du aber nicht aufwachst, werde ich kommen wie ein Dieb und du wirst bestimmt nicht wissen, zu welcher Stunde ich komme. Du hast aber einige Leute in Sardes, die ihre Kleider nicht befleckt haben; sie werden mit mir in weißen Gewändern gehen, denn sie sind es wert. Wer siegt, wird ebenso mit weißen Gewändern bekleidet werden. Nie werde ich seinen Namen aus dem Buch des Lebens streichen, sondern ich werde mich vor meinem Vater und vor seinen Engeln zu ihm bekennen. Wer Ohren hat, der höre, was der Geist den Gemeinden sagt.«*

Das Sendschreiben erinnert an den Brief nach Ephesus. Auch in Sardes steht die Gegenwart im Widerspruch zur Anfangszeit der Gemeinde. Nur wenigen kann schon jetzt das endzeitliche Heil angekündigt werden. Insgesamt lebe die Gemeinde nur noch dem Namen nach. Weil aber die Zeit der letzten Versuchung nur wachend bestanden werden kann (vgl. Mk 13,33), müsse sie jetzt wach werden. Das Bild vom **»Dieb in der Nacht«**, das z. B. in Mt 24,43–44/ Lk 12,39–40 (vgl. auch 1 Thess 5,2,4; 2 Petr 3,10) das plötzliche Kommen des Jüngsten Tages bezeichnet, wird hier auf das Kommen Christi angewendet (vgl. auch Offb 16,15).

Johannes knüpft an die bekannte Wollindustrie in Sardes an, wenn er mit dem Tragen **»weißer Gewänder«** einerseits die wenigen untadelig lebenden Christen der Gemeinde heraushebt und andererseits denjenigen, die umkehren, das weiße, himmlische Gewand der Vollendeten verheißt. Weiß ist nicht nur die Farbe der sardischen Wolle, sondern auch die Farbe der himmlischen Welt.

Im **Buch des Lebens** sind – analog zum Buch einer Stadt – diejenigen eingetragen, die himmlisches Bürgerrecht besitzen. Sie bleiben im Gericht bewahrt und gehen in das ewige Gottesreich ein. Christus werde sich im Endgericht zu den Überwindern bekennen; Gott allein wird richten (vgl. 20,11–15).

Melito von Sardes

Polykrates von Ephesus nennt im Osterfeststreit (195 n. Chr.) den sardischen Bischof Melito, der um 190 n. Chr. gestorben ist, einen der »großen Sterne Asias«. Eusebius von Cäsarea listet eine Reihe von Schriften des Melito auf, unter anderen eine Verteidigungsschrift des Christentums, die an den Kaiser Marc Aurel (161–180 n. Chr.) gerichtet war. Der sardische Bischof beklagt eine deutlich verschärfte Situation, der die Christen ausgesetzt waren (s. o. zu Ephesus, S. 56). Weitere Bischöfe von Sardes sind im Zusammenhang des Konzils von Nizäa 325 n. Chr. und für das spätere 4. Jh. bekannt.

III. Orte im westlichen Kleinasien

Smyrna (İzmir)

Ansicht des modernen İzmir

Einleitung

Das moderne İzmir ist mit 3 000 000 Einwohnern die **drittgrößte Stadt der Türkei** (nach Istanbul und Ankara). Sicher ist die Stadt mit ihrer Uferpromenade, dem Kordon, und dem Basarviertel Kemealti noch immer eine »Perle der Ägäis« oder einfach das »Güzel İzmir«, das »schöne İzmir«. Woher der alte Name Smyrna stammt, ist unsicher. Antike Dichter (Kallinos aus Ephesus, Hipponax aus Ephesus) führen den Namen auf eine Amazone Smyrna zurück. Nach ihr seien Alt-Smyrna und Ephesus benannt worden. Eine sprachwissenschaftliche Erklärung leitet den Namen Smyrna über den alten Ortsnamen Tismurna ab, der wiederum seinen Ursprung in den Beinamen der Artemis Samornia/Samonia/Samorna haben soll.

Geschichtliches

Das **alte Smyrna** enstand im 3. Jahrtausend v. Chr. Die erste Siedlung wurde auf einem Hügel im nördlichen Vorort Bayraklı (etwa 4 km vom Zentrum

Stadtplan von İzmir

İzmirs entfernt) gegründet (vgl. Abb.). Im 11. Jh. v. Chr. siedelten hier Äolier, wie Funde von Lehmziegelhäusern belegen. Um 700 v. Chr. übernahmen Ionier aus Kolophon Smyrna (vgl. Herodot 1, 150).

Auf die weitere Geschichte Alt-Smyrnas schaut Strabon zurück: »Nachdem die Lyder Smyrna niedergerissen hatten, haben die Smyrnäer rund vierhundert Jahre lang in Dörfern gewohnt. Dann haben Antigonos und danach Lysimachos die Stadt wieder aufgebaut, und jetzt ist sie die schönste von allen. Ein Teil liegt ummauert auf einem Berg, das meiste aber im Ebenen bei dem Hafen, bei dem Metroon und bei dem Gymnasion. Das Straßennetz zeichnet sich dadurch aus, dass es nach Möglichkeit gradlinig ist, die Straßen sind gepflastert, und es gibt große quadratische Säulenhallen sowohl zu ebener Erde als mit Obergeschoss. Auch eine Bibliothek gibt es und das Homereion, eine quadratische Säulenhalle mit einem Tempel und einem Kultbild Homers; auch sie nämlich erheben ganz besonderen Anspruch auf den Dichter, und eine bestimmte Kupfermünze bei ihnen wird Homerion genannt. Nah an der Mauer fließt der Fluss Meles. Zu der übrigen Ausstattung der Stadt kommt auch noch ein abschließbarer Hafen. Nur *einen*, nicht geringen Fehler haben die Baumeister damit gemacht, dass sie die Straßen, als sie sie pflasterten, nicht mit unterirdischen Abflüssen versehen haben: Überall liegt Unrat, besonders wenn bei Regengüssen die Abfälle über die Straße geschwemmt werden« (Geographica 14,1,37).

Schon Strabon ist sich nicht ganz sicher, ob die Smyrnäer mit Recht stolz darauf sein konnten, im **Geburtsort Homers** zu leben. Immerhin zeigen seine Beobachtungen, dass man in Smyrna keinen Zweifel hatte, Homer sei hier im 8. Jh. v. Chr. geboren worden.

Archäologen konnten die **Zerstörung** der Stadt **durch den Lyder Alyattes** um 600 v. Chr. nachweisen. Bis in das 4. Jh. v. Chr. existierten nur verstreute Dorfsiedelungen. Erst Alexander der Große war sich der hervorragenden Lage Smyrnas am Ende der Handelsstraßen bewusst und veranlasste 334 v. Chr. die **Neugründung am Pagosberg** (heute der sich mitten in der Stadt İzmir 160 Meter emporhebende Kadifekale = »Samtburg«). Ob er die Weisung tatsächlich in einem Traum am Pagosberg erhielt, bleibt – wie so oft – ein Geheimnis der Geschichte. Die Neubewohner von Smyrna jedenfalls befragten das Orakel des Apollon in Klaros, nahe Ephesus. Die inschriftlich erhaltene Antwort war eindeutig: »Drei- und viermal so glücklich werden die Menschen hier sein, die auf dem Pagos am heiligen Melesfluss bauen.«

Im Auftrag Alexanders ließen Antigonos und Lysimachos zunächst eine Zitadelle und dann die Stadt errichten. Eine Zeit großer Blüte folgte. Die Smyrnäer erkannten frühzeitig die Bedeutung Roms als der neuen Macht im Mittelmeerraum. Bereits 195 v. Chr. widmeten sie der Dea Roma, der Stadtgöttin Roms, einen Tempel. Smyrna wurde als Teil des Erbes Attalos' III. als »freie Stadt« der Provinz Asia angegliedert. Die Smyrnäer pflegten den **Kaiserkult** und konnten 26 n. Chr. einen großen Sieg über die kleinasiatischen Konkurrentinnen Ephesus und Pergamon erringen: Der Stadt wurde die begehrte Kaiserneokorie gewährt; die Smyrnäer bauten den Tempel für Tiberius, Livia und den Senat (vgl. o. zu Ephesus, S. 36).

Zu Beginn des 1. Jh.s n. Chr. hatte Smyrna etwa **100 000 Einwohner**. Eine große Zahl jüdischer Smyrnäer genoss verschiedene Privilegien, darunter das Recht, das Gesetz beachten zu dürfen, Gottesdienste abzuhalten und vom Militärdienst befreit zu sein.

Schwere Zerstörungen erlitt die Stadt durch Erdbeben in den Jahren 178 und 180 n. Chr.

Im 8. Jh. n. Chr. wurde Smyrna von Arabern geplündert, war im 11. Jh. seldschukisch, im 13. Jh. byzantisch und geriet schließlich im 14. Jh. erneut unter seldschukische Herrschaft. Ab 1415 gehörte Smyrna endgültig zum Osmanischen Reich und fungierte auf Grund des Hafens als wichtigste

Die Agora

Untergeschoss der Agora

Osmanische Aquädukte

Exportstadt. Der griechisch-türkische Konflikt 1920–1922 endete mit der türkischen Eroberung der Stadt – aus Smyrna wurde İzmir. Nach Athen emigrierte Griechen gründeten dort den Stadtteil *Nea Smirni* (Νέα Σμύρνη).

Archäologisches

Erste Ausgrabungen fanden durch John Cook 1948–1951 statt. Die gründliche Erforschung Alt-Smyrnas wurde 1966–1983 von dem türkischen Archäologen Ekrem Akurgal geleitet. Akurgal konnte nachweisen, dass Alt-Smyrna durchgehend von 1050–300 v. Chr. bewohnt war.

Das antike Smyrna wird weitgehend vom modernen İzmir verborgen gehalten. In der Altstadt sind jedoch Überreste der im 2. Jh. n. Chr. angelegten, recht bald zerstörten und sodann wiedererrichteten **Agora** freigelegt worden. Der 120 × 180 Meter große Marktplatz wurde im Westen und im Osten von Säulenhallen gesäumt. 13 korinthische Säulen stehen an der Westseite. Im Norden stand eine dreischiffige Basilika. An der Nordwestecke der Agora führen Stufen in das aus gedrungenen Gewölben zusammengesetzte **Untergeschoss**. Ein Relieffragment, das Poseidon und Demeter darstellt und ursprünglich wohl Teil eines Altars war, befindet sich im Archäologischen Museum der Stadt.

Etwa 900 Meter südlich der Agora sind Reste des bereits von Strabon beschriebenen **Straßennetzes** (Altin Yol = Goldene Straße; Roma Yolu = Römische Straße) erhalten (s. o.).

Im Süden İzmirs, im Stadtteil Kizil Çullu, sind zwei **osmanische Aquädukte**, mit denen Wasser zur Stadt geleitet wurde, zu sehen.

Das frühe Christentum

Wann und von wem eine christliche Gemeinde in Smyrna gegründet wurde, lässt sich nicht mehr feststellen. Eine smyrnäische Gemeinde erscheint zum ersten Mal als Adressatin eines der Sendschreiben der Johannesoffenbarung. Wenig später schrieb Ignatius von Antiochien einen Brief an die Christen Smyrnas.

Zu Beginn des 2. Jh.s war **Polykarp** Bischof von Smyrna. Er ist bis heute der wichtigste christliche Schutzpatron İzmirs. Die Christen gedenken seines Todestages am 23. Februar; die Kirche des heiligen Polykarp, in der Mitte der Stadt İzmir, deren heutiger Bau auf eine Erweiterung im Jahre 1898 zurückgeht, zeigt eine eindrückliche Darstellung seines Martyriums.

Die Gemeinde der Johannesoffenbarung (Offb 2,8–11)

Johannes schreibt der Gemeinde in Smyrna: »*An den Engel der Gemeinde in Smyrna schreibe: So spricht Er, der Erste und der Letzte, der tot war und wieder lebendig wurde: Ich kenne deine Bedrängnis und deine Armut; und doch bist du reich. Und ich weiß, dass du von solchen geschmäht wirst, die sich als Juden ausgeben; sie sind es aber nicht, sondern sind eine Synagoge des Satans. Fürchte dich nicht vor dem, was du noch erleiden musst. Der Teufel wird einige von euch ins Gefängnis werfen, um euch auf die Probe zu stellen, und ihr werdet in Bedrängnis sein, zehn Tage lang. Sei treu bis in den Tod; dann werde ich dir den Kranz des Lebens geben. Wer Ohren hat, der höre, was der Geist den Gemeinden sagt: Wer siegt, dem kann der zweite Tod nichts anhaben.*«

Johannes tröstet die Gemeinde. Sie lebe in äußerster Bedrängnis, doch die Zeit ihres Leidens werde nur zehn Tage dauern. In der Form eines Heilsorakels wird ihr die endzeitliche Befreiung angekündigt: »*Fürchte dich nicht …*«. Ihrer äußeren **Armut** stellt der Seher lobend den **geistigen Reichtum** der Gemeinde gegenüber (vgl. auch 2 Kor 6,10; Jak 2,5).

Was brachte die Smyrnäer in eine Bedrängnis, die so viele anerkennende und tröstende Worte erforderlich machte?

Ähnlich wie in Philadelphia (s. o.) sahen die Christen sich Verleumdungen durch die Juden in der Stadt ausgesetzt. Sehr pauschal spricht Johannes von »Schmähungen«. Man wird einen offenen Widerspruch der Juden gegen das Bekenntnis der Gemeinde zu Christus vermuten dürfen. Johannes spricht ihnen daraufhin ab, Versammlung (»Synagoge«) Gottes zu sein (vgl. Num 16,3), und bezeichnet sie als »Synagoge des Satans«.

Auf den Teufel führt der Seher die konkrete Bedrängnis zurück, der einzelne Christen Smyrnas ausgesetzt sein würden. Die erwartete kurze Haft Einzelner stellt eine **Erprobung ihrer Treue im Glauben** dar.

Der Trost des Johannes für die bedrängten Smyrnäer gipfelt in der Verheißung, sie würden »den **Kranz des Lebens**«, den endzeitlichen Siegerkranz, tragen. Der Siegerkranz als Bild für den Lohn eines christlichen Lebens war den Urchristen vertraut (vgl. 1 Kor 9,24; Phil 3,14; 2 Tim 2,5).

Der Brief des Ignatius von Antiochien an die Gemeinde in Smyrna

Ignatius, Bischof von Antiochien, schreibt etwa 110 n. Chr., und damit wohl gut zehn Jahre später als der Seher, auf seinem Weg zum Martyrium in Rom von Troas aus an die Christen in Smyrna. Sein Schreiben ist voller Lob. Doch gleich zu Beginn werden die smyrnäischen Gegner in den Blick genommen. Ignatius formuliert das Bekenntnis der Christen, deren »unverrückbaren Glauben« er preist. Sie glauben daran, dass Jesus Christus »wahrhaftig aus dem Geschlecht Davids nach dem Fleische, Sohn Gottes nach Gottes Willen und Macht, wahrhaftig geboren aus einer Jungfrau, [...] wahrhaftig für uns angenagelt im Fleische unter Pontius Pilatus und dem Tetrarchen Herodes [...] auf dass er für ewige Zeiten ein Wahrzeichen aufrichte durch seine Auferstehung für seine Heiligen und Glaubenden, ob unter den Juden oder unter den Heiden, in dem einen Leib seiner Kirche« (IgnSm 1,1–2).

Den Hintergrund für dieses die Fleischlichkeit des Gottessohnes betonende Bekenntnis bildet die Gegnerfront, der die Smyrnäer tapfer Widerstand leisten. Es sind **Doketen** (vom griechischen δοκέω = scheinen), die behaupten, dass Jesus Christus zwar irdisch gelebt, doch nur scheinbar gelitten habe und gestorben sei. Vor seinem Leiden habe der Gottessohn den irdischen Leib verlassen.

Für Ignatius würde mit dem Doketismus alles in Frage gestellt, auch der Sinn seines eigenen Martyriums. Daher schreibt er den Smyrnäern: »Ich treffe aber Vorsorge für euch gegen die Bestien in Menschengestalt, die ihr nicht nur nicht aufnehmen solltet, sondern denen ihr womöglich noch nicht einmal begegnen solltet, nur für sie beten, ob sie sich vielleicht bekehren, was freilich schwierig ist. Das steht in der Macht Jesu Christi, unseres wahren Lebens. Wenn all dies von unserem Herrn [nur] zum Schein vollbracht worden wäre, dann bin ich auch [nur] zum Schein in Fesseln. Und wozu habe ich mich dem Tode überliefert, dem Feuer, dem Schwerte, den Bestien?« (4,1–2).

Polykarp von Smyrna

Polykarp, der Bischof von Smyrna, genoss – wohl stärker außerhalb als innerhalb seiner Gemeinde – ein hohes Ansehen. Er war ein Zeitgenosse des Ignatius von Antiochien und des Papias von Hierapolis (s. o., S. 113).

Die meisten Briefe Polykarps gingen früh verloren. Schon Irenäus von Lyon kannte um 180 n. Chr. nur den **Brief an die Philipper** (Haer III 3,4). Polykarp behandelt in diesem Schreiben (vielleicht um 105–110 n. Chr.) vor allem zwei Punkte: zum einen die Wirksamkeit von Irrlehrern in Philippi, zum anderen den Fall des Presbyters Valens. Auf beide Punkte ist er vermutlich von der Gemeinde in Philippi angesprochen worden. Man darf vermuten, dass die Situation in Philippi ähnlich war wie in Smyrna. Polykarp wendet sich grundsätzlich gegen die doketischen Lehren (s. o.): »Denn jeder, der nicht bekennt, daß Jesus Christus im Fleisch gekommen ist, ist ein Antichrist; und wer das Zeugnis des Kreuzes nicht bekennt, steht auf der Seite des Teufels; und wer die Worte des Herrn nach den eigenen Begierden umbiegt und sagt, daß es weder Auferstehung noch Gericht gebe, der ist der Erstgeborene des Satans« (Polyk 7,1).

Über den Märtyrertod des Polykarp entstand wohl 166/67 n. Chr. eine Abhandlung in Briefform: das sogenannte **»Martyrium des Polykarp«**. Doch waren die Verfasser nicht daran interessiert, ein historisches Protokoll zu erstellen. Vielmehr wollten sie ein erbauliches Dokument schaffen, das in der gottesdienstlichen Feier des Todestages Polykarps seinen Ort haben sollte. So enthält die Schrift zum Beispiel auch ein Gebet Polykarps (MartPol 14,1–3) und äußert die Hoffnung, Gott werde solche Feierlichkeiten zum Gedenken Polykarps möglich machen (MartPol 18,3).

III. Orte im westlichen Kleinasien

Pergamon (Bergama)

Das Theater

Blick vom Burgberg auf Bergama

Blick vom Burgberg auf den Bakır Çayı

Einleitung

Pergamon (in vorgriechischer Sprache = »Burg« oder »Festung«) liegt im südlichen Mysien auf einem 337 Meter hohen, nach Westen, Norden und Osten sehr steil abfallenden Berg, knapp 30 km von der Küste entfernt am nördlichen Rand der Ebene des Flusses Kaikos (Bakır Çayı). Der heutige Ort Bergama mit etwa 70 000 Einwohnern liegt am Fuß des Burgberges des antiken Pergamon. Südwestlich vor der Stadt liegen die Ruinen des Asklepieions.

Pergamon hat sich durch manche Besonderheit in bleibender Erinnerung gehalten. Einst beherbergte die Stadt die um 170 v. Chr. gegründete (nach der alexandrinischen) zweitgrößte **Bibliothek** mit etwa 200 000 Buchrollen. Sie hatte ihren Ort wahrscheinlich im Obergeschoss der Nordhalle des Athena-Tempels (s. o. zur Celsus-Bibliothek in Ephesus, S. 44).

Nach einer Legende wurde das **Pergament** in Pergamon erfunden. Als die Ptolemäer den Export von Papyrus verboten, habe man dünn geschabte Kälberhaut als neues Schreibmaterial genutzt: das Pergament. Es wurde nicht wie Papyrus gerollt, sondern zu Kodizes gebunden – das Buch entstand.

Pergamon besaß das weithin berühmte Asklepieion (s. u.) – es wurde durch unzählige Berichte über Wunderheilungen zum »Lourdes« Asias – und, was für den heutigen Besucher wohl am eindrucksvollsten ist, das **steilste Theater der Welt** mit einem Zuschauerraum, der 37,50 Meter in die Höhe ragt.

Geschichtliches

Pergamon, das wohl schon im 2. Jahrtausend v. Chr. besiedelt war, kam im 6. Jh. zunächst unter lydische, dann unter persische Herrschaft. Bis zum 3. Jh. v. Chr. war Pergamon kein Ort von überregionaler Bedeutung. Doch ein Datum sollte für seinen späteren Ruhm wichtig werden: In der erste Hälfte des 4. Jh.s v. Chr. brachte Archias, ein wohlhabender und einflussreicher

Pergamener, den **Asklepios-Kult** nach Pergamon. Archias wurde durch eine Kur im griechischen Epidauros geheilt, nachdem er sich bei der Jagd den Fuß verletzt hatte. Aus Dankbarkeit begründete er den Asklepios-Kult in seiner Heimatstadt, der in der Folgezeit zur Bedeutung Pergamons beitrug.

Nach dem Tod Alexanders des Großen wurde Pergamon zunächst von Antigonos und danach von Lysimachos regiert. Philetairos war Stadtkommandant des Lysimachos; ihm oblag der Schutz der Kriegsbeute, die Lysimachos von Antigonos erorbert hatte: 9000 Talente Silber (dies entspricht etwa 180 000 kg). Das Vermögen versetzte Philetairos in die Lage, ein eigenes Reich aufzubauen. Zunächst errichtete er eine durch eine Mauer geschützte Stadt auf dem oberen Südabhang des Burgberges. Er adoptierte seinen Neffen Eumenes und gründete die **Dynastie der Attaliden**, die bis 133 v. Chr. regierte.

Unter den Brüdern Eumenes II. und Attalos II. erlebte Pergamon einen ersten glanzvollen Höhepunkt. **Das Pergamenische Reich**, das sich zunächst nur auf Mysien erstreckte, konnte erheblich erweitert werden. Roms Sieg über Antiochus III. bei Magnesia am Sipylos folgte der Friede von Apameia (188 n. Chr.), der Pergamon die Herrschaft über das gesamte westliche Kleinasien mit Ausnahme von Karien und Lykien einbrachte (vgl. Abb.). Nachdem Eumemes 183 n. Chr. im Krieg gegen König Prusias von Bithynien siegte, kam Galatien dazu. Eumenes entwickelte eine umfangreiche Bautätigkeit auf dem Burgberg. So ließ er den Zeus-Altar (den sogenannten »Pergamonaltar«, der sich im Pergamonmuseum in Berlin befindet) , die Hallenanlagen und die Bibliothek am Athena-Tempel sowie die untere Agora errichten.

Attalos III. vererbte sein Königreich an Rom. Von da an stieg die Bevölkerungszahl in der Stadt stark an. Etwa 160 000 Einwohner lebten in der Unterstadt, am Fuß des Burgberges, auf dem Gebiet der heutigen Stadt Bergama. Der **Kaiserkult** spielte in Pergamon eine wichtige Rolle. Bereits im Jahre 29 v. Chr. wurde ein Heiligtum für Augustus und die Göttin Roma errichtet. Augustus verlieh der Stadt den Titel »Tempelhüterin« (*Neokoros*).

Pergamon erlebte unter **Trajan** (98–117 n. Chr.) und **Hadrian** (117–138 n. Chr.) eine zweite Blütezeit. Unter Trajan erhielt Pergamon die Erlaubnis, zwei provinziale Kaisertempel zu unterhalten. Gegen Ende der Regierungszeit Hadrians wurde das Asklepieion ausgebaut.

Im 4. Jh. n. Chr. gab man die Unterstadt auf. 716 n. Chr. eroberten Araber Pergamon und 1302 n. Chr. Seldschuken. 1334 n. Chr. kam Pergamon unter die Herrschaft der Osmanen. Der Burgberg und das Asklepieion blieben fortan unbesiedelt, am südlichen Fuß des Berges entstand die neue Stadt Bergama.

Archäologisches

Systematische Ausgrabungen begannen in Pergamon im Jahre 1878. Carl Humann legte im Auftrag der Königlichen Museen zu Berlin die Friesplatten des Zeus-Altars frei. Mit Genehmigung des Osmanischen Reiches kamen sie nach Berlin. Seit 1900 ist das Deutsche Archäologische Institut für die Grabungen verantwortlich. Zunächst wurden die Arbeiten 1900–1911 von Wilhelm Dörpfeld und ab 1927 von Theodor Wiegand geleitet. Wiegand forschte insbesondere im Asklepios-Heiligtum. Nach einer kriegsbedingten Unterbrechung wurden die Grabungsarbeiten 1957–1968 unter der Leitung von Erich Boehringer wieder aufgenommen. 1971–2005 hatte Wolfgang Radt die Grabungsleitung inne.

Die Vielzahl der zu besichtigenden Monumente erfordert es, für diesen Abschnitt eine Auswahl zu treffen. Es sollen zunächst diejenigen Bauwerke auf dem Burgberg beschrieben werden, die dem Besucher auf dem »klassischen« Rundweg begegnen, anschließend wird das Grabungsareal des Asklepieions vorgestellt.

Der Zeus-Altar (Pergamonaltar)

Eumemes II. ließ nach seinem Sieg über König Prusias von Bithynien 183 v. Chr. den Zeus-Altar errichten. Die Grundsteinlegung fand möglicherweise im Jahre

Reste des Zeus-Altars

180 v. Chr. statt, fertiggestellt wurde der Bau unter Attalos II., vielleicht um 155 v. Chr. (vgl. Abb.) Entscheidend bei der Anlage des Altars war, dass er dem Athena-Tempel untergeordnet sein musste. Erst in römischer Zeit ließ man solche Bedenken fallen, sodass die Tempel der Kaiser schließlich die der anderen Götter zu überragen vermochten. Eumenes errichtete seinen Altar auf einer Terrasse, etwa 25 Meter unterhalb des Athena-Tempels. Allerdings wurde der Altar viermal so groß wie der Tempel! Die ionische Bautradition gab die Konstruktion vor. Auf einer Plattform umgab eine Mauer im Rechteck den Opferaltar. Der Bau war nach Osten hin ausgerichtet, man betrat ihn über die fast 20 Meter breite Freitreppe im Westen. Er war 36,5 Meter breit, 34 Meter tief und hatte eine Gesamthöhe von etwa 10 Metern. Den Unterbau auf einem vierstufigen Sockel, selbst etwa 6 Meter hoch, umlief der – heute in Berlin zu bestaunende – 2,30 Meter hohe und 113 Meter lange Fries mit den Darstellungen der Götter- und Gigantenschlacht. Der Kampf des Eumenes gegen die Galater bildet den historischen Hintergrund dieser Darstellungen. Den Oberbau, wiederum auf einem Sockel, umschloss eine ionische Säulenhalle.

Modell des Pergamonaltars

Modell des Burgberges von Pergamon im 2. Jh. n. Chr.

Die Rückwand zum Altarhof war geschmückt mit dem **Fries des Telephos**, des sagenhaften Ahnherren des pergamenischen Reiches. Davor befand sich der 25,5 Meter breite und 15,5 Meter tiefe Platz mit dem Opferaltar. Nur wenige hatten bei einer Opferzeremonie Zutritt zum Altar: sicher die Priesterin der Athena, ein Priester des Zeus, der König und einige hohe Würdenträger. Die übrige Festversammlung erlebte das Geschehen am Fuß der Freitreppe.

Allem Bedauern darüber, dass der Zeus-Altar im weit entfernten Berlin und nicht an seinem Ursprungsort zu sehen ist, muss entgegnet werden: Die Ausgräber um Carl Humann retteten Ende des 19. Jh.s, was noch zu retten war. Der Zeus-Altar war längst zerschlagen und bot viele Tonnen kostbaren Baumaterials. Aus den verstreuten Marmorbrocken wurde gewerbsmäßig Kalk gebrannt.

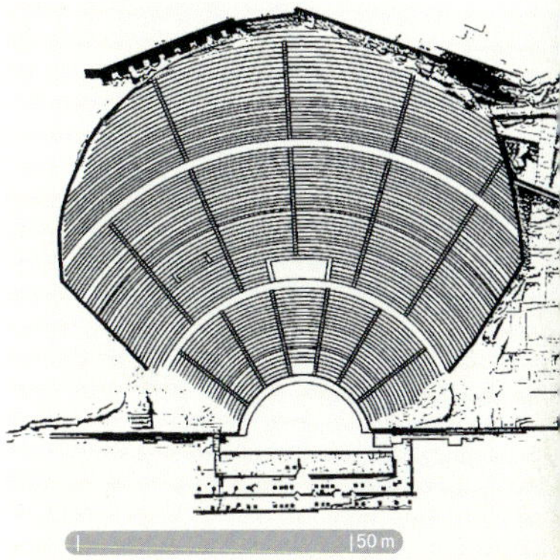

Grundriss des Theaters

Das Theater

In den Westhang des Berges gebaut, ist das Theater mit einem Höhenunterschied von 37,50 Metern das steilste der Welt. Die Wahl des Ortes trug den Gegebenheiten des Burgberges Rechnung. Nur hier waren die Zuschauer geschützt vor dem Wind, dem der Burgberg ausgesetzt war. Zunächst musste eine Terrasse angelegt werden, um überhaupt ein Bühnenhaus bauen zu können. Dieses aus Holz gefertigte Haus wurde jeweils zu den **Aufführungen am Fest des Dionysos** aufgestellt. In römischer Zeit wurde ein dauerhaft bespielbares Podium aus Stein errichtet. Die Theaterterrasse war 15 Meter breit und 250 Meter lang. An der Talseite wurde sie durch eine insgesamt 12 Meter hohe, mit Hilfe von Pfeilern gesicherte Stützmauer gehalten. Ihre Anlage entstand wahrscheinlich in der Zeit Eumenes' II. Am

Das Theater; Blick von der Orchestra

Säulenreste des Athena-Tempels

Nordende der Theaterterrasse gelangte man zu dem zum Theaterkomplex gehörenden Dionysos-Tempel.

Der Zuschauerraum (*koilon/cavea*) besteht aus drei Rängen, die durch zwei horizontale Umgänge (*diazoma*) unterteilt werden (vgl. Abb.). Die 80 Sitzreihen wurden im Wesentlichen von der Theaterterrasse aus erreicht, der Weg von der Athena-Terrasse durch die Burgmauer hindurch war (und bleibt auch für heutige Besucher) unbequem. Das Theater bot Platz für etwa 10 000 Zuschauer.

Der Athena-Tempel

Der Athena-Tempel ist das älteste erhaltene Heiligtum Pergamons und wurde zwischen 330 und 325 v. Chr. errichtet. Nur noch die Fundamentquader (einst mit Holz, noch nicht mit Eisenklammern verbunden) sind zu sehen. Der Tempel hatte eine umlaufende Reihe von 6 × 10 Säulen (*Peripteros*), der innere Teil (*Cella*) war möglicherweise zweigeteilt, vielleicht zur Verehrung von Athena und Zeus. Der pergamenische Beiname der Athena, Nikephoros (»die Siegbringende«), geht auf die siegreichen Schlachten Attalos' I. gegen Ende des 3. Jh.s v. Chr. zurück. Der heilige Bezirk wurde von einer zweischiffigen Nord- sowie einschiffigen Süd- und Osthalle begrenzt. Die Nordhalle, wie die übrigen zweigeschossig, war 72 Meter lang und 12 Meter tief. Sie beherbergte im Obergeschoss die Bibliothek Pergamons. Durch die Bibliothek wurde die Stadt zu einem Zentrum der Wissenschaft.

Der Trajan-Tempel (Trajaneum)

Auf dem höchsten Punkt, auf einer Terrasse von 65 × 70 Metern errichtet, überragte der Trajan-Tempel die Stadt. Eine in der Nähe des Heiligtums gefundene Inschrift aus dem Jahr 113/114 n. Chr. gibt Einblicke in die Baugeschichte, denn sie überliefert Bestimmungen über Festspiele »zu Ehren des Tempels des Iupiter *Amicalis* [des ›freundlichen‹, griechisch Zeus *Philios*] und des Kaisers Trajan« (zitiert nach Radt, S. 239). Wahrscheinlich wurde Trajan *als* Zeus Philios verehrt. Der Bau der Anlage begann etwa 112 n. Chr. und während der zweiten Reise Hadrians nach Kleinasien im Jahre 129 n. Chr. wurde sie eingeweiht. Es war äußerst schwierig, auf dem exponierten Gelände zu bauen. Zunächst musste die Terrasse geschaffen und gesichert werden. Ein Substruktionsgewölbe am Hang trug den Tempelvorplatz. Auf einem weiteren Podium erhob sich der römische Tempel mit 6 × 10 umlaufenden korinthischen Säulen. Im Tempel selbst standen Kultstatuen des Trajan und des Hadrian. An drei Seiten wurde der Tempelbezirk durch Säulenhallen gesäumt; die Vorderseite blieb frei, damit der Tempel von der Stadt aus zu sehen war. Teile der Säulenhallen sind inzwischen wieder aufgerichtet worden, ebenso die südöstliche Giebelecke des Tempels.

Trajan-Tempel

Das Asklepieion

Seit der römischen Kaiserzeit führte eine fast 1 km lange Straße von der Stadt Pergamon zum Asklepieion, die ***Via tecta***. Unter Hadrian wurde die letzte Straßenstrecke als Säulenstraße ausgebaut. Die Via tecta war ein überdeckter

Via tecta zum Asklepieion

Café am Eingangsbereich zum Grabungsgelände

Souvenierstand am Eingangsbereich zum Grabungsgelände

Wandelgang. So konnten Fußgänger das Asklepieion geschützt vor Sonne und Regen von der Stadt aus erreichen. Sie wandelten an einer Vielzahl von Läden entlang, die Devotionalien aller Art feilboten, so zum Beispiel Abbilder von Gliedmaßen, die die Kranken im Asklepieion weihen ließen. Heute laden ein Café und Souvenierstände am Eingang des Grabungsgeländes zum Verweilen ein.

Mit der Anlage des Asklepieions (vgl. Abb.) wurde in der ersten Hälfte des 4. Jh.s v. Chr. begonnen. Ursprünglich waren wohl drei Wasserstellen ausschlaggebend für die Wahl gerade dieses Ortes. Sie wurden später zu einem **Felsbrunnen**, einem **Schöpfbrunnen** und einem **Badebrunnen** ausgebaut. Bereits für die vorrömische Zeit können die Archäologen 18 Bauphasen des Asklepieions unterscheiden.

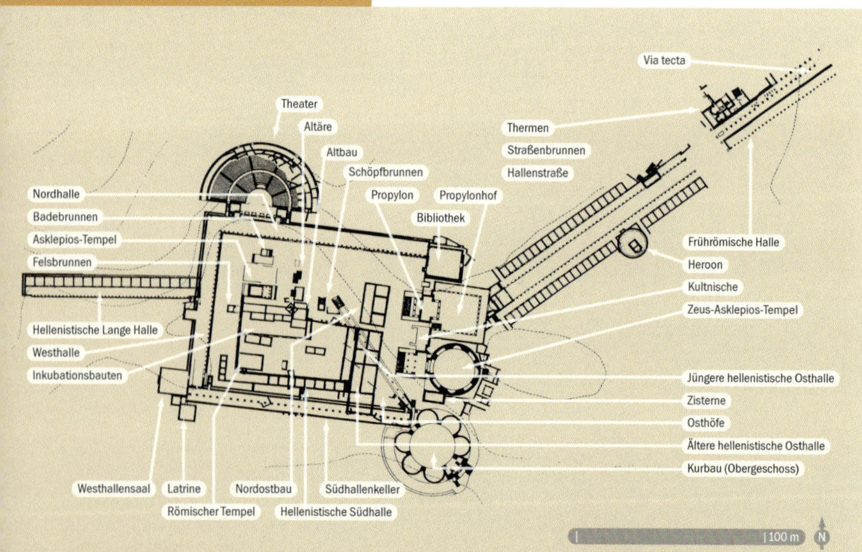

Plan des Asklepieions

Die erhaltenen Bauten stammen im Wesentlichen aus der Zeit Hadrians (117–138 n. Chr.). Das Zentrum bildete ein hallenumsäumter 92 × 120 Meter großer Hof, an dessen Ostseite sich der Haupttempel und das 4 Meter lange und 12 Meter breite Eingangstor (*Propylon*) befanden.

Die Säulenhalle (*Stoa*) an der Nordseite, 128 Meter lang und 8,5 Meter breit, führte von der Bibliothek zum marmornen **römischen Theater**, das auf zwei Rängen Platz für 3 500 Besucher bot. Ob es in erster Linie zur Unterhaltung der Kranken diente oder doch eher dem wohlhabenden Besucher einen Zeitvertreib in angemessener Umgebung bieten sollte, bleibt offen. Die Ausstattung des Theaters war in jedem Fall mit marmornem Bodenschmuck der Orchestra, architektonisch komplizierter, dreigeschos-

Theater des Asklepieions

Säulen der Nordhalle mit Theater im Hintergrund

Hadrianische Säule der Nordhalle

Schöpfbrunnen

Eingang zum unterirdischen Gang (Kryptoporticus), der zum Schöpfbrunnen führt

siger Bühnenwand (*scaenae frons*) und nicht zuletzt der Ehrenloge im unteren Rang kostbar gestaltet. Von der Nordstoa sind fast die Hälfte der einst 45 Säulen noch zu sehen. Sie waren im ionischen Stil erbaut. Durch Reparaturarbeiten im Anschluss an das Erdbeben des Jahres 178 n. Chr. gelangten 10 hadrianische Säulen an das Ostende der Nordstoa. Drei dieser Säulen stehen auf hohen Postamenten und tragen Kompositkapitelle.

Am Westende der Südstoa lag ein **kreisrunder Bau** mit einem Durchmesser von 18 Metern. Von hier aus führt ein von oben durch 12 Öffnungen beleuchteter und belüfteter **unterirdischer Gang** (*Cryptoporticus*) zum Schöpfbrunnen, der heiligen Quelle. Unterhalb des mit großen Steinen ausgelegten Bodens verläuft ein Wasserkanal. Das stille Gehen durch den Cryptoporticus – die Kranken hörten nur das Geräusch des unter ihnen fließenden Wassers – stellte einen wesentlichen Teil der Therapie dar. Sie war darauf angelegt, insbesondere psychische Hintergründe einer Krankheit zu behandeln.

Eine gründliche Untersuchung des Kranken, die auch eine Traumdeutung einschloss, ging seiner **Aufnahme in das Asklepieion** voraus. Hierbei wurden vor allem die Heilungschancen geprüft. Eine Tafel am Propylon gab Auskunft, warum: »Im Namen aller Götter, es ist verboten, den Tod zum heiligen Ort zu bringen.« Schwerstkranken wurde die Aufnahme in das Asklepieion verweigert – oder sie wurden später wieder ausgewiesen. Ziel der **Therapie** war eine Stärkung der psychischen Kräfte durch Gespräch, durch die heilende Wirkung des Schlafes, durch Bäder in Wasser und Sonne, durch Theater und Musik. Doch auch die in der Landschaft um Pergamon zahlreich vorkommenden Heilkräuter dienten der Stärkung.

Der berühmte pergamenische Arzt Galenos (etwa 130–200 n. Chr.), Leibarzt mehrerer römischer Kaiser, soll im Asklepieion mit Schlangengift therapiert haben. Der Rhetor Aelius Aristides (etwa 117–187 n. Chr.) gehörte zu den berühmten Patienten. Er machte detaillierte Aufzeichnungen von seiner eigenen Krankengeschichte, der Kur im Asklepieion und über sein Verhältnis zu Asklepios. Die Vielzahl runder Formen sowie das Wasser, das ständig in Bewegung ist, illustrieren die ganzheitliche Therapie – alles fließt, nichts hat Anfang oder Ende.

Je stärker der Einfluss des Christentums schließlich wurde, desto schwächer wurde die Anziehungskraft des Asklepieion. Ein Erdbeben im Jahre 262 n. Chr. besiegelte sein Schicksal.

Das frühe Christentum

Eine christliche Gemeinde in Pergamon ist erst durch das Sendschreiben der Johannesoffenbarung belegt. Ob Paulus auf seinem Weg durch Mysien auch nach Pergamon kam (vgl. Apg 16,8), ist unklar.

Die Gemeinde der Johannesoffenbarung (Offb 2,12–17)

Johannes schreibt den Pergamenern: *»An den Engel der Gemeinde in Pergamon schreibe: So spricht Er, der das scharfe, zweischneidige Schwert trägt: Ich weiß, wo du wohnst; es ist dort, wo der Thron des Satans steht. Und doch hältst du an meinem Namen fest und hast den Glauben an mich nicht verleugnet, auch nicht in den Tagen, als Antipas, mein treuer Zeuge, bei euch getötet wurde, dort, wo der Satan wohnt. Aber ich habe etwas gegen dich: Bei dir gibt es Leute, die an der Lehre Bileams festhalten; Bileam lehrte Balak, er solle die Israeliten dazu verführen, Fleisch zu essen, das den Götzen geweiht war, und Unzucht zu treiben. So gibt es auch bei dir Leute, die in gleicher Weise an der Lehre der Nikolaiten festhalten. Kehr nun um! Sonst komme ich bald und werde sie mit dem Schwert aus meinem Mund bekämpfen. Wer Ohren hat, der höre, was der Geist den Gemeinden sagt: Wer siegt, dem werde ich von dem verborgenen Manna geben. Ich werde ihm einen weißen Stein geben und auf dem Stein steht ein neuer Name, den nur der kennt, der ihn empfängt.«*

Pergamon war ein religiöses Zentrum. Nicht nur der Zeus-Altar ragte in 337 Metern Höhe über der Unterstadt empor, in der die meisten Bewohner lebten, sondern auch Athena Nikephoros hatte ihren Tempel, Dionysos wurde verehrt – und nicht zuletzt der Heilgott Asklepios. Johannes muss die Asklepios-Verehrung gekannt haben. Doch spielt er mit dem Bild vom **»Thron des Satans«** auch auf den Asklepios-Kult an? Da er den Satan als »alte Schlange« bezeichnet (Offb 12,9; 20,2) und der Schlangenstab Symbol für die Heilkunst war, liegt die Vermutung nahe. Doch vom Asklepieion ging für die Christen keine reale Bedrohung aus, ebenso wenig wie vom Zeus-Altar. Daher wird man eher mit dem Kaiserkult als »Thron des Satans« rechnen müssen. Ihn zu verweigern, galt als staatsverneinende Gottlosigkeit und bedeutete damit eine unmittelbare Bedrohung für die Christen Pergamons, der zumindest Antipas bereits zum Opfer gefallen war (vgl. auch o. das Schreiben des Plinius, S. 25).

Die Gemeinde wird von Johannes gelobt für ihre Standfestigkeit im Glauben angesichts der Bedrohung, die von außen kommt. Getadelt wird sie für nicht hinreichende Standfestigkeit gegenüber den Irrlehren innerhalb der Gemeinde. Einige hielten sich an die Lehre Bileams (eine Figur, deren Konturen unscharf bleiben, hier wohl in der Bedeutung eines besonders gefährlichen »Verführers« gebraucht; vgl. Num 25,1–6; 31,16; 2 Petr 2,15; Jud 11), andere an die Lehre der Nikolaiten (s. o., S. 69). Äußere und innere Bedrohungen stehen dabei in einem Zusammenhang. Wer den Irrlehren folgte, konnte als Christ weiterhin am **gesellschaftlichen Leben der Stadt** teilhaben. Das Essen von Fleisch gehörte zu den heidnischen Festen; wer auf Geschäftsbeziehungen in Pergamon angewiesen war, konnte kaum dauerhaft den gesellschaftlichen Ereignissen in der Stadt fernbleiben.

Die »Unzucht« kann sexuelle Freizügigkeit meinen, kann ebenso aber schlicht auf den Abfall von Gott zu Gunsten von Rom (als der großen »Hure«; vgl. Offb 17,1–2.5; 19,2) bezogen sein. Johannes lässt keinen Kompromiss im Blick auf die Gepflogenheiten der heidnischen Stadt zu. Vielmehr fordert er von den pergamenischen Christen eine radikale Abgrenzung. Der Lohn für die Enthaltsamkeit ist das »himmlische Manna« (an Stelle des Götzenopferfleisches) und der »weiße Stein«, der die endgültige Zugehörigkeit zu Christus dokumentieren werde. Hier bildet Volksglaube den Hintergrund. Ein Name auf einem Amulett, so glaubte man, könne Macht und Schutz gegenüber Geistern und Dämonen verleihen. Johannes nimmt diese Vorstellung auf: Der Name auf dem weißen Stein wird der Name Christi sein (vgl. 19,2).

Säulenstumpf mit zwei sich aus einer Schale nährenden Schlangen

III. Orte im westlichen Kleinasien

Thyatira (Akhisar)

Kolonnadenstraße

Einleitung

Das antike Thyatira lag etwa auf halber Strecke an der Straße von Pergamon nach Sardes, im wichtigen Verbindungstal des mittleren Lykos (Kum Çayi). Die heutige, blühende Kreisstadt Akhisar liegt 80 km nordöstlich von İzmir.

Geschichtliches

Thyatira wurde unter dem Namen Pelopia von den Lydern gegründet. 281 v. Chr. stationierte Seleukos I. an dem strategisch wichtigen Ort zwischen Pergamon und Sardes mazedonische Truppen, siedelte auch mindestens eine jüdische Kolonie an und nannte die Stadt Thyatira. Für lange Zeit blieb Thyatira unter seleukidischer Kontrolle, wohl im Jahre 206 v. Chr. nahm der pergamenische König **Attalos I.** die Stadt ein. Sie wurde dann etwa 198 v. Chr. von dem Seleukiden **Antiochios III.** besetzt, 190 n. Chr. vom Pergamener **Eumenes II.** zurückgewonnen und fiel 188 v. Chr. endgültig an Pergamon – Thyatira erlebte also ein Wechselspiel zwischen

Eingang zu einem Gebäude, möglicherweise einer Basilika

zwei Reichen, allein auf Grund seiner günstigen Lage an dem Verkehrsweg zwischen Pergamon und Sardes (vgl. auch u. zum Sendschreiben der Johannesoffenbarung).

Seit 129 v. Chr. gehörte Thyatira schließlich zur **römischen Provinz Asia**. Es war eine Stadt der Handwerker und Kaufleute, berühmt durch die **Textilindustrie** und bekannt durch die **Handwerksgilden**, zum Beispiel der Kupferschmiede, Woll- und Leinenweber, Schneider, Färber und Gerber. Eine große Zahl von Inschriften belegt das reiche Gilden- und Vereinswesen der Stadt. Wer in Thyatira am gesellschaftlichen Leben teilnehmen und von ihm profitieren wollte, musste den Gilden und Vereinen angehören. Im Sendschreiben der Johannesoffenbarung (Offb 2,18–29) wird gerade solche Teilhabe der Christen an den Gepflogenheiten der heidnischen Gesellschaft Thyatiras scharf angeprangert (s. u.).

Agora

Archäologisches

Im Stadtzentrum von Akhisar wurden in den Jahren 1968–1971 Ausgrabungen durchgeführt. Eine **Kolonnadenstraße**, eine römische Säulenhalle, die möglicherweise zur Agora gehörte, Reste eines wohl dem Sonnengott Apoll-Tyrannos geweihten Tempels (zumindest ist seine Verehrung auf Münzen belegt) und ein in seinem Grundriss an eine Basilika erinnerndes Gebäude mit einer Apsis wurden gefunden.

Das frühe Christentum

Wann in Thyatira eine christliche Gemeinde gegründet wurde, bleibt im Dunkel, doch es gab sie sicher bereits vor der Abfassung der Johannesoffenbarung (95–100 n. Chr.). Lukas erzählt in Apg 16,13–15 von der aus Thyatira stammenden Purpurhändlerin Lydia, die von Paulus in Philippi bekehrt wurde.

Die Heimat der Lydia (Apg 16,13–15)

Die Apostelgeschichte berichtet von einer Begegnung des Paulus mit der Purpurhändlerin Lydia in Philippi: *»Am Sabbat gingen wir durch das Stadttor hinaus an den Fluss, wo wir eine Gebetsstätte vermuteten. Wir setzten uns und sprachen zu den Frauen, die sich eingefunden hatten. Eine Frau namens Lydia, eine Purpurhändlerin aus der Stadt Thyatira, hörte zu; sie war eine Gottesfürchtige und der Herr öffnete ihr das Herz, sodass sie den Worten des Paulus aufmerksam lauschte. Als sie und alle, die zu ihrem Haus gehörten, getauft waren, bat sie: Wenn ihr überzeugt seid, dass ich fest an den Herrn glaube, kommt in mein Haus und bleibt da. Und sie drängte uns.«*

Die Episode von der Bekehrung der Lydia enthält einige interessante Informationen. Ihr Name (»die Lydierin«) deutet auf ihre Herkunft hin. Da solche Herkunftsnamen häufig für Sklaven verwendet wurden, könnte darin auch etwas von ihrer früheren Geschichte anklingen. Die Angaben, sie sei Purpurhändlerin und stamme aus Thyatira, sind glaubwürdig. Tatsächlich wurde in Thyatira der kostbare Farbstoff aus der Purpurschnecke hergestellt. Lydia handelte dann in Philippi mit der als Zeichen großer Macht und Würde begehrten Ware. Dass ihre Hausgemeinde in Philippi durch die Handelsbeziehungen nach Thyatira das Christentum auch dorthin brachte, ist eher unwahrscheinlich.

Die Gemeinde der Johannesoffenbarung (Offb 2,18–29)

Das vierte Sendschreiben der Johannesoffenbarung ist an die Gemeinde in Thyatira adressiert. Der Bote war unterwegs von Pergamon durch das Lykostal über Thyatira nach Sardes. Johannes schreibt: »*An den Engel der Gemeinde in Thyatira schreibe: So spricht der Sohn Gottes, der Augen hat wie Feuerflammen und Beine wie Golderz: Ich kenne deine Werke, deine Liebe und deinen Glauben, dein Dienen und Ausharren und ich weiß, dass du in letzter Zeit mehr getan hast als am Anfang. Aber ich werfe dir vor, dass du das Weib Isebel gewähren lässt; sie gibt sich als Prophetin aus und lehrt meine Knechte und verführt sie, Unzucht zu treiben und Fleisch zu essen, das den Götzen geweiht ist. Ich habe ihr Zeit gelassen umzukehren; sie aber will nicht umkehren und von ihrer Unzucht ablassen. Darum werfe ich sie auf das Krankenbett und alle, die mit ihr Ehebruch treiben, bringe ich in große Bedrängnis, wenn sie sich nicht abkehren vom Treiben dieses Weibes. Ihre Kinder werde ich töten, der Tod wird sie treffen und alle Gemeinden werden erkennen, dass ich es bin, der Herz und Nieren prüft, und ich werde jedem von euch vergelten, wie es seine Taten verdienen. Aber euch Übrigen in Thyatira, denen, die dieser Lehre nicht folgen und die ›Tiefen des Satans‹, wie sie es nennen, nicht erkannt haben, euch sage ich: Ich lege euch keine andere Last auf. Aber was ihr habt, das haltet fest, bis ich komme. Wer siegt und bis zum Ende an den Werken festhält, die ich gebiete, dem werde ich Macht über die Völker geben. Er wird über sie herrschen mit eisernem Zepter und sie zerschlagen wie Tongeschirr; (und ich werde ihm diese Macht geben,) wie auch ich sie von meinem Vater empfangen habe, und ich werde ihm den Morgenstern geben. Wer Ohren hat, der höre, was der Geist den Gemeinden sagt.*«

Johannes lobt die Gemeinde kurz, um sogleich zum Tadel überzugehen. Insbesondere ihre Fürsorge, wahrscheinlich die Unterstützung der Armen durch die Wohlhabenden, und ihre Treue (im Sinne einer ethischen Tugend) werden betont. Doch scheint die Gemeinde eine Frau in ihren Reihen zu haben, die von vielen als Lehrerin und Prophetin anerkannt wird. **»Isebel«** verführe zur Unzucht und dazu, **»Götzenopferfleisch«** (s. u.) zu essen. Der Name »Isebel« geht zurück auf die heidnische Königstochter, die Israel zum Baals-Kult verführte (1 Kön 16,31; 21,25–26; 2 Kön 9,22). Dass der Lehrerin und Prophetin die Sympathie vieler (nicht aller; es gibt noch »die anderen«) in Thyatira galt, sollte nicht verwundern. Das gesellschaftliche Leben der Stadt, das weitgehend in den Zünften und Vereinen organisiert war, verlangte danach, sich den in Vereinssatzungen festgelegten Gepflogenheiten anzupassen. So gehörten zu den Vereinsfesten auch gemeinsame Mahlzeiten, die durchaus religiösen Charakter hatten. Das von einem Tempel zum Kauf angebotene Opferfleisch wurde verzehrt, zum Teil bei Zusammenkünften in einem Tempelrestaurant. Wer diese Feste mied, schloss sich zugleich aus der Gesellschaft und damit auch aus dem ökonomischen Leben aus. »Isebel« scheint einen Weg gewiesen zu haben, auf dem sowohl das Christsein als auch die Teilnahme am Leben der Stadt möglich wurde. Johannes mahnt an, von solcher Lehre, die er als Befleckung mit heidnischem Götzendienst ansieht, abzukehren und die christlichen Mindestanforderungen zu beachten. Sie entsprechen in etwa den Vereinbarungen, die – nach dem Bericht der Apostelgeschichte – auf dem **Apostelkonvent in Jerusalem** im Jahre 48 n. Chr. getroffen wurden (Apg 15,28–29).

Die Gefahren sind vergleichbar: Eine unterschiedliche Speisepraxis machte ein einheitliches Gemeindeleben unmöglich, das konnte die Gemeinde leicht in zwei Gruppen spalten: auf der einen Seite diejenigen, die in der Gesellschaft verankert, damit aber innerhalb der Gemeinde isoliert waren, auf der anderen Seite diejenigen, die den Mindestanforderungen an die christliche Lebenspraxis entsprachen und dadurch zu Außenseitern der Gesellschaft wurden. Hier kommen die äußere Bedrohung durch die Bräuche einer heidnischen Gesellschaft und die innere Bedrohung durch die Anpassung an die heidnischen Sitten zusammen.

III. Orte im westlichen Kleinasien

Troas (Alexandria Troas)

Agora-Tempel

Einleitung

Der Hafen von Alexandria Troas lag an einem Verkehrsknotenpunkt und mehrte den Wohlstand der Stadt. Hier trafen sich die Schifffahrtswege von Süd nach Nord durch die Dardanellen und in Richtung Thrakien und Griechenland. Zölle und Gebühren waren die Grundlage, auf der die Stadt erblühen konnte. Schiffe mit Waren aller Art legten im Hafen von Alexandria Troas an; Waren aus dem Hinterland der Troas wurden verschifft, vor allem der *marmor troadense* aus den berühmten Granitbrüchen. Manche Handelsschiffe der antiken Welt folgten bereits einer Art Fahrplan. Der Apostel Paulus kannte den geschäftigen Hafen von Alexandria Troas gut. In Troas fasste er auf Grund einer Vision den Entschluss, nach Europa aufzubrechen (Apg 16,8–11). Von hier aus brach er ein zweites Mal nach Makedonien und Griechenland auf (2 Kor 2,12–13), über Troas kehrte er zurück, um ein drittes Mal Richtung Jerusalem zu reisen (Apg 20,5–6.7–12).

Die Überreste der antiken Stadt liegen etwa 35 km nördlich von Assos und etwa 20 km südlich von Troja, nahe dem Dorf Odum İskelesi, direkt an der Ägäis.

Geschichtliches

Nach dem Tod Alexanders des Großen im Jahre 323 v. Chr. teilten sich seine Gefährten und Generäle die Macht. So erhielt **Antigonos Monophtalmos** (»der Einäugige«) Pamphylien, Lykien und Phrygien, **Lysimachos** bekam Thrakien. In Kleinasien dauerten die Kämpfe der Nachfolger Alexanders (Diadochen) an, bis im Sommer 319 v. Chr. Antigonos die militärische Oberhand erreichte. Er gründete 310 v. Chr. die Stadt **Antigoneia Troas**. Der Name »Troas« bezeichnet hier nicht die Stadt selbst, sondern die sich östlich anschließende Landschaft.

Bei Ipsos in Phrygien wurde Antigonos 301 v. Chr. von Lysimachos vernichtend geschlagen. Er starb in dieser Schlacht, und Kleinasien fiel dem Sieger zu. Fortan herrschte Lysimachos sowohl über Thrakien als auch über Kleinasien, also über beide Seiten der Dardanellen. Die Bedeutung, die Antigoneia Troas für Lysimachos hatte, kann kaum überschätzt werden. Er gründete 301/300 v. Chr. die Stadt neu und nannte sie von nun an **Alexandria Troas**, zum einen in Verehrung Alexanders des Großen, aber andererseits auch, um seinen Machtanspruch, das Königtum Alexanders zu übernehmen, deutlich zu machen.

Seleukos I. siegte 281 v. Chr. über Lysimachos. Er starb bald, und nach einem längeren Machtvakuum fiel die Troas in den Herrschaftsbereich der Attaliden von Pergamon. 133 v. Chr. vererbte Attalos III. sein Reich den Römern.

In **römischer Zeit** wurde Alexandria Troas (ebenso wie die griechischen Städte Philippi und Korinth) in eine **Kolonie** umgewandelt. Die Stadt war nun eine Tochtergemeinde Roms, die nach römischem Recht (*ius italicum*) mit römischen Institutionen verwaltet wurde. Doch war der Grad der Romanisierung in Alexandria Troas deutlich geringer als in den griechischen Kolonien. Vom Wohlstand, den Alexandria Troas erlangte, zeugen neben den Terrassen, die sich über weite Teile des Stadtgebietes erstrecken, der in der **Zeit Hadrians (117–138 n. Chr.)** von dem Geschäftsmann und Kunstmäzen Herodes Atticus angelegte Aquädukt (die Stadt litt bis dahin ständig unter Wassermangel), die von ihm errichteten Thermen und das Theater.

Je mehr jedoch Konstantinopel an Bedeutung gewann, desto mehr verlor Alexandria Troas an Glanz. Eine Plünderung durch die Goten im Jahr 267 n. Chr. traf die Stadt schwer. Wann sie endgültig aufgegeben wurde, ist unklar.

Herodes Attikus-Thermen

Luftbildaufnahme des Grabungsareals

Archäologisches

Die Forschungsstelle Asia Minor der Universität Münster ist seit 1993 mit der Erforschung des antiken Alexandria Troas beschäftigt. Eine Zusammenarbeit besteht mit den Universitäten in Ankara und Çanakkale. Erste Ergebnisse erhellen die Geschichte der Stadt und sorgen dafür, dass den Besucher inzwischen weit mehr erwartet als nur ein mit Gestrüpp und Disteln überwachsenes Ruinenfeld.

Vom äußersten Osten der Stadt bis in ihr Zentrum erstreckte sich eine Granitstraße. An ihr lagen Thermen, das Odeion und – in der Mitte der antiken Stadt – der **Agora-Tempel**. Ein 24 × 16,5 Meter großes Podium wurde gefunden, auf dem sich der Bau befand. Möglicherweise war dieser Tempel, ein korinthischer Peripteros (Tempel mit umlaufender Säulenreihe), neben der Stadtmauer das erste Bau-

Stadttor im Osten

werk, sicher war er das erste Heiligtum des neu gegründeten Troas. Eine seiner Schmalseiten richtete sich nach Osten aus zu einem Odeion hin, die andere zur unteren Agora und zum Meer hin. An der Rückwand des Odeions wurden Reste einer ehemals nach Westen, zum Tempel hin ausgerichteten Säulenhalle freigelegt. Eine 1,80 × 0,90 Meter große Marmorplatte, die rekonstruiert werden konnte, zeigt eine Inschrift Hadrians. Der Text umfasst drei Briefe an eine Schauspieler- und Athletenvereinigung, die zur Abhaltung von Wettkämpfen und zu auszusetzenden Preisgeldern Stellung nehmen.

Das Forschungsinteresse gilt weiterhin einem wohl kurz nach der Gründung Alexandria Troas errichteten **Stadttor im Osten**.

An der Hauptstraße wurden zwei Statuenpostamente (Unterbauten) gefunden, die möglicherweise ehemals Reiterstandbilder trugen. Verschiedene Tonnengewölbe sind zu sehen, die als Stützkonstruktion für den darüber liegenden öffentlichen Platz, die Agora, dienten.

Seit 2005 finden **Untersuchungen im Hafengebiet** statt. Sie konzentrieren sich auf die Frage, wo die Hafeneinfahrt zu lokalisieren ist. Im westlichen Hafengebiet wurden zwei Molen von 8 Metern Breite ausfindig gemacht, zwischen denen sich ein 36 Meter großer freier Bereich befindet: die Hafeneinfahrt. Die Molen schützten die Schiffe im inneren Hafen vor Stürmen und schwerem Seegang. Der äußere Hafen wurde von zwei langen Wellenbrechern gesichert, die den Schiffen zunächst als Ankerplatz dienten. Eine bogenförmige Mole im Südwesten ließ Wasser in das Hafenbecken eintreten. Damit wurde eine gleichmäßige Strömung erreicht und zudem einer Versandung des Hafenbeckens vorgebeugt.

Das frühe Christentum

Paulus betrat den Boden der Hafenstadt zum ersten Mal etwa 48/49 n. Chr. auf seiner **2. Missionsreise**. Der Apostel kam in Begleitung von Silas (Apg 15,40) und Timotheus (Apg 16,1–3) über Phrygien, das galatische Land und Mysien nach Alexandria Troas. Lukas misst seinem Aufenthalt **weltgeschichtliche Bedeutung** zu. Die Apostelgeschichte berichtet: *»Dort hatte Paulus in der Nacht eine Vision. Ein Mazedonier stand da und bat ihn: Komm herüber* *nach Mazedonien und hilf uns! Auf diese Vision hin wollten wir sofort nach Mazedonien abfahren; denn wir waren überzeugt, dass uns Gott dazu berufen hatte, dort das Evangelium zu verkünden. So brachen wir von Troas auf und fuhren auf dem kürzesten Weg nach Samothrake und am folgenden Tag nach Neapolis«* (Apg 16,9–11). Auf Grund der Vision brachte Paulus das Evangelium von Troas aus nach Europa.

Auf seiner **3. Missionsreise** nutzte Paulus, von Ephesus kommend, Alexandria Troas nicht nur als Station auf dem erneuten Weg nach Makedonien, sondern er wollte dort auch predigen: *»Als ich dann nach Troas kam, um das Evangelium Christi zu verkünden, und mir der Herr eine Tür öffnete, hatte mein Geist dennoch keine Ruhe, weil ich meinen Bruder Titus nicht fand. So nahm ich Abschied und reiste nach Mazedonien«* (2 Kor 2,12–13). Ob Paulus die Gemeinde in Alexandria Troas bei diesem Aufenthalt etwa im Jahre 54/55 n. Chr. gründete, lässt seine Notiz nicht erkennen. Immerhin zeigt das Bild von der Tür, die ihm geöffnet wurde, einen gewissen Erfolg seines Predigens.

Die **Rückreise von Griechenland nach Jerusalem**, die der Ablieferung der Kollektensammlung (vgl. Gal 2,10) diente, führte Paulus ein letztes Mal nach Troas. Davon berichtet die Apostelgeschichte: *»Dabei begleiteten ihn Sopater, der Sohn des Pyrrhus, aus Beröa, Aristarch und Sekundus aus Thessalonich, Gaius aus Derbe und Timotheus sowie Tychikus und Trophimus aus der Provinz Asien. Diese reisten voraus und warteten auf uns in Troas. Nach den Tagen der Ungesäuerten Brote segelten wir von Philippi ab und kamen in fünf Tagen zu ihnen nach Troas, wo wir uns sieben Tage aufhielten«* (Apg 20,4–6). Die Angaben der Apostelgeschichte zur **Reisedauer** sind genau – und wohl auch zutreffend. Apg 16,11 gibt für die Schiffsüberfahrt von Troas über die genau in der Mitte der Strecke liegende Insel Samothrake zum Hafen von Philippi, Neapolis, zwei Tage an (s. o.). Für die Rückfahrt brauchte Paulus Apg 20,6 zufolge fünf Tage. Antike Quellen, die teilweise auf lange Reiseerfahrungen zurückblicken können, belegen, dass bei günstigen Sommerwinden die Fahrt Troas – Samothrake in einem Tag zu bewältigen war. Insbesondere im Frühling, bei anderen Windverhältnissen, konnte die Strecke Neapolis – Troas durchaus fünf Tage beanspruchen.

Vor seiner **Abreise von Troas**, so weiß es Lukas zu erzählen, geschah Folgendes: *»Als wir am ersten Wochentag versammelt waren, um das Brot zu brechen, redete Paulus zu ihnen, denn er wollte am folgenden Tag abreisen; und er dehnte seine Rede bis Mitternacht aus. In dem Obergemach, in dem* *wir versammelt waren, brannten viele Lampen. Ein junger Mann namens Eutychus saß im offenen Fenster und sank, als die Predigt des Paulus sich länger hinzog, in tiefen Schlaf. Und er fiel im Schlaf aus dem dritten Stock hinunter; als man ihn aufhob, war er tot. Paulus lief hinab, warf sich über ihn, umfasste ihn und sagte: Beunruhigt euch nicht: Er lebt! Dann stieg er wieder hinauf, brach das Brot und aß und redete mit ihnen bis zum Morgengrauen. So verließ er sie. Den jungen Mann aber führten sie lebend von dort weg. Und sie wurden voll Zuversicht«* (Apg 20,7–12). Lukas nutzt den Aufenthalt in Troas, um Paulus noch einmal als Wundertäter zu schildern; wie schon Petrus in Apg 9,36–42 ein Auferweckungswunder vollbringt, tut Paulus es ihm gleich. Im Anschluss an dieses Erlebnis ging Paulus den Weg von Troas nach Assos (etwa 35 km) zu Fuß, während seine Begleiter das Schiff nahmen (Apg 20,13).

Eine einzelne Notiz im **2. Timotheusbrief** wird später an den Troasaufenthalt des Paulus erinnern. Der Verfasser lässt den Apostel sagen: *»Wenn du kommst, bring den Mantel mit, den ich in Troas bei Karpus gelassen habe, auch die Bücher, vor allem die Pergamente«* (2 Tim 4,13). Ob hier jedoch historisches Wissen zu Grunde liegt, das über die Tatsache eines Troasaufenthaltes hinausgeht, ist fraglich.

Wesentlich später als Paulus (etwa 110 n. Chr.) erreichte **Ignatius von Antiochien** den Hafen von Troas. Als römischer Gefangener wurde er von Syrien über Philadelphia und Smyrna nach Troas transportiert, um dann auf dem Schiffswege nach Neapolis und über Philippi zum Ziel der Reise, nach Rom, gebracht zu werden. Eine Zeit lang machte der Transport in Troas halt; Ignatius schrieb Briefe an die Gemeinden in Philadelphia und Smyrna, denen er Grüße von der »Liebe der Brüder in Troas« (Phld 11,2; Sm 2,2) ausrichtet. In seinem Schreiben an den Bischof Polykarp von Smyrna bedauert er den plötzlichen Antritt der Seereise nach Neapolis; weiteren Kirchen hätte er gerne von Troas aus noch geschrieben (Pol 8,1). Die von Ignatius übermittelten Grüße zeigen, dass die möglicherweise von Paulus gegründete Gemeinde in Alexandria Troas Bestand hatte. In der Folgezeit schweigen die Quellen. Allein in einem Synodalschreiben von Philippopolis 343 n. Chr. taucht noch einmal der Name eines Bischofs Nikonios von Troas auf.

III. Orte im westlichen Kleinasien

Assos (Behramkale)

Athena-Tempel

Einleitung

Für die Missionsgeschichte und für die Biographie des Paulus scheint der Hinweis, er wollte von Troas nach Assos zu Fuß gehen (Apg 20,13–14), völlig unwichtig zu sein. Doch gerade in den scheinbar nebensächlichen Hinweisen verbirgt sich oft ein altes Wissen. Paulus war in Assos, so viel sollte sicher sein. Wahrscheinlich betrat er die Stadt durch das prächtige Westtor, ging die Hauptstraße bis zur Agora, vielleicht hinauf zum Athena-Tempel, um von dort über das Meer zu schauen. Was Paulus in Assos sah, lässt sich im heutigen Behramkale noch erahnen.

Geschichtliches

Wann das antike Assos besiedelt wurde, weiß man nicht zuverlässig. Es wird jedoch angenommen, dass eine erste Siedlung bereits in der **Bronzezeit** (3.–2. Jahrtausend v. Chr.) existierte. Die Vermutung, man könne Assos mit dem von Homer beschriebenen Pedasos identifizieren, lässt sich nicht belegen. Im Süden der ebenfalls Troas genannten Landschaft siedelten im 7. Jh. v. Chr. Äolier, die über Lesbos in die Küstenlandschaft kamen (Strabon, Geographica 13,1,58). Etwa 560 v. Chr. wurde Assos von den Lydiern eingenommen; nach 549 v. Chr. stand die Stadt unter persischer Herrschaft. Geht man davon aus, dass sowohl die ältesten Teile der Stadtmauer als auch der Athena-Tempel aus dem 6. Jh. v. Chr. stammen, wird man für diese Zeit mit einer Stadtgründung, mindestens mit der Befestigung und gezielten Anlage rechnen dürfen.

Assos war, zusammen mit anderen Städten, Mitglied des von Athen im Kampf gegen die Perser 478 v. Chr. gegründeten **attisch-delischen Seebundes**. Nach 405 v. Chr. gelang es den Persern mit Hilfe Spartas, die Herrschaft wiederzuerlangen. 387 v. Chr. erklärte sich der Bankier Eubolos zum König von Assos. Er fiel um das Jahr 350 v. Chr. einem Anschlag seines Dieners **Hermias** zum Opfer. Hermias baute Assos als wichtigen Eckpfeiler seines Machtbereichs aus. Er war ein Schüler und Freund von Aristoteles, den er nach Assos einlud. Aristoteles lebte und lehrte über drei Jahre lang hier. Hermias gelang es, Assos zu einem geistigen Zentrum zu machen. Im Jahre 345 v. Chr. wurde Hermias von dem persischen General Memnon von Rhodos gefangen genommen und später gekreuzigt.

Mit Beginn der Diadochenkämpfe teilte Assos das Schicksal von Alexandria Troas, unter **wechselnde Herrschaftsbereiche** zu geraten, um schließlich

133 v. Chr. den Römern zuzufallen. Doch je mehr Alexandria Troas erblühte, desto mehr verlor Assos an Bedeutung. Man hat wenig Kenntnis über Assos in der Folgezeit; auch der Apostel Paulus war hier (deshalb?) wohl nur auf der Durchreise.

Die Stadt wurde auf einem konischen Hügel errichtet, die Felshänge wurden terrassiert. Die östlichen und südlichen Hänge boten etwa 10 Hektar Raum für die Wohnhäuser. Die dem Meer abgewandte Hügelseite war nicht bewohnt. Sie diente vor allem als Steinbruch für Baumaterial. Die **Bevölkerungszahl** lässt sich recht gut bestimmen. Als Mitglied des attisch-delischen Seebundes hatte Assos als Jahresbeitrag ein Talent zu entrichten. Die Höhe des Jahresbeitrags hing von der Zahl der Einwohner ab. Jede Mitgliedsstadt bezahlte 1½ Drachmen pro Einwohner. Assos zahlte 1 Talent zu 6000 Drachmen, sodass man eine Zahl von 4500 Einwohnern Ende des 5. Jh.s v. Chr. errechnen kann. Etwa für diese Bevölkerungszahl boten die östlichen und südlichen Hänge des Hügels Wohnraum. Doch waren die landwirtschaftlichen Flächen zu knapp, um die Einwohner Assos' zu ernähren. So konnte zwar im Tiefland zu beiden Seiten des heute Tuzla Çayi genannten Flusses Getreide

Der Hafen von Assos

angebaut und in gewissem Umfang auf den terrassierten Hängen Obst-, Wein- und Olivenanbau betrieben werden. Doch Assos brauchte weitere Einnahmequellen.

Die Stadt hatte einen **Handelshafen** am Knotenpunkt der Küstenstraße (von Lekton) mit der Straße aus dem Landesinneren (von Pergamon). Der Hafen bot den Schiffen Schutz vor der Umschiffung des Kap Lekton (Baba Burnu). Insbesondere zu den Häfen am Marmarameer wurden die Waren transportiert. Assos lebte kaum von der Übersee-, sondern von der Küstenschifffahrt. Konkurrenzstädte verfügten jedoch bald über Schiffe, die größere Warenmengen transportieren konnten. Die verschlechterten ökonomischen Verhältnisse ließen spätestens seit dem 7. Jh. n. Chr. die Einwohnerzahl der Stadt sinken. Heute leben noch etwa 500 Menschen in Behramkale.

Archäologisches

Die amerikanischen Archäologen Clarke und Bacon waren die ersten, die 1881 – 1884 Ausgrabungen im antiken Assos unternahmen. Ihr Interesse galt dem **Athena-Tempel**, der **Nekropole**, der **Agora** und dem **Theater**. Die Funde kamen in das Museum in Boston. Neue Ausgrabungen sowie Restaurierungsarbeiten begannen unter türkischer Leitung 1981 und dauern an.

In der Nähe des Westtores lag das im 2. Jh. v. Chr. erbaute **Gymnasium**. Der Bau war recht einfach gestaltet: Säulenhallen und Räume umgaben einen 31,25 × 40 Meter großen, offenen Platz. Ein rundes Bad von 8,50 Metern im Durchmesser befand sich an der Nordwestecke des Gebäudes. Der Haupteingang des Gymnasiums war an der Südseite, die an der Hauptstraße lag. Im 6. Jh. wurde das Gymnasium zerstört; das Baumaterial fand Verwendung, als in der Nordostecke eine Basilika eingefügt wurde.

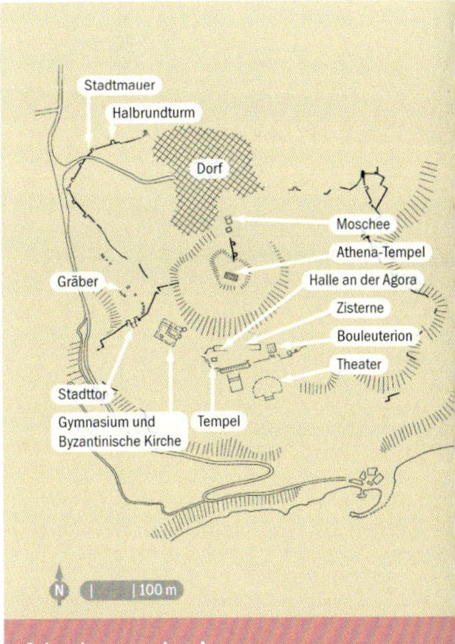

Orientierungsplan Assos

Das Zentrum der antiken Stadt bildete die **Agora**. Im Westen schloss sich ein kleiner Tempel und im Osten das Bouleuterion an. Zum Süden hin lag ein öffentliches Bad. Die sich über eine Fläche von etwa 100 × 40 Metern ausdehnende, relativ kleine Agora wurde nach Norden und Süden durch zwei schmale und lange Gebäude, *Stoai* (Wandelhallen), begrenzt. Die nördliche Stoa, zum Meer hin ausgerichtet, war 115,5 Meter lang und 12,40 Meter breit. Das Gebäude war zweigeschossig. Es war nicht geschlossen. Die südliche Stoa war kleiner, aber viergeschossig.

Reste der Agora

Das **Bouleuterion** war ein eingeschossiges Gebäude auf einer Fläche von 20,60 × 21 Metern. Vier steinerne Säulen, von denen zwei gefunden wurden, stützten ein hölzernes Dach.

Am Westende der Agora befand sich ein **kleiner Tempel**, von dem nur das Fundament erhalten ist.

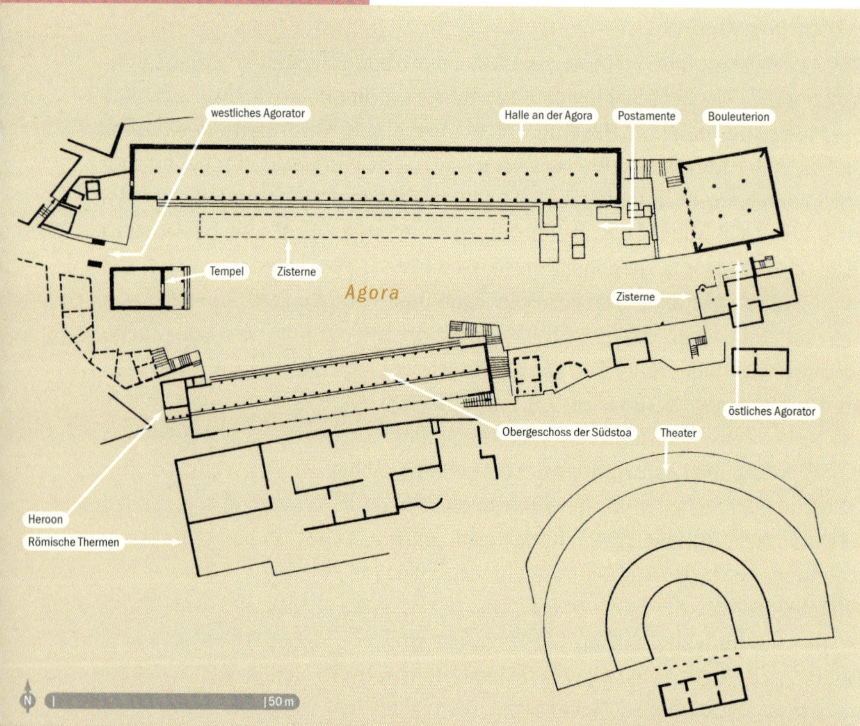

Plan der Agora

Die mit Steinen gepflasterte Straße zur Agora führt auch zum **Theater.** Es wurde in eine natürliche Felshöhlung in den Hang südlich der Stadtmitte gebaut, sodass es dem Meer zugewandt war. Neuere Forschungen haben ergeben, dass das Theater direkt von der Straße durch einen unterirdischen Gang und über Gänge zwischen dem Bühnenplatz (*skene*) und dem Zuschauerraum (*koilon/cavea*) erreichbar war. Das Theater bot Sitzplätze für 5000 Personen.

Das Theater

Der Athena-Tempel

Auf dem höchsten Punkt des Hügels errichtet, 236 Meter über dem Meeresspiegel, war (und ist) der Athena-Tempel das **Wahrzeichen von Assos**. Die Stadt zu sichern, hieß nicht nur, sie mit einer Stadtmauer zu umgeben, sondern ebenso, der Schutzgöttin einen Tempel zu widmen.

Der Athena-Tempel ist der erste und einzige Tempel Kleinasiens, dessen Anlage der alten **dorischen Säulenordnung** folgt. (Die Dorer waren ein griechischer Volksstamm, der im Verlauf der sogenannten »dorischen Wanderung« ab etwa 1150 v. Chr. auch den südlichen Teil der kleinasiatischen Westküste besiedelte.) Der Tempel bestand aus einem inneren rechtwinkligen Raum, der Cella, mit einem Vorraum (*pronaos*) und dem heiligen Raum (*naos*). Er wurde auf einem zweistufigen Fundament (jede Stufe 28 cm hoch) errichtet. Die Grundfläche des oberen Fundaments (*Stylobat*) beträgt 30,30 × 14,30 Meter. 6 Säulen an den Stirnseiten und 13 Säulen an den Längsseiten umgaben außen das Bauwerk. 32 Kapitelle dieser Säulen sind aufgefunden worden. Die Säulen haben ohne Kapitelle eine Höhe von 4,30 Metern, mit Kapitellen 4,78 Meter. Der Durchmesser der unteren Säulentrommeln beträgt 91 cm, die oberen haben 64 cm Durchmesser. Damit sind sie recht schlank. Weiterhin besitzen sie nur 16 Kanneluren (senkrechte Rinnen). Über den flachen, weit ausladenden Kapitellen befand sich der Architrav, darüber, typisch für die dorische Ordnung, *Triglyphen* (Platten mit drei senkrechten Rillen, die den Fries über dem Architrav gliedern). Die Oberfläche des Architravs war an den Schmalseiten mit Skulpturenreliefs geschmückt. Gefundene Skulpturteile lassen darauf schließen, dass das Bauwerk um 525 v. Chr. fertiggestellt gewesen ist. Auf dem durchgehenden Fries war vor allem der Mythos der Zentauren dargestellt.

Architravblöcke sind im Archäologischen Museum in İstanbul, im Louvre in Paris und in Boston ausgestellt.

Das frühe Christentum

Dem 35 km langen Weg, den Paulus laut Apg 20,13 – 14 von Troas nach Assos zu Fuß bewältigte, ging die Erweckung des aus dem dritten Stock gestürzten Eutychus voraus: *»Wir gingen voraus zum Schiff und fuhren nach Assos, wo wir Paulus an Bord nehmen sollten; so hatte er es angeordnet, weil er selbst zu Fuß gehen wollte. Als er in Assos zu uns stieß, nahmen wir ihn an Bord und erreichten Mitylene.«*

Die Gründe für die einsame Wanderung des Paulus bleiben im Dunkel. Seine Begleiter werden mit einem der Küstenhandelsschiffe von Troas gekommen sein. Ob Paulus jedoch in Assos eine Gemeinde gründete, ist dem biblischen Bericht nicht zu entnehmen; immerhin wird der große Erfolg in Troas auch auf Assos, wenn nicht auf die ganze Landschaft Mysien, ausgestrahlt haben. Man weiß jedenfalls von einer Blüte des Christentums in Assos im 4./5. Jh. n. Chr.: Auf den Konzilien in Ephesus 431 n. Chr. und Chalkedon 451 n. Chr. unterzeichnete ein nicht weiter bekannter Bischof Maximos von Assos die Dokumente.

Gasse in Behramkale

Exkurs V: Troja (Truva)

Nachbau des trojanischen Pferdes

Einleitung

Troja (türkisch: Truva) liegt etwa 35 km südwestlich von Çanakkale, südlich der Mündung der Dardanellen in das Ägäische Meer.

Die Stadt in der Landschaft Troas verfügte über eine hervorragende Lage. Der **15 Meter hohe Siedlungshügel** befand sich weit genug vom Meer entfernt, um Angriffe frühzeitig erkennen zu können, und bot doch alle Möglichkeiten, die Dardanelleneinfahrt zu kontrollieren.

In der Bronzezeit warteten die Schiffe, die nicht gegen den Wind kreuzen konnten, im Hafen auf günstige Winde – und brachten der Stadt Zölle und Gebühren ein. Troja war wahrscheinlich bereits im 5. Jahrtausend v. Chr. besiedelt und blieb es bis in die Spätantike.

Geschichtliches

Die Frage nach der Geschichtlichkeit des von Homer in der Ilias beschriebenen **Trojanischen Krieges** wird in jüngster Zeit wieder zuversichtlicher beantwortet, obwohl eine Fülle von Indizien aus Schriftquellen und Grabungen noch kein

Rekonstruktionszeichnung des antiken Troja

sicherer Beleg sind. Zumindest ist Troja/Ilion durch Homer berühmt geworden. Seine Sagen in den beiden Epen Ilias und Odyssee stammen aus dem 8. Jh. v. Chr., haben aber ältere Überlieferungen zur Grundlage.

Worum geht es darin? Paris, Sohn des trojanischen Königs Priamos, entführte Helena, die Frau des Menelaos von Sparta, von Griechenland nach Troja. Die Göttin Aphrodite hatte ihn dazu ermuntert. Die griechischen Fürsten zogen daraufhin unter Agamemnon in einen 10-jährigen Krieg gegen Troja. Doch Troja war nicht einzunehmen. Erst die List, eine Gruppe von Achäern in einem hölzernen Pferd in die Stadt zu schmuggeln, brachte den Griechen den Sieg und Troja die Zerstörung. Für Odysseus folgte die 10-jährige Irrfahrt, für den Trojaner Aeneas die Flucht nach Italien: Die Gründungssage Roms entstand. Der römische Dichter Vergil (70 – 19 v. Chr.) hat sie in der »Aeneis« überliefert.

Archäologisches

Die Suche nach dem geheimnisvollen Hügel begann 1820 unter dem schottischen Amateurgeologen Charles Maclaren. Die Idee, Troja mit dem türkisch Hisarlik genanten Hügel finden zu können, ließ ihn nicht mehr los. Erste Probegrabungen führte Frank Calvert 1863 – 1865 durch. Der deutsche Kaufmann **Heinrich Schliemann** kam am 9. August 1868 erwartungsvoll in die Troas, seit seiner Kindheit von der realen Existenz der homerischen Schauplätze überzeugt. Doch Schliemann vermutete Troja unter dem Hügel Balli Dağ – und fand nichts. Als Schliemann schon aufgegeben hatte, brachte ihn ein Hinweis Calverts noch auf die richtige Spur. Sie führte ihn zu dem Hügel Hisarlik. 1873 war sich Schliemann sicher, Troja gefunden zu haben. Im gleichen Jahr fand er den »Schatz des Priamus«, der allerdings aus der Zeit um 2400 v. Chr. stammte. Schliemann hielt ihn für mehr als 1000 Jahre jünger.

Dem Berliner Architekten Wilhelm Dörpfeld, Mitarbeiter Schliemanns, gelang es ab 1882, die Wissenschaftlichkeit der Untersuchungen deutlich zu stärken. Grabungen amerikanischer Archäologen in den Jahren 1932–38 ließen es zu, 30 Siedlungsschichten zu unterscheiden. Wissenschaftler verschiedener Disziplinen nahmen 1988 unter der Leitung des Tübinger Prähistorikers Manfred Korfmann die Forschungen wieder auf. Eine ausgedehnte Unterstadt unterhalb der Burg konnte gefunden werden. 1995 wurde ein Bronzesiegel (aus dem 12. Jh. v. Chr.) entdeckt, das luwische Hieroglyphen trägt. (Die Luvier waren ein indogermanisches, den Hethitern nächstverwandtes Volk im hethitischen Kleinasien, s. o., S. 19.) Sieht man durch diesen Fund eine Nähe Trojas zum hethitisch-luwischen Kulturkreis gegeben, bietet es sich an, Troja/Ilion mit der in hethitischen Quellen aus dem 2. Jahrtausend v. Chr. genannten Stadt »Wilusa« zu identifizieren. Doch ist das keinesfalls sicher.

Inzwischen sind **zehn Siedlungsschichten mit über 40 Feinschichten** sicher bestimmt worden (Troja I–Troja X).

Troja I (2950–2550) und II (2550–2200) gehörten der frühen, Troja III–V (2200–1700) der mittleren und Troja VI–VII a (1700–1200) der späten **Bronzezeit** an. Bei **Troja I** handelt es sich um eine im Durchmesser etwa 90 Meter große Burg mit einer Ringmauer aus Bruchsteinen und Lehmmörtel sowie Lehmziegelhäusern. **Troja II** umfasste bereits eine Fläche von etwa 8000 m^2 und beherbergte 3000 Einwohner. **Troja IV** hatte etwa die doppelte Fläche, **Troja VI** eine Fläche von 50000 m^2. Rechnet man die Fläche der Unterstadt dazu, ergibt sich eine Gesamtgröße von 0,3 km^2. In dieser

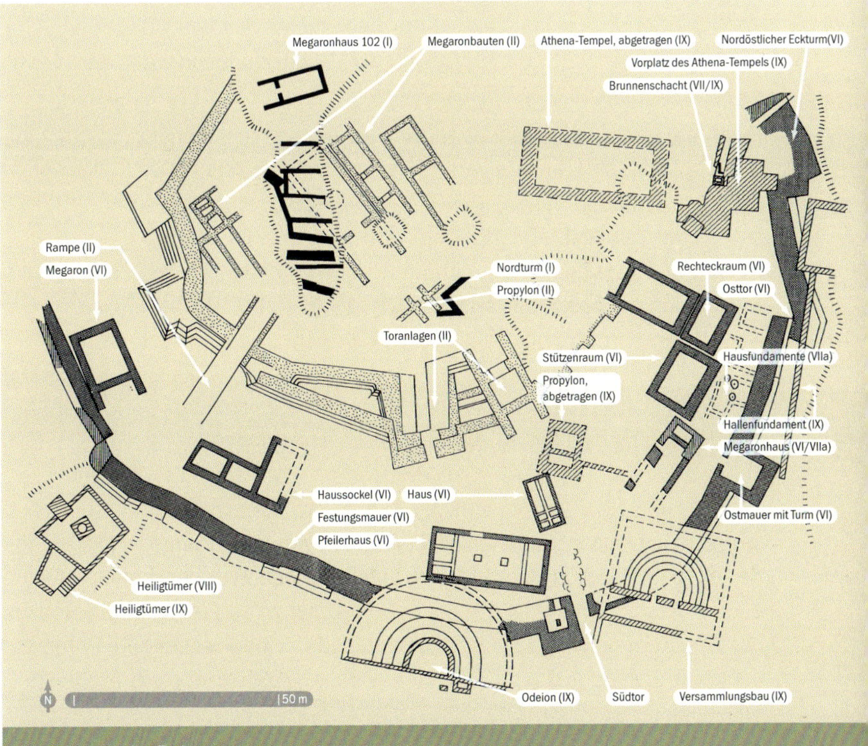

Orientierungsplan Troja

Epoche – vielleicht Homers Troja – war der Burgberg von starken Mauern eingefasst. Der frühen **Eisenzeit** (1200–1000 v. Chr.) gehörte **Troja VIIb** an. **Troja VIII und IX** umfassen die Zeit vom 8. Jh. v. Chr. bis 400 n. Chr.

Im 3. Jh. v. Chr. begann die Verehrung der »heiligen Stadt Ilion« als Schauplatz des Trojanischen Krieges.

Der **Athena-Tempel** war das Zentrum des Burgberges. Die im rechtwinkligen System angelegte Unterstadt erhielt eine etwa 3,5 km lange Stadtmauer.

Troja genoss später hohes Ansehen in Rom – nicht zuletzt, weil die Römer Troja/Ilion als Heimatstadt des mythischen Gründervaters Roms, Aeneas, ansahen. In römischer Zeit wurden verschiedene Gebäude, darunter das Odeion, das Bouleuterion und das Gymnasium errichtet. Bereits unter Augustus wurde der Athena-Tempel wieder aufgebaut, der einem Erdbeben zum Opfer gefallen war.

Troja X diente als byzantinischer Bischofssitz. 1306 wurde Troja von den Osmanen erobert, Ende des 14. Jh.s war Troja nicht mehr besiedelt.
Über das Christentum in Troja ist praktisch nichts bekannt. Allein der Name des Bischofs Marianos findet sich auf der Unterschriftenliste des Konzils von Nizäa 325 n. Chr.

Odeion

Westliche Unterstadt von Troja

Burgmauern und Rampe

III. Orte im westlichen Kleinasien

Exkurs VI: Nizäa (İznik)

Die Stadtmauer von İznik

Einleitung

Nizäa, das heutige İznik, liegt etwa 60 km nordöstlich von Bursa an der Ostküste des İznik-Sees (İznikgölü). Von Bursa kommend erreicht man İznik über Orhangazi.

Geschichtliches

Nizäa wurde, so überliefert es Strabon, im Jahre 316 v. Chr. durch Antigonos Monophtalmos (»der Einäugige«) gegründet. Zunächst Antigoneia genannt, erhielt die Stadt ihren Namen Nizäa (Nikaia) 301 v. Chr. von Lysimachos, der ihr den Namen seiner Frau gab.

Nizäa war bis 164 v. Chr. **Hauptstadt Bithyniens**, dann verlor die Stadt diese Stellung an Nikomedia (İzmit). Nizäa fiel 74 v. Chr. durch das Testament des Nikomedes IV. Philopator an Rom.

Das hellenistische Nizäa war berühmt für das rechtwinklige Straßennetz (nach Hippodamus von Milet), das noch heute deutlich bei den Ruinen der Hagia Sophia in der Stadtmitte İzniks zu erkennen ist.

Plinius d. J. war in Nizäa Statthalter der Provinz Bithynien; sein Briefwechsel mit Trajan 112 n. Chr. ist eine der wertvollen erhaltenen Quellen zur Situation des Christentums im westlichen Kleinasien (s. o., S. 25).

Ein schweres Erdbeben im Jahre 123 n. Chr. richtete großen Schaden an. Nachdem Nizäa unter Hadrian (117–138 n. Chr.) rasch wieder aufgebaut worden war, erlebte die Stadt eine Blütezeit. In der Regierungszeit Kaiser Valerians (252–260 n. Chr.) wurde Nizäa durch die Goten verwüstet.

Das **Erste Ökumenische Konzil** fand 325 n. Chr. in Nizäa statt (s. u.). Unter Justinian (527–565 n. Chr.) erhielt die Stadt die Hagia Sophia, in der das **Siebente Ökumenische Konzil** (787) tagte. Kaiserin Irene (780–802 n. Chr.) hatte es einberufen, um den kirchenspaltenden Bilderstreit zu beenden. Größere Bedeutung erlangte Nizäa nicht mehr; allein die Zeit, in der die Stadt Sitz der Exilregierung war, zunächst unter dem vor den Kreuzrittern geflohenen byzantischen Kaiser Theodor I. Laskaris (1204–1261 n. Chr.), brachte ihr einen weiteren Eintrag in die Geschichtsbücher ein.

Im 14. Jh. wurde Nizäa osmanisch; nachdem Sultan Selim I. im Jahre 1514 zahlreiche Handwerker vor allem aus Aserbaidschan in der Stadt angesiedelt hatte, entwickelte sie sich zu einem bekannten **Produktionsort von Fayencen**. Etwa 400 Werkstätten sollen im 16. Jh. mit der Herstellung der kunstvoll gestalteten Fliesen beschäftigt gewesen sein. Im 18. Jh. wurde die

Produktion von İznik nach İstanbul verlagert. Die heutige Kreisstadt İznik hat etwa 20 000 Einwohner.

Archäologisches

Die **Hagia Sophia**, eine einst dreischiffige Basilika, wurde 1331 in eine Moschee umgewandelt. Nach ihrer Aufgabe wurde sie durch ein Erdbeben zerstört. Archäologische Forschungen in den Jahren 1912 und 1936 galten den Überresten. 1985 konnte ein Anbau, vielleicht ehemals eine Taufkapelle, freigelegt werden. Funde aus der Hagia Sophia sind im Städtischen Museum von İznik ausgestellt.

Sehenswert sind weiterhin die mächtigen, etwa 4430 Meter langen **Befestigungsanlagen** mit den Stadttoren: das İstanbultor als nördlicher Abschluss, das Lefketor im Osten und das Yenişehirtor als südliche Begrenzung.

Das wahrscheinlich von Plinius d. J. 112 n. Chr. erbaute **römische Theater** im Südwesten der Altstadt bot Platz für 15 000 Zuschauer. Da es nicht in einen Abhang gebaut werden konnte, tragen schräg nach unten ziehende Gewölbe den Zuschauerraum.

Das frühe Christentum

Nizäa hatte möglicherweise schon früh eine christliche Gemeinde. Plinius d. J. schreibt Trajan 112 n. Chr., dass Christen angaben, ihren Glauben aufgegeben zu haben: »[...] manche vor drei Jahren, einige vor noch mehr Jahren, ein paar sogar vor zwanzig Jahren« (Ep X 96,9). Allerdings nennt Plinius nicht explizit Christen in Nizäa – sein Blick richtet sich auf das gesamte Bithynien.

Bleibende Berühmtheit brachte der Stadt vor allem das Erste Ökumenische Konzil. Es wurde für 325 n. Chr. durch **Konstantin** in den Kaiserpalast am İznik-See einberufen. Nachdem er 324 n. Chr. die Macht errungen hatte, wollte er der Kirche eine das Reich einende Funktion zuweisen. Alle strittigen kirchlichen Fragen sollten aus diesem Grunde beigelegt werden. Konstantin selbst hat das Konzil wohl am 20. Mai eröffnet, es dauerte bis zum 25. Juli. Dass das Konzil nicht in der Konkurrenzstadt Nikomedia stattfand, hatte einen guten Grund. Der dortige Bischof Eusebius stand den Anhängern des Arius (s. u.) nahe; die Wahl Nikomedias als Konzilsort hätte eine deutliche Aufwertung seiner Position mit sich gebracht. In den überlieferten Unterschiftenlisten schwankt die Zahl der teilnehmenden Bischöfe zwischen 196 und 221.

Auf dem Konzil wurde über folgendes Thema verhandelt: Man stritt um die Göttlichkeit bzw. Ungöttlichkeit des Menschen Jesus von Nazareth. Der Streit zwischen **Arius**, **Presbyter in Alexandria**, **und Alexander**, **Bischof von Alexandria**, und dem dortigen **Diakon Athanasius** wurde gefährlich, weil Arius trotz der Verurteilung durch eine Synode in Alexandria (wohl 319 n. Chr.) Rückhalt bei wichtigen Bischöfen der östlichen Reichshälfte hatte, unter ihnen Eusebius von Nikomedia. Arius vertrat die Lehre, dass Christus mit Gott **»wesensähnlich«** sei. Er betonte damit, dass allein Gott ungeworden, das heißt ohne Anfang ist. Der Sohn Gottes ist damit Gott untergeordnet. Er ist zwar vorzeitig aus Gott geboren, doch nicht gleichewig mit dem Vater: Er hat einen Anfang vor allen Zeiten, er ist »Geschöpf«, wenn auch alle übrigen Geschöpfe überragend.

Alexander und Athanasius, der Alexander später als Bischof von Alexandria nachfolgte, bestanden auf der Einheit von Vater und Sohn. Das *Nicaenum*, das Glaubensbekenntnis von Nizäa, wurde verabschiedet – es enthält die Bestimmung **»wesenseins«** (ὁμοούσιος), freilich ein recht schillerndes Wort, das so manche Deutung zulässt (zum Beispiel auch »wesensgleich«). Die Vieldeutigkeit des Wortes erleichterte die Zustimmung aller – bis auf die der Arianer.

Arius und seine Anhänger wurden verurteilt. Tatsächlich war mit dem Konzil auch die Selbständigkeit der Kirche zu Ende gegangen. Ein Vergehen gegen die Konzilsbeschlüsse war von nun an ein Vergehen gegen den Staat.

Auf dem Zweiten Ökumenischen Konzil 381 n. Chr. in Konstantinopel wurde das Bekenntnis schließlich bestätigt und um Aussagen über den Heiligen Geist erweitert (s. u., S. 206). Es behielt bleibende Gültigkeit und ist das einzige ökumenische Glaubensbekenntnis, das alle christlichen Kirchen verbindet.

Neben dem Arianischen Streit konnte auf dem Konzil auch der Osterfeststreit endgültig beigelegt werden (s. o., S. 72). Der 1. Sonntag nach der Tag-Nacht-Gleiche im Frühjahr sollte nunmehr überall als Termin des Osterfestes eingehalten werden. Die Quartodezimaner wurden exkommuniziert.

Auf dem **Siebenten Ökumenischen Konzil**, das 787 wiederum in Nizäa stattfand, wurde der über lange Zeit erbittert geführte »Bilderstreit« beigelegt. Die Verehrung der Bilder fand ihre bis heute in der Ostkirche gültige theologische Begründung.

Exkurs VII: Byzanz/ Konstantinopel (İstanbul)

Stadtplan von İstanbul

Einleitung

İstanbul ist mit mehr als 10 000 000 Einwohnern auf einer Fläche von 1538,77 km² die größte Stadt der Türkei.

Geschichtliches

Die Stadt wurde 658/657 v. Chr. durch Byzas aus dem südgriechischen Megara als Byzantion (Βυζάντιον = Byzanz) gegründet. Er folgte dabei, so sagt es der Mythos, einer Weisung des Orakels von Delphi. Die Lage der Siedlung konnte nicht günstiger sein: Die Meerenge am Bosporus verbindet das Schwarze Meer mit dem Marmarameer, das über die Dardanellen in das Mittelmeer mündet. Byzantion entwickelte sich schnell zur Handelsmetropole.

Nachdem Konstantin das Römische Reich vereinigte hatte, weihte er am 11. Mai 330 n. Chr. die neue Hauptstadt, das – wie Rom auf sieben Hügeln erbaute – *Nova Roma* (Neu-Rom) ein. Nova Roma wird später ihm zu Ehren als *Constantinopolis* (Κωνσταντινούπολις) bezeichnet.

Eine Glanzzeit erlebte Konstantinopel unter Kaiser Justian I. (527–565 n. Chr.). Eine rege Bautätigkeit wurde entwickelt, an deren Höhepunkt sicher der Bau der Hagia Sophia stand.

Hagia Sophia

1204 nahmen die Kreuzritter auf ihrem vierten Zug Konstantinopel ein. 1261 wurde Konstantinopel durch den Byzantiner Michael VIII. Palaiologos zurückerobert.

Nachdem die Stadt über 30 Jahre lang immer wieder von den Osmanen belagert worden war, gelang es Sultan Mehmet II. am 29. Mai 1453, sie einzunehmen. Konstantinopel wurde zur Hauptstadt des Osmanischen Reiches. Im 15./16. Jh. erlebte die Stadt eine weitere Blütezeit. Sultan Süleyman I. (1520–1566) ließ sie mit Moscheen, Brücken, Palästen und Brunnen ausschmücken. Im Friedensvertrag von Sèvres (10. August 1920) wurde das Osmanische Reich aufgeteilt. Der letzte Sultan, Mehmet VI., musste dem Abkommen zustimmen. Der Unabhängigkeitskrieg unter Mustafa Kemal Paşa (später Atatürk) endete mit der Ausrufung der Türkischen Republik im Jahr 1923. Konstantinopel verlor den Status als Hauptstadt an Ankara. Am 28. März 1930 wurde Konstantinopel auf Veranlassung Kemal Atatürks in İstanbul umbenannt.

Das Christentum

Für die Geschichte der christlichen Kirche sind die ökumenischen Konzilien in Konstantinopel bedeutsam. Zunächst fand das **Zweite Ökumenische Konzil** 381 n. Chr. in der Irenenkirche (der heutige Bau entstand im 8. Jh. n. Chr.) statt. Es wurde einberufen von Kaiser Theodosius I. Auf einer zuvor abgehaltenen Synode im Jahre 362 n. Chr. hatte man, im Wesentlichen vorbereitet durch die aus der Provinz Kappodokien stammenden Theologen Basilius d. Gr. (gest. 379 n. Chr.), Gregor von Nazianz (gest. etwa 390 n. Chr.) und Gregor von Nyssa (gest. 395 n. Chr.), die Lehre von der Dreieinigkeit (Trinität) entwickelt, auf die sich die Konzilsteilnehmer verständigen konnten: Es ist bei Gott dem Vater das Vatersein und die Ungezeugtheit, bei dem Sohn die Sohnschaft und das Gezeugtsein, beim Geist die Heiligkeit und das »Ausgehen«. Diese Lehre war die Grundlage dafür, dass das in Nizäa 325 n. Chr. beschlossene Bekenntnis in Konstantinopel bestätigt und um die Aussagen über den Heiligen Geist zum Nicaeno-Constantinopolitanum erweitert werden konnte. Doch mit dem Trinitätsdogma war sogleich ein weiteres Problem zu lösen. Wenn Christus wahrer Gott ist, wie konnte man sich dann die Vereinigung dieses Gottes mit dem geschichtlichen Jesus vorstellen? Musste man sich einen doppelten Ursprung denken oder gar zwei Persönlichkeiten, eine göttliche und eine menschliche? Die Frage wurde auf dem **Vierten Ökumenischen**

Konzil 451 n. Chr. in Chalkedon, im heutigen asiatischen Stadtteil İstanbuls Kadiköy beantwortet. Das Konzil war von Kaiser Markian (450–457 n. Chr.) einberufen worden. Leo I., Bischof von Rom (440–461 n. Chr.), brachte die Lösung: Christus ist eine einzige Person, allerdings in »zwei Naturen« (als wahrer Gott und wahrer Mensch). Sowohl die Gottheit als auch die Menschheit in ihm sind unversehrt und unverändert. Sie sind weder miteinander vermischt, noch voneinander getrennt. Die »Zwei-Naturen-Lehre« wurde zum Dogma erhoben.

Das **Fünfte Ökumenische Konzil** 553 n. Chr. in der Hagia Sophia und das **Sechste Ökumenische Konzil** 680 n. Chr. im kaiserlichen Palast erreichten weitere Differenzierungen und Präzisierungen.

Christliche Baudenkmäler

Eindrucksvoll für den auf biblischen Spuren Reisenden sind wohl vor allem zwei Orte: die Hagia Sophia (Ayasofya Camii Müzesi) und die Chora-Klosterkirche (Kariye Camii Müzesi).

Die **Hagia Sophia** wurde am 26. Dezember 537 n. Chr. durch den begeisterten Kaiser Justinian eingeweiht. Bei der Zeremonie soll er ausgerufen haben: »Preis und Ehre sei Gott, dem Allerhöchsten, der mich für würdig hielt, ein solches Werk zu vollenden. Salomo, ich habe dich übertroffen.« Von 1453–1934 wurde sie als Moschee genutzt. Kemal Atatürk wandelte sie 1935 in ein Museum um.

Hagia Sophia

Die thronende Gottesmutter

Vom Hauptraum (*Naos*) ist der Blick frei auf die **Apsismosaiken**: im Kuppelhalbrund die thronende Gottesmutter mit dem segnenden Kind. In der südlichen Empore befinden sich zwei Mosaiken. Zum einen das wohl bekannteste byzantinische Motiv İstanbuls, **der segnende Christus, umrahmt von Maria und Johannes**, die für die Menschen Fürbitte halten. Es ist wahrscheinlich kurz nach 1261 n. Chr. entstanden. Zum anderen die Christusdarstellung zwischen Konstantin IX. Monomachos (1042–1055 n. Chr.) und der Kaiserin Zoe (980–1050 n. Chr.).

Die **Chora-Klosterkirche** wurde im 11. Jh. n. Chr. erbaut. Die heutige Gestalt bekam sie durch eine völlige Umgestaltung unter Kaiser Theodoros Metochites (1260–1332 n. Chr.). Er ließ die Kirche mit Marmorplatten, Mosaiken und Malereien neu ausschmücken. Ende des 15. Jh.s wurde die Kirche zur Moschee.

Interessant ist vor allem der **Marienzyklus** unterhalb der nördlichen Kuppel der inneren schmalen Vorhalle (*Narthex*). Er beginnt mit der Kindheitsgeschichte der Maria aus dem sogenannten »Protevangelium des Jakobus«. Diese aus der Zeit zwischen 150–250 n. Chr. stammende Schrift, ein »Kindheitsevangelium«, mündet zwar in die Geschichte von der Geburt Jesu ein, erzählt aber vor allem die wunderbare Geburt der Maria, der Tochter des Joachim und seiner Frau Anna, berichtet von ihrem Heranwachsen im Tempel und von ihrer bleibenden Jungfrauschaft. Sie wird durch das Los dem Witwer Joseph anvertraut und bleibt auch bei der Geburt Jesu weiterhin Jungfrau. Eine eindrucksvolle Stelle in dieser Schrift ist die Beschreibung, dass die Natur im Augenblick der Geburt Jesu stillstand. Joseph erzählt: »Ich aber, Joseph, ging umher und ging [doch] nicht umher. Und ich blickte hinauf zum Himmelsgewölbe, und ich sah es stillstehen, und ich blickte hinauf in die Luft und sah die Luft erstarrt und die Vögel des Himmels unbeweglich bleiben. Und ich blickte auf die Erde, und ich sah eine Schüssel stehen und Arbeiter [darum] gelagert, und ihre Hände in der Schüssel. Aber die Kauenden kauten nicht, und die etwas aufhoben, hoben nichts auf, und die etwas zum Munde führten, führten nichts [zum Munde], sondern alle hatten das Angesicht nach oben gerichtet. Und siehe, Schafe wurden umhergetrieben und kamen [doch] nicht vorwärts, sondern standen still; und der Hirte erhob seine Hand, sie [mit dem Stecken] zu schlagen, aber seine Hand blieb oben stehen. Und ich blickte auf den Lauf des Flusses, und ich sah die Mäuler der Böcke darüberliegen und nicht trinken. Dann aber ging alles auf einmal [wieder] seinen Gang« (18,1–2; NTApo I, S. 345 f.).

Apismosaik: der segnende Christus (Ausschnitt)

Register

Bildquellen

Übersicht, Einleitung und Kapitel zur Geschichte
Fotos: Bettina Rosenhagen

Ephesus
Fotos: Bettina Rosenhagen, außer:
S. 38 oben: Pilaster am »Lukasgrab«; Inv. Nr. ELU-02-3a, Foto: Andreas Pülz, © by Institut für Kulturgeschichte der Antike der ÖAW
S. 38 unten: Kämpferkapitell aus der Artemisionkirche; Renate Pillinger: »Die Christlichen Denkmäler von Ephesos«, aus: Renate Pillinger, Erich Renhart: Mitteilungen zur Christlichen Archäologie (MiChA), Band 2. Wien 1996
Grafiken:
S. 30: Rekonstruktionszeichnung des antiken Ephesus; aus: Jean-Claude Golvin: Metropolen der Antike, Stuttgart 2006, S. 72 f.; © 2005 Konrad Theiss Verlag GmbH Stuttgart
S. 39 oben: Plan der Paulusgrotte; MiChA 6, 2000, S. 18; © 2000 by Österreichische Akademie der Wissenschaften Wien
S. 41: »Ephesos, Archäologischer Lageplan«; in: DER NEUE PAULY. Enzyklopädie der Antike. Bd. 3: Cl–Epi. Herausgegeben von Hubert Cancik und Helmuth Schneider. Sp. 1079 f. © 1997 J.B. Metzlersche Verlagsbuchhandlung und Carl Ernst Poeschel Verlag GmbH in Stuttgart.
S. 40 Mitte: Grundriss des Odeions; aus: The Ancient Theatre Archive; www.whitman.edu/theat...r/ephesus; © 2001 Thomas G. Hines, Department of Theatre, Whitman College
S. 45 oben: Grundriss der Celsus-Bibliothek und des Südtores der Agora; aus: Krinzinger, F./Friesinger, H. (Hrsg.): 100 Jahre Österreichische Forschungen in Ephesus. Akten des Symposions Wien 1995, Archäologische Forschungen 1, DenkschrWien 260, Tafelband, Tafel 87/1, Wien 1999; © 1999 by Österreichische Akademie der Wissenschaften Wien
S. 45 unten: Rekonstruktionszeichnung Celsus-Bibliothek und Südtor der Agora; aus: Krinzinger, F./Friesinger, H. (Hrsg.): 100 Jahre Österreichische Forschungen in Ephesus. Akten des Symposions Wien 1995, Archäologische Forschungen 1, DenkschrWien 260, Tafelband, Tafel 86/3, Wien 1999; © 1999 by Österreichische Akademie der Wissenschaften Wien
S. 48: Grundriss des Theaters; aus: The Ancient Theatre Archive; www.whitman.edu/theat...r/ephesus; © 2001 Thomas G. Hines, Department of Theatre, Whitman College
S. 53 oben: Artemision/Grundriss mit den Kirchenpfeilern; aus: MiChA 2, 1996, S. 54; 1996 by Österreichische Akademie der Wissenschaften Wien
S. 63 Mitte: Johannesbasilika. Rekonstruktionszeichnung; aus: S. Erdemgil: Ephesus. Ruinen und Museum, 1986, S. 108; © 1986 by Net Turistik Yayinlar A. S. Istanbul
S. 66 Mitte: Plan der Kapelle; aus: E. Picucci: Meryem Ana Evi, İstanbul o. J., S. 58
S. 64 unten: Grundriss der Johannesbasilika; aus: MiChA 2, 1996, S. 62; © 1996 by Österreichische Akademie der Wissenschaften Wien
S. 68: Grundriss der Marienkirche; aus: MiChA 2, 1996, Falttafel 2; © 1996 by Österreichische Akademie der Wissenschaften Wien

Milet
Fotos: Bettina Rosenhagen
Grafiken:
S. 78: »Miletos«; in: DER NEUE PAULY. Enzyklopädie der Antike. Bd. 8: Mer–Op. Herausgegeben von Hubert Cancik und Helmuth Schneider. Sp. 177 f. © 2000 J.B. Metzlersche Verlagsbuchhandlung und Carl Ernst Poeschel Verlag GmbH in Stuttgart.
S. 81: Plan des Bouleuterions; aus: S. Bayhan: Priene, Miletos, Didyma, İstanbul 2005, S. 95; © 2005 by Keskin Color A. S.
S. 82: Nymphäum. Rekonstruktionszeichnung; Bildarchiv Preußischer Kulturbesitz (70.065)
S. 83 Mitte: Grundriss des Theaters; aus: The Ancient Theatre Archive; www.whitman.edu/theat...r/miletus; © 2001 Thomas G. Hines, Department of Theatre, Whitman College
S. 85: Plan der Faustinathermen; aus: S. Bayhan: Priene, Miletos, Didyma, İstanbul 2005, S. 82; © 2005 by Keskin Color A. S.

Didyma
Fotos: Bettina Rosenhagen
Grafiken:
S. 92: Rekonstruktionszeichnung des Apollon-Tempels; aus: Jean-Claude Golvin: Metropolen der Antike, Stuttgart 2006, S. 75; © 2005 Konrad Theiss Verlag GmbH Stuttgart

S. 92: Hellenistisches Didymaion; aus: S. Bayhan: Priene, Miletos, Didyma, İstanbul 2005, S. 130; © 2005 by Keskin Color A. S.

Priene

Fotos: Bettina Rosenhagen, außer:
S. 95: Statuette des Alexander; aus: Bildarchiv Preußischer Kulturbesitz (70.064).
Grafiken:
S. 98: »Priene«; in: DER NEUE PAULY. Enzyklopädie der Antike. Bd. 10: Pol–Sal. Herausgegeben von Hubert Cancik und Helmuth Schneider. Sp. 311 f.
© 2001 J.B. Metzlersche Verlagsbuchhandlung und Carl Ernst Poeschel Verlag GmbH in Stuttgart.
S. 99 oben: Plan eines Priene-Hauses und Rekonstruktion; aus: S. Bayhan: Priene, Miletos, Didyma, İstanbul 2005, S. 54; © 2005 by Keskin Color A. S.
S. 99 unten: Rekonstruktion des Bouleuterion; aus: S. Bayhan: Priene, Miletos, Didyma, İstanbul 2005, S. 39; © 2005 by Keskin Color A. S.
S. 100 Mitte: Grundriss des Theaters; aus: The Ancient Theatre Archive; www.whitman.edu/theat...r/priene; © 2001 Thomas G. Hines, Department of Theatre, Whitman College
S. 101: Plan des Athena-Tempels; aus: S. Bayhan: Priene, Miletos, Didyma, İstanbul 2005, S. 20; © 2005 by Keskin Color A. S.

Hierapolis

Fotos: Bettina Rosenhagen
Grafiken:
S. 105: Rekonstruktionszeichnung des antiken Hierapolis; aus: Jean-Claude Golvin: Metropolen der Antike, Stuttgart 2006, S. 79; © 2005 Konrad Theiss Verlag GmbH Stuttgart
S. 109 oben: Grundriss des Theaters; aus: The Ancient Theatre Archive; www.whitman.edu/theat...r/hierapolis; © 2001 Thomas G. Hines, Department of Theatre, Whitman College

Nysa

Fotos: Bettina Rosenhagen, außer:
S. 117 unten: Bücherei von Nysa; Abdruck mit freundlicher Genehmigung © Archäologisches Institut der Albert-Ludwigs-Universität Freiburg, Foto: Simon Hoffmann
Grafiken:
S. 116 unten: Grundriss der Bibliothek; aus: Krinzinger, F./Friesinger, H. (Hrsg.): 100 Jahre Österreichische Forschungen in Ephesus. Akten des Symposions Wien 1995, Archäologische Forschungen 1, DenkschrWien 260, Tafelband, Tafel 87/2, Wien 1999; © 1999 by Österreichische Akademie der Wissenschaften Wien
S. 117 oben: Seitenansicht der Bibliothek (Rekonstruktionszeichnung); aus: Krinzinger, F./Friesinger, H. (Hrsg.): 100 Jahre Österreichische Forschungen in Ephesus. Akten des Symposions Wien 1995, Archäologische Forschungen 1, DenkschrWien 260, Tafelband, Tafel 87/3, Wien 1999; © 1999 by Österreichische Akademie der Wissenschaften Wien

Aphrodisias

Fotos: Bettina Rosenhagen
Grafiken:
S. 122: Rekonstruktionszeichnung des antiken Aphrodisias; National Geographic, Washington (image id = 7518)
S. 124 unten: Rekonstruktion des Agora-Tores; aus: K.T. Erim, Aphrodisias, Ein Führer durch die antike Stadt und das Museum, İstanbul 2006, S. 46; © 1989 by Net Turistik Yayinlar A.S.

Laodicea

Fotos: © Dr. Carl Rasmussen (www.HolyLand-Photos.org)
Grafiken:
S. 128 oben: Orientierungsplan Laodicea; Achim Norweg, München.

Kolossä

Fotos: © Dr. Carl Rasmussen (www.HolyLand-Photos.org)

Philadelphia

Fotos: Bettina Rosenhagen

Sardes:
Fotos: Bettina Rosenhagen
Grafiken:
S 145: »Sardeis, Lageplan«; in: DER NEUE PAULY. Enzyklopädie der Antike. Bd. 11: Sam–Tal. Herausgegeben von Hubert Cancik und Helmuth Schneider. Sp. 55–58 © 2001 J.B. Metzlersche Verlagsbuchhandlung und Carl Ernst Poeschel Verlag GmbH in Stuttgart.
S. 146 unten: Plan des Gymnasium-Komplexes; aus: ZNW 81, 1990, S. 105; © 1990 by Verlag W. de Gruyter, Berlin
S. 148 unten: Rekonstruktionszeichung der Synagoge; aus: ZNW 81, 1990, S. 111; © 1990 by Verlag W. de Gruyter, Berlin

Smyrna
Fotos: © Dr. Carl Rasmussen (www.HolyLand-Photos.org)

Pergamon
Fotos: Bettina Rosenhagen, außer:
S. 164 unten: Modell der Akropolis von Pergamon im 2. Jh.; Bildarchiv Preußischer Kulturbesitz (2.421)
S. 164 oben: Rekonstruktion des Pergamonaltars; Rekonstruktion: Wolfgram Hoepfner, Bildarchiv Preußischer Kulturbesitz (29.188)
Grafiken:
S. 165 oben: Grundriss des Theaters; aus: The Ancient Theatre Archive; www.whitman.edu/theat...r/pergamon; © 2001 Thomas G. Hines, Department of Theatre, Whitman College
S. 168 unten: Kartengrundlage: Wolfgang Radt, Berlin

Thyatira
Fotos: Bettina Rosenhagen

Troas
Fotos: © Forschungsstelle Asia Minor der Westfälischen Wilhelms-Universität Münster (Abdruck mit freundlicher Genehmigung).

Assos
Fotos: © Dr. Carl Rasmussen (www.HolyLand-Photos.org)
Grafiken:
S. 189: Orientierungsplan Assos; Achim Norweg, München.
S. 190 unten: Plan der Agora; Achim Norweg, München.

Troja
Fotos: Gebhard Bieg, Universität Tübingen, Troia Projekt
Grafiken:
S. 195: Rekonstruktionszeichnung des antiken Troja; aus: Jean-Claude Golvin: Metropolen der Antike, Stuttgart 2006, S. 68 f.; © 2005 Konrad Theiss Verlag GmbH Stuttgart
S. 197: Orientierungsplan Troja; Achim Norweg, München.

Nizäa
Foto: picture-alliance, Foto: Hanan Isachar

Byzanz/Konstantinopel/İstanbul
Fotos: © Dr. Carl Rasmussen (www.HolyLand-Photos.org)

Trotz intensiver Bemühungen waren leider nicht alle Rechtsinhaber der im Buch aufgenommenen Abbildungen ermittelbar. Bestehende Rechtsansprüche bleiben davon unberührt. Wir bitten um Nachsicht und gegebenenfalls um Rückmeldung beim Verlag.

Literaturhinweise

Allgemein:

Die ***Bibeltexte*** werden nach der Einheitsübersetzung in neuer Rechtschreibung (2004 Verlag Katholisches Bibelwerk Stuttgart) zitiert.

Blake, Everett C./Edmonds, Anna G.: Biblische Stätten in der Türkei, übers. v. Johannes Meyer, İstanbul 2002.

Conrad, Walter: Christliche Stätten in der Türkei. Von Istanbul bis Antakya, Stuttgart 2006.

Deissmann, Adolf: Licht vom Osten. Das Neue Testament und die neuentdeckten Texte der hellenistisch-römischen Welt, Tübingen 1923.

Eusebius von Cäsarea: Kirchengeschichte, hrsg. v. Heinrich Kraft, München 1981 (im Text abgekürzt: Eus. h. e).

Günther, Matthias: Einleitung in die Apostolischen Väter, ARGU 4, Frankfurt a. M. 1997.

Herodot: Historien, übers. v. August Horneffer, Stuttgart, 4. Aufl. 1971.

Koenigs, Wolf: Türkei. Die Westküste von Troja bis Knidos, Zürich/München, 2. Aufl. 1986.

Lindemann, Andreas/Paulsen, Henning: Die Apostolischen Väter, Tübingen 1992.

Plinius d. J.: Plini Caecilii Secundui, Epistularum libri decem (lat.-dt.), hrsg. v. Helmut Kasten, München 1968.

Scherberich, Klaus (Hrsg.): Neues Testament und Antike Kultur. Bd. 2: Familie, Gesellschaft, Wirtschaft, Neukirchen-Vluyn 2005.

Schneemelcher, Wilhelm (Hrsg.): Neutestamentliche Apokryphen in deutscher Übersetzung I.II, Tübingen, 6. Aufl. 1990, 5. Aufl. 1989 (im Text abgekürzt: NTApo).

Schoedel, William R.: Die Briefe des Ignatius von Antiochien. Ein Kommentar, München 1990.

Schwertheim, Elmar: Kleinasien in der Antike. Von den Hethitern bis Konstantin, München 2005.

Strabon: Geographika, hrsg. v. Stefan Radt. Bd. 3: Buch IX–XIII: Text und Übersetzung, Göttingen 2004; Bd. 4: Buch XIV–XVII: Text und Übersetzung, Göttingen 2005.

Zu Ephesus:

Burkert, Walter: Die Artemis der Epheser: Wirkungsmacht und Gestalt einer Großen Göttin, in: Krinzinger, F./Friesinger, H. ***(Hrsg.):*** 100 Jahre Österreichische Forschungen in Ephesus. Akten des Symposions Wien 1995, Archäologische Forschungen 1, Denkschr. Wien 260, Wien 1999, S. 59–70.

Elliger, Winfried: Ephesus. Geschichte einer Weltstadt, Stuttgart/Berlin/Köln/Mainz 1985.

Erdemgil, Selahattin: Ephesus. Ruinen und Museum, İstanbul 1986.

Fieger, Michael: Im Schatten der Artemis. Glaube und Ungehorsam in Ephesus, Bern 1998.

Günther, Matthias: Die Frühgeschichte des Christentums in Ephesus, ARGU 1, Frankfurt a. M., 2. Aufl. 1998.

Ders.: Die paulinische Mission in Ephesus, in: Krinzinger, F./Friesinger, H., a. a. O., S. 289–296.

Karwiese, Stefan: Groß ist die Artemis von Ephesus. Die Geschichte einer der größten Städte der Antike, Wien 1995.

Keil, Josef: Führer durch Ephesus, Wien, 5. Aufl. 1964.

Knibbe, Dieter: Ephesus. Geschichte einer bedeutenden antiken Stadt und Portrait einer modernen Großgrabung, Frankfurt a. M. 1998.

Pillinger, Renate: Die christlichen Denkmäler von Ephesus. Eine Bestandsaufnahme als Rück- und Vorschau, in: MiChA 2, 1996, S. 39–70.

Dies.: Neue Entdeckungen in der sogenannten Paulusgrotte von Ephesus, in: MiChA 6, 2000, S. 16–29.

Dies.: »Vielschichtige« Neuigkeiten in der sogenannten Paulusgrotte von Ephesus, in: MiChA 11, 2005, S. 56–62.

Scherrer, Peter (Hrsg.): Ephesus. Der neue Führer, Wien 1995.

Vedat, İdil: Die römischen Bibliotheken in Kleinasien: Die Celsusbibliothek in Ephesus und die Bibliothek in Nysa, in: Krinzinger, F./Friesinger, H., a. a. O., S. 437–442.

Zu Milet (Didyma, Priene):

Bayhan, Suzan: Priene, Miletos, Didyma, İstanbul 2005.

Raeder, Joachim: Priene. Funde aus einer griechischen Stadt, Berlin 1983.

Stolze, Wilfried (Hrsg.): Milet. Die antike Metropole, Berlin, 2. Aufl. 2001.

Rumscheid, Frank: Priene. Führer durch das »Pompeji Kleinasiens«, İstanbul 1998.

Schede, Martin: Die Ruinen von Priene. Kurze Beschreibung, Berlin, 2. Aufl. 1964.

Tuchelt, Klaus: Branchidai – Didyma. Geschichte und Ausgrabung eines antiken Heiligtums, Mainz 1992.

Zu Hierapolis (Nysa, Aphrodisias):

D'Andria, Francesco: Hierapolis in Phrygien (Pamukkale). Ein archäologischer Führer, İstanbul 2003.
Erim, Kenan T.: Aphrodisias. City of Venus Aphrodite, London 1986.
Ders.: Aphrodisias. Ein Führer durch die antike Stadt und das Museum, İstanbul 1989.
Günther, Matthias: Art. Papias, in: RGG, 4. Aufl., Bd. 6, 2003, Sp. 862.
Hiesel, G./Strocka, V. M.: Die Bibliothek von Nysa am Mäander. Vorläufiger Bericht über die Kampanie 2002–2006, Archäologischer Anzeiger 2006/2, 81–97
Kadioğlu, Musa: Die Scaenae Frons des Theaters von Nysa am Mäander, Forschungen in Nysa am Mäander 1, Mainz 2006.
Kekec, Tevehit: Pamukkale. Hierapolis, İstanbul o. J.
Körtner, Ulrich H. J.: Papias von Hierapolis, FRLANT 133, Göttingen 1983.
Kollmann, Bernd: Philippus der Evangelist und die Anfänge der Heidenmission, in: Biblica 81, 2000, S. 551–565.

Zu Laodicea:

Günther, Matthias: Art. Laodicenerbrief, in: RGG, 4. Aufl., Bd. 5, 2002, Sp. 77.

Zu Philadelphia:

Helmer, Colin J.: The Letters to the Seven Churches of Asia in their Local Setting, Sheffield 1986, S. 153–160.

Zu Sardes:

Baran, Musa: Troja, Pergamon, Sardes, İzmir, İzmir o. J.
Botermann, Helga: Die Synagoge von Sardes. Eine Synagoge aus dem 4. Jahrhundert?, in: ZNW 81, 1990, S. 103–121.
Helmer, Colin J.: The Letters to the Seven Churches of Asia in their Local Setting, Sheffield 1986, S. 129–152.

Zu Smyrna:

Baran, Musa: Troja, Pergamon, Sardes, İzmir, İzmir o. J.
Akurgal, Ekrem: Alt-Smyrna. I: Wohnschichten und Athenatempel, Ankara 1983.
Günther, Matthias: Art. Polykarpbrief, in: RGG, 4. Aufl., Bd. 6, 2003, Sp. 1480.
Helmer, Colin J.: The Letters to the Seven Churches of Asia in their Local Setting, Sheffield 1986, S. 57–77.

Zu Pergamon:

Baran, Musa: Troja, Pergamon, Sardes, İzmir, İzmir o. J.
Heres, Huberta/Kästner, Volker: Der Pergamonaltar, Berlin/Mainz 2004.
Kekec, Tevhit: Pergamon, İstanbul 1999.
Radt, Wolfgang: Pergamon. Geschichte und Bauten, Funde und Erforschung einer antiken Metropole, Köln 1988.

Zu Thyatira:

Helmer, Colin J.: The Letters to the Seven Churches of Asia in their Local Setting, Sheffield 1986, S. 106–128.
Meinardus, Otto F. A.: The Greeks of Thyatira, Athen 1974.

Zu Troas (Assos, Troja):

Baran, Musa: Troja, Pergamon, Sardes, İzmir, İzmir o. J.
Schwertheim, Elmar (Hrsg.): Die Troas. Neue Forschungen III, Asia Minor Studien 33, Bonn 1999.
Ders./Wiegartz, Hans (Hrsg.): Neue Forschungen in Neandria und Alexandria Troas, Asia Minor Studien 11, Bonn 1994.
Ders./Wiegartz, Hans (Hrsg.): Die Troas. Neue Forschungen zu Neandria und Alexandria Troas II, Asia Minor Studien 22, Bonn 1996.
Serdaroğlu, Ümit: Behramkale. Assos, o. O. 1995.
Brandau, Birgit/Schickert, Hartmut/Jablonka, Peter: Troia. Wie es wirklich aussah, München 2004.
Hertel, Dieter: Troia. Archäologie, Geschichte, Mythos. München, 2. Aufl. 2002.
Korfmann, Manfred O. (Hrsg.): Troia. Archäologie eines Siedlungshügels und seiner Landschaft, Mainz 2006.
Korfmann, Manfred O./Mannsperger, Dietrich: Troia. Ein historischer Überblick und Rundgang, Stuttgart 1998.

Zu Nizäa:

Merkelbach, Reinhold: Nikaia in der römischen Kaiserzeit, RhWAW.G 289, 1987.

Zu Byzanz/Konstantinopel/ İstanbul:

Restle, Marcel: Istanbul, Bursa, Edirne, Iznik, 1976.

Zum Autor

Matthias Günther wurde 1964 in Hannover geboren. 1995 Dr. theol. in Göttingen; seit 1995 Pastor. 2001 habilitierte er sich in Evangelischer Theologie und Religionspädagogik in Hannover; 2001 PD an der Leibniz Universität Hannover; seit 2005 ist er dort apl. Professor an der Philosophischen Fakultät.

Smyrna (İzmir)
Sardes
Chios
Ägäisches Meer
Ephesus
Selçuk
Tralles
Aydin
Nysa
Kuşadasi
Magnesia
Milet (Balat)
Priene
Patmos
Didyma (Didim)
Rhodos
M